KB271088

밝은 마음을 비추는 보배로운 거울

범립본(范立本)이 엮고
정천구가 우리말로 풀이하다

지식산업사

밝은 마음을 비추는 보배로운 거울

초판 1쇄 인쇄 2010. 12. 1
초판 1쇄 발행 2010. 12. 6

지은이   범 립 본
옮긴이   정 천 구
펴낸이   김 경 희

경 영   강 숙 자
편 집   장 수 영
디자인   이 영 규
영 업   문 영 준
관 리   강 신 규
경 리   김 양 헌
펴낸곳   ㈜지식산업사
         본사 · 경기도 파주시 교하읍 문발리 520-12
            전화 (031)955-4226~7 팩스 (031)955-4228
         서울사무소 · 서울시 종로구 통의동 35-18
            전화 (02)734-1978   팩스 (02)720-7900
         한글문패   지식산업사
         영문문패   www.jisik.co.kr
         전자우편   jsp@jisik.co.kr
         등록번호   1-363
         등록날짜   1969. 5. 8.

책값은 뒤표지에 있습니다

ISBN 978-89-423-2067-7 (03150)

이 책을 읽고 지은이에게 문의하고자 하는 이는
지식산업사 전자우편으로 연락 바랍니다.

밝은 마음을 비추는 보배로운 거울

　《명심보감》(明心寶鑑)이란 어떤 책인가? 이제까지 '명심보감'을 '마음을 밝히는(또는 밝혀주는) 보배로운 거울'이라고 풀이해 왔다. 이렇게 풀이하는 게 과연 적절한가? 아, 참으로 안타깝다! 아무도 이러한 풀이에 문제가 있다는 것을 알아채지 못했으니…….

　우선, '거울'이란 무엇이며, 어떤 구실을 하는가를 살펴야 한다. 아니, 살필 것도 없다. 거울은 누구나 보는 것이니, 거울이 하는 구실이 무엇인지는 쉽사리 알 수 있다. 거울은 대상을 비추는 구실을 한다. 그것은 대상을 비출 뿐이지, 그것을 어떻게 변화시키려 하지 않는다. 참으로 겸허하다. 대상이 고우면 고운 대로, 그것이 밉상이면 밉상인 대로 비출 뿐, 대상을 제 좋은 대로 바꾸려 하지 않는다. 말하자면, 거울은 비추는 작용을 할 뿐이지, 밝히는 작용을 하지는 않는다. 이는 거울의 겸허함이요, 편견 없음이요, 분별없음이 아니겠는가?

　거울은 그저 그렇게 있을 뿐이다. 대상이 다가와서 거울에 자신을 비출 뿐이다. 거울 앞에 다가온 대상이 자신의 모습을 비추고는, 그것이 마음에 들지 않는다고 거울을 탓할 수는 없다. 탓해서도 안 된다. 그건 어리석은 짓이다. 거울은 그저 있는 그대로 보여줄 뿐이다. 비추어진 것이 마음에 들지 않으면 자신을 바꾸어야 한다. 바꾼 뒤에 다시 비추고, 그래서 마음에 들면 다행이다. 마음에 들지 않으면 또다시 자신을 바꾸어야 한다. 거울은 그저 그렇게 있을 뿐이지만, 사람들은 비추어진 자신을 들여다보며 기뻐하거나 슬퍼하거나 노여워하거나 즐거워한다. 거울은 제 모습이란 게 없지만, 온갖 형상 있는 것들을 다 비추어 준다. 말 그대로 '텅 빔'의 이치를 여실하게 보여준다. 그것이 거울이다.

거울처럼 그런 '텅 빔'을 지닐 수 있다면 얼마나 좋을까? 한데, 사실 누구나 그 '텅 빔'을 지니고 있다. 그것이 바로 '마음'이다. 그러나 제 마음이 본래 텅 빈 줄을 아는 이가 드물다. 알아도 찾아내는 사람은 더 드물다. 있는 줄 알고 찾아낸 사람, 그래서 텅 빈 채로 사는 사람을 '성인'(聖人)이라 일컫는다. 그런 성인이 지닌 마음을, 우리는 '명심'(明心)이라 한다. '밝은 마음'이라는 뜻이다.

그런데 마음이란 본래부터 밝은 것이다. 다만, 어리석음과 탐욕으로 그 밝음을 잊고 있을 뿐이다. 잃어버린 게 아니다. 잃어버렸다면 다른 곳에서 찾아야 한다. 한데, 다른 어디에서도 그것을 찾을 수는 없다. 왜? 바로 그 자리에 늘 그대로 있기 때문이다. 그 자리에 늘 그대로 있다는 사실을 아는 것, 그것이 바로 지혜다. 선재동자가 깨달음을 얻으려고 선지식들을 찾아다녔지만, 결국 어떻게 되었는가?

'밝은 마음'을 그대로 드러내라. 마음을 밝히려 하지 말고, 밝음을 그대로 드러내라. 밝히려 하면 다른 무언가가 필요해진다. 그러나 그대로 드러내는 데에는 다른 게 필요 없다. 그저 자각(自覺)하기만 하면 된다. 자각은 스스로 느낀다는 말이요, 스스로 깨닫는다는 말이다. 그런데 내가 느낀 것, 내가 깨달은 것을 내가 어찌 알 수 있는가? 그래, 그래서 거울이 필요하다. 내가 이미 밝은 줄 알고 나의 밝음을 분명하게 드러낼 수 있다면, 거울은 필요하지 않다. 그러나 아직 알지 못하고 있다면?

그런데 거울이라고 다 비추어 주는 건 아니다. 티끌이 묻고 때가 끼어서 흐릿한 거울은 안 된다. 그런 거울로는 나의 '밝음'을 비출 수 없다. 제가 흐릿한데 어찌 남을 밝게 비출 수 있겠는가? 그래서 티 하나 없는 맑고 밝은 거울이 있어야 한다. 그게 '보배로운 거울'[寶鑑]이다. 그런 보배로운 거울에 비추어야 밝음이, 밝은 마음이 환하게 드러난다. 그러면 의심의 여지가 없어진다.

'명심보감'이란, '밝은 마음을 비추는 보배로운 거울'이라는 뜻이다. 본래부터 마음이 밝다는 것을 보배로운 거울이 알게 해 준다. 본래 밝은 마음을 '밝은 그대로' 보배로운 거울이 비추어 준다. 이《명심보감》이 초학자들의 입문서가 되어야 하는 이유는 바로 여기에 있다. '밝은 마음'이 있는 줄을 조금도 모르는 사람, 그런 기억이 조금도 없는 사람보다는, 아직 그 마음을 지니고 있는 사람에게 효과가 있기 때문이다. 만약 '마음을 밝히는'이라고 풀이한다면, 세파에 찌들어 도저히 자신에게 '밝음'이 있었다고는 믿지 못하는 사람들을 위한 책이 되고 만다. 탐욕의 노예가 되어 있으면서도 그것을 모르는 사람, 그런 사람의 마음을 밝히라고? 그건 불가능하다.

《대학》(大學)에 '밝은 덕을 밝게 하라'[明明德]는 구절이 첫머리에 나온다. 여기서 말한 '밝은 덕'이 바로 '명심'이다. 그러면, 여기서 말한 '밝게 하라'는 무슨 뜻인가? 말 그대로 '누가 밝게 해 준다'는 것이 아니라, '스스로 밝게 하라'는 것이다. 주체로서 명료하게 자각하라는 말이다. 매우 적극적이고 창조적인 공부와 삶을 요구한 말이다. 거울에나 비추어서 거울이 알아서 밝게 해 주기를 기다리라는 말이 아니다. '마음을 밝히다'라고 한다면, 내 마음을 밝히는 주체는 '나'가 아니라 '거울'이 되어버린다. 이런 참담한 말이 어디 있는가?

선가(禪家)에서는 '맑고 깨끗한 마음'[清淨心]을 말한다. 마음이란 본래부터 맑고 깨끗하다는 말이다. 이는 '명심'이면서 '보배로운 거울'이다. 그 자신은 아무 모습도 없으면서 온갖 것을 다 비추는 보배로운 거울, 그것이 청정심이다. 이 청정심은 곧 무심(無心)이다. 그런데 이 청정심, 곧 무심은 '일상 그대로의 마음'[平常心]임을 알아야 한다.

명심이든 청정심이든 무심이든, 그걸 저 히말라야에 올라서, 또는 사막 가운데서 얻으려 해서는 안 된다. 거기에 있는 것이 아니다. 그 자신이 아무런 모습도 없는데, 있는 곳이 따로 있겠는가? 없다. 그런데 그것은 있다. 아무런 모습이 없으므로 어디에든 있기도 하다. 있다면? 바로 여기에 있다. 우리의 일상이 펼쳐지는 바로 여기, 지금 이 순간에 있다. 그리고 지나간다.

《명심보감》은 바로 이런 우리 일상을 이야기한다. 일상에서 밝은 마음이 끊임없이 작용하고 있음을 알려준다. 무슨 특별한 행위를 통해 명심이 드러난다고 말하지 않는다. 걷고 머물고 앉고 눕고 하는 평범한 행위에, 밥 먹고 물 마시는 범상한 짓거리에 이미 명심이 깃들어 있음을 잔잔하고도 아름답게 이야기해 준다.

《명심보감》은 글공부를 하는 책이 아니다. 마음공부 하는 책이다. 그렇다고 책으로 마음공부 하라는 건 더더욱 아니다. 이 책은 다만 그런 꼬투리를 마련해 줄 뿐이다. 마음공부는 일상에서 쉼 없이 하는 것이다. 일상사가 곧 마음공부인 게다. 아! 그러고 보면, 글공부도 일상사니 글공부도 마음공부가 되는구나! 그래, 글공부가 곧 마음공부다. 글공부가 제대로 되면 마음공부는 저절로 된다. 마음공부가 되면 글공부는 쉽게 이루어진다. 마음공부와 글공부는 둘이 아니다. 둘이면서도 하나다.

명심하라! 《명심보감》은 그대의 마음을 밝혀주지 않는다는 것을. 그대의 마음을 밝혀줄 이는 '그대'뿐이다. 그대의 밝은 마음으로 이 책을 들여다보면, 이 책은 밝게 빛날 것이요, 그대의 어두운 마음으로 이 책을 들여다보면, 이 책은 어둠 속에서 묻힐 것이다. '밝은 마음을 비추는 보배로운 거울', 그것은 곧 '보배로운 거울을 보배롭게 하는 밝은 마음'이다.

이 책을 펼치지 않을 수 있다면, 펼칠 필요가 없다면, 그보다 더 좋은 일은 없겠지만, 펼쳤다면 적어도 이 책을 덮을 즈음에는 참된 '명심보감' 곧 '밝은 마음을 비추는 보배로운 거울'임을 깨닫기 바란다. '마음이 곧 깨달음의 나무'[心是菩提樹]니, 그리 되소서!

2004년 4월 10일 아침에
금정산 자락에서
정천구 쓰다

차 례

일러두기

1. 이 책은 《청주판 명심보감》(淸州版 明心寶鑑; 栖碧外史海外蒐佚本 31, 이우성 엮음, 서울: 아세아문화사, 1990)을 저본으로 하였다.

2. 《청주판 명심보감》은 지금까지 알려진 유일한 완정본(完整本)으로, 1454년(단종 2년)에 청주에서 목판으로 찍은 것이다. 새기는 과정에서 오자(誤字)나 탈자(脫字)가 있었던 것으로 보이는데, 번역하면서 그 점을 밝혔다.

3. 지금까지 나온 대개의 《명심보감》은 초략본(抄略本)이고, 원본을 번역한 것으로는 두 책이 있다. 김성원의 《원본 명심보감 강의》(서울: 명문당, 초판 1981; 중판 1992)와 임동석의 《(초간본) 명심보감》 상·하(서울: 건국대출판부, 2003)가 그것이다. 그런데 이 두 번역본의 저본은 《초간본 명심보감》(東方文化社, 1977)인데, 그 책에는 존신(存信), 언어(言語), 교우(交友), 부행(婦行) 등 네 편이 제목만 있거나 상당수 조목이 빠져 있다. 그러나 옮긴이가 저본으로 삼은 《청주판 명심보감》은 빠진 것 없이 온전해서 그 부분을 보완할 수 있었다. 따라서 임동석이 그 책의 해제에서 "청주판 명심보감도 완정본은 아닌 듯하다"고 한 것은 수정되어야 할 것이다.

4. 김성원과 임동석의 번역본에서 빠뜨린 것을 제시하면 다음과 같다. 존신(存信)편 모두, 언어(言語)편 18.1~18.4, 18.7, 교우(交友)편 19.8~19.11, 19.13~19.17, 19.21~19.23, 부행(婦行)편 20.1, 20.4, 20.8 등이다.

5. 원문을 먼저 제시하고 우리말로 풀어쓰는 것을 원칙으로 하였다. 어려운 한자의 풀이를 덧붙였고, 옮긴이의 생각은 되도록 간략하게 드러내는 데 그쳤다.

명심보감 서문

무릇 사람으로 세상에 태어나고, 게다가 중국에 태어나, 살면서 하늘과 땅과 사람의 덕을 타고나고, 온갖 것 가운데 으뜸이 되고, 덮어주는 하늘과 품어주는 땅, 비추는 해와 내려다보는 달에 감응하여, 지금 황제의 땅에서 어버이가 이 몸을 낳아 주시고 성현께서 가르침을 드리워 주셨으니, 그 가르침을 좇는 자라면 이치의 길로 가는 것을 우선으로 한다.

널리 배우지 않으면 두루 알 수 없고, 마음을 밝게 지니지 않으면 본성을 볼 수 없다. 비록 나면서부터 아는 이가 있다고 하나, 근래에는 그런 이가 참으로 드물다. 옛날 하나라의 우왕은 좋은 말을 들으면 주저 없이 절을 하였는데, 하물며 세상의 범부임에랴!

저 옛날 성현들이 기록하여 남기신 경서에는 수천수만 마디의 말이 있는데, 그것은 사람들이 좋게 되도록 가르치려는 것일 뿐이었다. 그러나 이제는 어짊과 올바름과 예의와 지혜와 믿음의 법을 세우고, 군자와 소인으로 나누고, 현명한 이와 어리석은 자를 구별하고, 착함과 나쁨을 가리는 근거가 되었다.

대개 경서에는 훌륭한 말과 착한 행실이 아주 많이 실려 있으나, 요즘 사람들은 게으르기 때문에 잘 살피고 익혀서 따르는 이들이 적다. 하물며 지금 학자들은 기껏해야 문장이나 꾸미는 것을 우선할 뿐, 먼저 덕행 배우기를 근본으로 여기는 이가 없다.

근래에 이르러서는 세상 사람들에게, 속세 밖의 좋은 것을 닦으라고 많이 권하고, 속세 안에서 마땅히 해야 할 것은 적게 권하는 까닭에, 옛날 현인들이 남긴 글이나 책 따위나 받들면서 세상에 널리 전하고 있을 따름이다. 요즈음 착한 말을 듣기 좋아하는 군자도 그런 글이나 책을 살펴보고는 기이하게 여길 뿐, 옛날과 지금의 종요로운 말에 대해서는 어둡다. 이런 까닭에 사람들의 마음을 미혹하게 하여 성현들이 일상에서 늘 하였던 종요로운 길에 대해 듣는 데에는 썩 내켜 하지 않게 만들었으므로, 사람들은 마음을 잘 지니고 분수 지키는 일을 옳게 여기지 않고, 억지로 어지럽고 허튼 짓을 일삼기에 이르렀다.

무릇 착함과 나쁨, 재앙과 복의 보답과 감응은 밝고 뚜렷하나, 부유함과 귀함, 가난과 궁함, 이룸과 실패, 흥함과 쇠함은 꿈과 같으니, 시시각각 뜻밖의 일에 대비하고, 아침저녁으로 살얼음을 걷는 듯이 하면서 늘 한결같이 평상심을 지닌다면, 뜻밖에 닥치는 재앙은 저절로 아주 사라질 것이다.

엎드려 살피건대, 《태상감응편》에서는 "그러므로 잘된 사람은 착한 말을 하고 착한 것을 보고 착한 일을 하나니, 하루에 이 세 가지 착한 일을 하면서 3년을 보낸다면 하늘이 반드시 복을 내릴 것이다. 못된 사람은 나쁜 말을 하고 나쁜 것을 보고 나쁜 일을 하나니, 하루에 이 세 가지 나쁜 일을 하면서 3년을 보낸다면 하늘이 반드시 재앙을 내릴 것이다"라고 하였다.

절효 서적(徐積) 선생은, "착한 것을 말하고 착한 것을 행하고 착한 것을 생각하는데, 이와 같이 하면서 군자가 되지 못한 자는 여태껏 없었다. 착하지 않은 것을 말하고 착하지 않은 짓을 행하고 착하지 않은 것을 생각하는데, 이와 같이 하면서 소인이 되지 않은 자는 여태껏 없었다"고 말하였다.

여기에서 이른바 착한 것을 말하는 것은 남의 착함을 자극하여 열어줄 수 있어서고, 나쁜 것을 말하는 것은 남의 방자한 뜻을 혼내어 막을 수 있어서다. 이런 까닭에 선인들이 이미 알고 있던 세속의 갖가지 책에서 요긴한 말을 모으고, 자애로운 어른들이 가르치고 일깨워 주신 좋은 말을 모아서 하나의 계통을 세웠으니, 이를 일러 '밝은 마음을 비추는 보배로운 거울'이라 하였다.

현명한 자가 다행히 살펴보고, 또 어린 자제들을 가르치고 풍속을 교화하여 인정을 도탑게 하고, 어떠한 나쁜 짓도 일삼지 않고 온갖 좋은 일을 받들어 하게 하고, 올바른 뜻을 굳게 지니고 바른 마음을 간직하여 저절로 말과 행동을 서로 돌아보게 하고, 하나로 꿰어서 하는 일에 의심이 없게 할 수 있다면, 어디에서 그릇됨이 생기겠는가?

홍무 26년(1393) 계유년 2월 16일,
무림의 후학 범립본이 서문을 쓰다.

明心寶鑑序

　夫爲人在世, 生居中國, 稟三才之德, 爲萬物之靈. 感天地覆載, 日月照臨, 皇上水土, 父母生身, 聖賢垂敎而從敎者, 達道爲先.

非博學，無以廣知；不明心，無以見性．雖有生而知之者，近世奇稀．昔夏禹王聞善言，猶然下拜，何況凡世人乎！

曩古，聖賢遺誌經書，千言萬語，只欲教人爲善，所以立仁義禮智信之法，分君子小人之品，別賢愚之階，辨善惡之異．

盖爲經書，嘉言善行甚多，所以今人懶，觀習行者少．況今學者，不過學其文藝爲先，未有先學德行爲本．

及近勸世，多勸修物外之善．因少勸爲當行之善，事其昔賢文等書，亦廼於世流傳．今之好聽善言君子，觀以爲奇，罔之古今之要語．是以使人迷惑其心，少欲聞聖賢日用常行之要道，以致不肯存心守分，强爲亂作胡行．

夫爲善惡禍福，報應照然，富貴貧窮，成敗興衰似夢，時刻須防不測，朝夕如履薄冰，常存一念中平，飛橫自然永息．

伏覩太上感應篇曰，"故吉人語善視善行善，一日有三善，三年，天必降之福．凶人語惡視惡行惡，一日有三惡，三年，天必降之禍．"

節孝徐先生曰，"言其所善，行其所善，思其所善，如此而不爲君子，未之有也．言其不善，行其不善，思其不善，如此而不爲小人，未之有也．"

所謂言善者，可以感發人之善心；言惡者，可以懲創人之逸志．是故，集其先輩已知通俗諸書之要語，慈尊訓誨之善言，以爲一譜，謂之明心寶鑑．

賢者幸甚覽之，亦可以訓其幼學之子弟，有補於風化敦厚，諸惡莫作，衆善奉行，留於其意，存於其心，自然言行相顧，貫串無疑所爲，焉從差誤矣？

洪武二十六年，歲在癸酉二月旣望，武林後學，范立本序．

1. 착한 일을 이어서 하라 ··· 繼善篇

1.1. 공자가 말하였다.

"착한 일을 하는 사람에게는 하늘이 복으로 갚고, 착하지 않은 일을 하는 사람에게는 하늘이 재앙을 내린다."

子曰: "爲善者, 天報之以福; 爲不善者, 天報之以禍."

역주_ 고전에서 '자왈'(子曰)은 공자(孔子 ; 기원전 551~479)의 말을 가리키는 글자다. 공자는 중국 춘추(春秋) 시대의 사상가로, 이름은 구(丘)고, 자는 중니(仲尼)다. 예악(禮樂)에 정통하였고, 이를 바탕으로 정치·사회·문화의 변화를 꾀하였으며, 《시경》(詩經)을 편찬하고 《춘추》(春秋)라는 역사서를 지었다. 공자가 세상을 떠난 후에 그의 말씀을 기록하여 묶은 것이 《논어》(論語)다.

해설_ 착한 일 자체가 복이고, 착하지 않은 일 자체가 재앙이다. 다만, 당장에 그걸 알지 못하고 구체적인 일로 드러날 때에야 비로소 복인지 재앙인지 알아볼 따름이다. 당장에 알아차린다면, 착하지 않은 일을 할 사람은 없으리라.

1.2. 《상서》에 나온다.

"착한 일을 하면 온갖 좋은 일이 찾아오고, 착하지 않은 짓을 하면 별의별 재앙이 다 찾아온다."

尙書云: "作善, 降之百祥; 作不善, 降之百殃."

·降(강, 항) : 내리다, 굴복하다   ·祥(상) : 상서롭다, 복   ·殃(앙) : 재앙, 해치다

1.3. 서신옹이 말하였다.

"착한 일을 쌓아가면 좋은 일을 만나고, 나쁜 일을 쌓아가면 나쁜 일을 만나느니. 꼼꼼하게 생각하고 헤아려보라, 하늘과 땅은 뒤섞지 않느니라."

徐神翁曰: "積善逢善, 積惡逢惡. 仔細思量, 天地不錯."

·仔細(자세) : 꼼꼼하다, 빈틈이 없다   ·錯(착) : 섞이다, 어지러워지다

1.4. 착한 일에는 좋은 보답이 있고, 나쁜 일에는 괴로운 과보가 따르지. 만약 과보가 오지 않았다면, 그 때가 아직 이르지 않은 것이라네.

善有善報, 惡有惡報. 若還不報, 時晨未到.

·晨(신) : 새벽, 아침, 때

1.5. 《상서》에 나온다.

"착한 일을 하면 저절로 복이 생겨나고, 나쁜 짓을 하면 저절로 재앙이 생겨난다."

尚書云: "作善自福生, 作惡自災生."

1.6. 복은 착한 일을 쌓아가는 데에 깃들고, 재앙은 나쁜 짓을 쌓아가는 데에 있다.

福在積善, 禍在積惡.

1.7. 평소에 착한 일을 하면 하늘도 좋은 일을 더해주나,
어리석고 완고하게 군다면 재앙을 받으리라.
착한 일이든 나쁜 일이든 결국 갚음이 있나니,
아무리 높이 날고 멀리 달아나도 숨기 어렵도다.

平生作善天加善, 若是愚頑受禍殃.
善惡到頭終有報, 高飛遠走也難藏.

·到頭(도두) : 결국, 마침내   ·藏(장) : 감추다, 숨다

1.8. 세상에 나아가서 도를 실천하고 물러나 숨는 것, 그리고 거짓과 진실은 자신이 아는데,

재앙과 복의 원인을 다시 누구에게 묻는가?

착한 것과 나쁜 짓에는 결국 갚음이 있나니,

빨리 오느냐 더디 오느냐만 다르도다.

한가한 때에 평소의 일을 점검하고,

고요한 때에 그날 한 일을 헤아려보라.

늘 한결같은 마음으로 바른 길을 간다면,

저절로 그러하여 하늘과 땅도 저버리지 않으리.

行藏虛實自家知, 禍福因由更問誰?

善惡到頭終有報, 只曾來早與來遲.

閑中點檢平生事, 靜裏思量日所爲.

常把一心行正道, 自然天地不相虧.

·更(갱) : 다시 ·平生(평생) : 평소 ·裏(리) : 속, 안 ·把(파) : 잡다, 쥐다
·虧(휴) : 이지러지다, 줄다

1.9. 《주역》에 나온다.

"착한 일을 거듭하는 집안에는 반드시 축하할 일로 되받을 것
이고, 착하지 않은 일을 거듭하는 집에는 반드시 재앙이 넘칠 것
이다."

易云: "積善之家, 必有餘慶; 積不善之家, 必有餘殃."

역주_ 《주역》은 《역경》이라고도 한다. 점괘를 통하여 지혜와 이치를 풀
어낸 책으로, 오경 가운데 하나다.

1.10. 한나라 소열황제는 죽음이 가까워지자 뒤이을 아들[後主]에

게 유언하였다.

"나쁜 일은 작아 보여도 해서는 안 되고, 좋은 일은 작아 보여도 하지 않으면 안 된다."

漢昭烈將終, 勅後主曰: "勿以惡小而爲之, 勿以善小而不爲."

·將(장) : 장차, ~하려고 하다   ·勅(칙) : 조서, 경계하다

역주_ 여기서 한나라는 《삼국지》(三國志)에 나오는 위(魏), 촉(蜀), 오(吳) 가운데 촉을 가리킨다. 소열(昭烈)황제는 유비(劉備)고, 후주(後主)는 유비의 뒤를 이은 유선(劉禪)이다.

1.11. 장자가 말하였다.

"하루라도 착한 걸 생각하지 않으면, 온갖 나쁜 것이 다 제멋대로 일어난다."

莊子曰: "一日不念善, 諸惡自皆起."

역주_ 장자는 중국 전국(戰國)시대의 사상가로, 이름은 주(周)다. 그는 노자(老子)의 사상을 이어받아 도가(道家)사상을 집대성한 사람으로 일컬어진다. 그는 대립과 차별을 넘어선 평등과 자유를 주장하였는데, 《장자》(莊子)라는 책에 잘 드러나 있다.

해설_ 성자(聖者)에게는 좋은 것도 나쁜 것도 없으나, 범부에게는 있다. 그러므로 범부는 잘 가려서 행해야 한다.

1.12. 서산 진덕수 선생이 말하였다.

"착한 것을 골라 굳게 지키며 온종일 힘쓰고 힘써라."

西山眞先生曰: "擇善固執, 惟日孜孜."

·孜孜(자자) : 부지런한 모양, 힘쓰는 모양

역주_ 진덕수(眞德秀 ; 1178~1235)는 송(宋)나라 때 학자로서 자는 경원(景元)이고, 시호는 문충(文忠)이다. 그의 학문은 주희(朱熹)에 바탕을 두고 있다. 저서에 《대학연의》(大學衍義), 《독서기》(讀書記) 등이 있다.

해설_ 힘쓰고 힘쓰다 보면, 힘쓰지 않고도 저절로 이치에 맞게 되는 때가 오리라.

1.13. 귀로는 착한 말만을 들을 것이며, 세 가지 나쁜 데에는 떨어지지 말라.

耳聽善言, 不墮三惡.

역주_ 《좌전》(左傳)에 따르면, 삼악(三惡)은 사나움[暴], 잔인함[虐], 치우침[頗]을 가리킨다. 불가에서 삼독(三毒)이라 일컫는, 탐욕·성냄·어리석음이 이와 상통한다.

1.14. 사람이[자신이] 착하기를 바라면, 하늘도 반드시 그 바램을 따르리라.

人有善願, 天必從之.

해설_ 지극하면 천지와 하나가 되고, 우주와 통하리라.

1.15. 《국어》〈진어〉(晉語)편에 나온다.

"착한 일을 하면 하늘을 오르는 듯하고, 나쁜 일을 하면 산이 무너지는 듯하리라."

晉國語云: "從善如登, 從惡如崩."

·從(종) : 좇다, 나아가다 ·崩(붕) : 무너지다, 흩어지다

1.16. 강태공이 말하였다.

"착한 일은 찾아서 해야 하나, 나쁜 일은 바라지도 말라."

太公曰: "善事須貪, 惡事莫樂."

·須(수) : 마땅히 ~해야 한다 ·莫(막) : 하지 마라

1.17. 안자가 말하였다.

"착한 일은 그 자체로 이롭고, 나쁜 일은 그 자체로 해롭다. 그
러므로 군자란 그 이로운 것에 힘씀으로써 해로운 것을 막으니,
명성을 구하기 위해서가 아니며, 더구나 욕됨을 멀리하기 위해서
도 아니다."

**顔子曰: "善以自益, 惡以自損. 故君子務其益以防損, 非以求
名, 且以遠辱."**

1.18. 강태공이 말하였다.

"착한 일을 보거든 목마른 자처럼 하고, 나쁜 말이 들리면 귀머거리처럼 하라."

太公曰: "見善如渴, 聞惡如聾."

·渴(갈) : 마르다 ·聾(롱) : 귀머거리, 어리석다

1.19. 착한 일을 하는 것이 최고의 즐거움이요, 이치에 맞는 길을 가는 것이 가장 큰 일이다.

爲善最樂, 道理最大.

1.20. 마원이 말하였다.

"착한 일은 죽을 때까지 하더라도 다하지 못하고, 나쁜 짓은 단 하루 하더라도 두고두고 남는다."

馬援曰: "終身行善, 善猶不足; 一日行惡, 惡自有餘."

·猶(유) : 오히려

1.21. 안자가 말하였다.

"군자란 털끝만큼이라도 좋은 것을 보면 내버려서는 안 되고, 실낱만큼이라도 나쁜 행동은 해서는 안 된다."

顔子曰: "君子見毫釐之善, 不可傾之; 行有纖之惡, 不可爲之."

·毫(호) : 잔털, 조금   ·釐(리) : 이(1의 100분의 1)   ·傾(경) : 기울다, 쏟다

1.22. 《주역》에 나온다.

"내뱉은 말이 착하면 사방 천리에서도 따르지만, 내뱉은 말이 착하지 못하면 천리 밖에서도 원망한다."

易曰: "出其言善, 則千里應之; 出言不善, 則千里外違."

해설_ 《주역》〈계사전〉(繫辭傳)에 다음과 같이 나온다. 공자가 말하였다. "군자가 집에 있으면서 좋은 말을 하면 천 리 밖에서도 그 말을 따르는데, 하물며 가까운 데서랴? 집에 있으면서 좋지 않은 말을 하면 천 리 밖에서도 그 말을 피할 텐데, 하물며 가까운 데서랴? 말은 제 몸에서 나와서 백성에게 미치고, 행동은 가까운 데서 나와서 먼 데서 드러나니, 말과 행동은 군자의 요체다. 요체에 따라서 영예와 욕됨이 정해진다. 말과 행동은 군자가 하늘과 땅을 움직이는 바탕이다. 삼가지 않을 수 있겠는가?"(子曰: "君子居其室, 出其言善, 則千里之外應之, 況其邇者乎? 居其室, 出其言不善, 則千里之外違之, 況其邇者乎? 言出乎身, 加乎民, 行發乎邇, 見乎遠, 言行, 君子之樞機. 樞機之發, 榮辱之主也. 言行, 君子之所以動天地也. 可不愼乎?")

1.23. 마음을 바르게만 지닌다면, 앞날이 어찌될지는 물을 필요가 없지. 본분을 따를 수만 있다면, 물을 필요가 없지 앞날이 어찌될지는.

但存心裏正, 不用問前程. 但能依本分, 前程不用問.

1.24. 앞날이 창창하기를 바란다면, 앞날이 사라질 짓을 하지 말라.

若要有前程, 莫做沒前程.

·做(주) : 짓다, 하다   ·沒(몰) : 없어지다, 다하다

1.25. 사마온공은 자식들에게 이렇게 가르쳤다.

"재물을 쌓아 자손에게 물려주지만 자손이 반드시 다 지켜내는 것은 아니고, 책을 쌓아서 자손에게 남겨주지만 자손이 꼭 다 읽어낸다고는 할 수 없으니, 이는 보이지 않는 곳에서 남모르는 덕행을 쌓아 자손이 일을 꾀할 수 있게 하느니만 못하니라."

司馬溫公家訓: "積金以遺子孫, 未必子孫能盡守; 積書以遺子孫, 未必子孫能盡讀, 不如積陰德於冥冥之中, 以爲子孫之計也."

·遺(유) : 남기다, 끼치다   ·冥冥(명명) : 어둡고 그윽한 모양

1.26. 마음 씀이 좋으면 하늘의 뜻도 좋으니,

부귀영화를 일찌감치 이루도다.

마음 씀은 좋으면 하늘의 뜻이 좋지 않아도,

한평생이야 따스하고 배부르리라.

하늘의 뜻은 좋은데 마음 씀이 좋지 않으면,

앞날을 장담하기가 어려우리라.

마음 씀도 하늘의 뜻도 모두 좋지 않으면,

가난과 괴로움이 늙을 때까지 찾아오리라.

> 心好命又好, 發達榮華早. 心好命不好, 一生也溫飽.
> 命好心不好, 前程恐難保. 心命都不好, 窮苦直到老.

1.27. 《경행록》에 나온다.

"참된 마음과 효성스런 마음을 자손에게 물려주면 번창하고, 잔재주를 자손에게 물려주면 망하고, 겸손하게 사물을 대하면 굳세어지고, 착함으로 자신을 지켜가면 훌륭하게 되리라."

> 景行錄曰: "以忠孝遺子孫者, 昌; 以智術遺子孫者, 亡; 以謙
> 接物者, 强; 以善自衛者, 良."

·忠(충) : 참된 마음

역주- 《경행록》은 뛰어난 행실을 기록한 책으로, 송나라 때에 지어진 것으로 알려져 있으나 전해지지는 않는다.

1.28. 은혜와 올바름을 널리 베풀어라. 사람이 살다보면 어느 곳에서건 서로 만나지 않겠느냐? 원수를 두거나 원한을 맺지 마라. 길

을 가다 좁은 곳에서 만나면 피하기 어려우니라.

恩義廣施. 人生何處不相逢? 讐怨莫結. 路逢狹處難回避.

·讐(수) : 원수, 갚다

1.29. 장자가 말하였다.

"나를 착하게 대하는 이에게 나 또한 착하게 대하고, 나를 못살게 구는 자에게도 나는 그래도 착하게 대하리라. 내가 남에게 나쁜 마음이 없으니, 남도 나에게 나쁜 마음이 없을진저!"

莊子云: "於我善者, 我亦善之; 於我惡者, 我亦善之. 我旣於人無惡, 人能於我無惡哉!"

1.30. 노자가 말하였다.

"착한 사람은 착하지 아니한 사람의 스승이요, 착하지 아니한 사람은 착한 사람의 제자라."

老子曰: "善人, 不善人之師; 不善人, 善人之資."

·資(자) : 본래는 '바탕', '밑천'이란 뜻인데, 사(師)와 함께 쓰이면 '제자'라는 뜻을 갖는다

1.31. 노자가 말하였다.

"부드러움은 굳셈을 이기고, 약함은 강함을 이기느니. 그러므로 혀는 오래도록 남을 수 있으나, 이빨은 굳세어서 부러지느니라."

老子曰: "柔勝剛, 弱勝强. 故舌能存, 齒剛則折也."

1.32. 강태공이 말하였다.

"어질고 자애로운 자는 오래 살고, 고약하고 사나운 자는 망하느니라."

太公曰: "仁慈者壽, 凶暴者亡."

1.33. 강태공이 말하였다.

"나긋나긋하면 목숨을 다 누리면서 늙고, 용맹을 부리다가는 일찍 죽느니라."

太公曰: "懦必壽老, 勇必夭亡."

·懦(나) : 나약하다, 무기력하다   ·夭(요) : 어리다, 젊다

1.34. 노자가 말하였다.

"군자가 하는 착한 일은 물과 같아서, 품고 있으면 산도 누를
수 있고, 길어내면 이마의 땀을 마르게 할 수 있고, 네모를 이룰
수도 있고 동그라미를 만들 수도 있고, 구불구불하기도 하면서
갖가지 모양을 따르느니. 그러므로 군자는 부드러우면서 약하지
않고, 굳세면서도 딱딱하지 않으니, 이는 물의 본성과 같으니라.
세상에서 부드럽고 약하기로는 물보다 더한 것이 없나니, 이런
까닭에 부드러움과 약함이 굳음과 강함을 이기는 것이니라."

老子曰: "君子爲善若水. 擁之可以止山, 汲之可以渴顙, 能方
能圓, 委曲隨形. 故君子能柔而不弱, 能强而不剛, 如水之性
也. 天下柔弱莫過於水, 是以柔弱勝剛强."

·擁(옹) : 안다, 품다   ·汲(급) : 물을 긷다   ·委(위) : 맡기다   ·曲(곡) : 굽다, 휘다

해설— 군자가 쌓은 덕은 기술이 아니어서 특정한 때, 특정한 상황에서
만 유용한 것이 아니다. 군자의 덕은 물처럼 부드러우면서도 강하고
자유자재한 모습을 지닌다. 그래서 모든 것을 껴안고, 어떤 대상에도
알맞고, 어디에서나 쓰인다.

1.35. 《서경》에 나온다.

"착함을 행하는 길은 같지 않으나, 이치로 돌아간다는 데서는
다르지 않고, 정치를 하는 방법은 다르나, 다스려짐으로 돌아간다
는 데서는 다르지 않다. 나쁜 것은 반드시 멀리할 것이요, 착한 것

은 꼭 가까이하라."

書云: "爲善不同, 同歸於理; 爲政不同, 同歸於治. 惡必須遠,
善必須近."

 이치의 길은 헤아릴 수 없이 많고, 다스리는 방법도 아주 많다.
다만 때에 맞게 쓸 뿐이다.

1.36. 《경행록》에 나온다.

"자손을 위하여 부귀를 꾀하면 열에 아홉은 실패한다. 남을 편
안하게 해 주는 일을 하면[잘해주면] 그 후손이 은혜를 입는다."

景行錄云: "爲子孫作富貴計者, 十敗其九. 爲人作善方便者,
其後受惠."

역주_ 흔히 쓰는 '방편'이라는 말은 '임시방편'(臨時方便), 곧 때에 맞게
적절한 방도를 쓰는 것을 뜻하지만, 여기서는 다르게 쓰였다. 혼동해
서는 안 된다.

1.37. 남을 편안하게 해 주면 자신이 편안해지리라.

與人方便者, 自己方便.

1.38. 날마다 남을 편안하게 해 주고, 어느 때든 착한 마음을 내라.

日日行方便, 時時發善心.

1.39. 힘이 미치는 곳에서는 남을 편안하게 해 주어라.

力到處行方便.

1.40. 천만 권의 경전이 다 효도와 올바름을 앞세운다. 하늘에서든 인간에서든 편안하게 해 주는 게 제일이다.

千經萬典, 孝義爲先. 天上人間, 方便第一.

1.41. 《태상감응편》에 나온다.

"재앙과 복에는 문이 없나니, 오직 사람이 스스로 부를 뿐이다. 착함과 나쁨에 대한 과보는 그림자가 형체를 따르는 것과 같다. 그러므로 사람의 마음이 착한 데서 일어나면 그 착함이 아직 행해지지 않았더라도 잘되게 해주는 신이 따라오고, 혹시라도 마음이 나쁜 데서 일어나면 그 나쁨이 아직 행해지지 않았더라도 못되게 구는 신이 따라온다. 나쁜 일을 행한 적이 있어도 나중에 스스로 고치고 오래도록 뉘우친다면, 그 오랜 노력으로 반드시 잘되고 기쁨을 얻으리니, 이것이 이른바 재앙을 바꾸어 복으로 만든다는 것이다."

太上感應篇曰: "禍福無門, 唯人自召. 善惡之報, 如影隨形. 所以, 人心起於善, 善雖未爲, 而吉神以隨之; 或心起於惡, 惡雖未爲, 而凶神以隨之. 其有曾行惡事, 後自改悔久, 久必獲吉慶, 所謂轉禍爲福也."

·獲(획) : 잡다, 얻다   ·轉(전) : 구르다, 옮기다

로가 없다는 말이다. 재앙과 복은 사람에게 달렸기 때문이다. 따라서 모든 것이 나에게서 비롯됨을 안다면, 하늘을 원망하고 남을 탓하는 일이 없으리라.

1.42. 동악성제가 주신 가르침에 이런 말이 있다.

"하늘과 땅에는 사사로움이 없으며, 신명께서는 남모르게 살피신다. 제사를 올리지 않아도 복을 내릴 만하면 복을 내리시고, 예의를 잃지 않아도 재앙을 내릴 만하면 재앙을 내리신다. 평범한 사람은 세력이 있어도 세력에 다 기댈 수 없고, 복이 있어도 복을 다 쓸 수 없으며, 가난하고 괴로울 때에는 가난과 괴로움을 전혀 속일 수 없다. 이 세 가지는 곧 하늘과 땅에서 돌고 돌다가 두루 미친 뒤에 다시 시작된다. 그러므로 하루 착한 일을 행하면 복이 비록 이르지 않더라도 재앙은 저절로 멀어질 것이요, 하루 나쁜 짓을 하면 재앙은 비록 이르지 않아도 복이 저절로 멀어질 것이다. 착한 일을 행하는 사람은 봄동산의 풀과 같아서, 자라는 것은 보이지 않으나 거기에는 날로 느는 것이 있고, 나쁜 짓을 하는 사람은 칼 가는 숫돌과 같아서, 닳아 없어지는 것은 보이지 않으나 거기에는 날로 이지러지는 것이 있다. 남을 해쳐서 나를 편안하게 하는지 삼가 경계하여야 하리라."

> 東嶽聖帝垂訓: "天地無私, 神明暗察. 不爲享祭而降福, 不爲失禮而降禍. 凡人, 有勢不可盡倚, 有福不可盡用, 貧困不可盡欺. 此三者, 乃天地循環, 周而復始. 故一日行善, 福雖未至, 禍自遠矣; 一日行惡, 禍雖未至, 福自遠矣. 行善之人, 如春園之草, 不見其長, 日有所增; 行惡之人, 如磨刀之石, 不見其損, 日有所虧. 損人安己, 切宜戒之."

·暗(암) : 어둡다, 남모르게   ·享(향) : 누리다, 제사 지내다   ·倚(의) : 기대다
·循(순) : 돌다, 좇다   ·環(환) : 고리, 돌다   ·磨(마) : 갈다

1.43. 털끝만한 착함이라도 남에게 베풀어 편안하게 해주고, 털끝
만한 나쁨이라도 하지 못하게 남에게 권하라. 옷과 음식이 따라
오니 절로 기쁘고 즐거운데, 무슨 천명을 헤아리고, 무슨 점을 친
단 말이냐? 남을 속임이 재앙이요, 남을 용서함이 복이로다. 하늘
의 그물은 너르고 커서 과보를 주는 게 참 빠르구나. 내 말을 살
펴 들으면 신명이 공경하고 귀신이 엎드리리라.

一毫之善, 與人方便, 一毫之惡, 勸人莫作. 衣食隨緣, 自然快
樂, 算甚麼命, 問甚麼卜? 欺人是禍, 饒人是福. 天網恢恢, 報
應甚速. 諦聽吾言, 神欽鬼伏.

·甚麼(심마) : 무슨, 어느   ·饒(요) : 넉넉하다, 너그럽다
·諦(체) : 살피다, 자세히 알다   ·欽(흠) : 공경하다

1.44. 강절 소옹 선생이 자손에게 훈계하였다.

"품성이 빼어난 사람은 가르치지 않아도 착하고, 중간치는 가
르친 뒤에 착해지고, 하치는 가르쳐도 착해지지 않는다. 가르치지
않아도 착하니, 거룩한 이가 아니고 무엇이랴? 가르친 뒤에 착해
지니, 어진 이가 아니고 무엇이랴? 가르쳐도 착해지지 않으니, 어
리석은 자가 아니고 무엇이랴? 그러니 알아라, 착하다는 것은 잘
될 것을 이르고, 착하지 않다는 것은 못될 것을 이르는 말임을.

잘된다는 것은, 눈으로는 예의가 아닌 것을 보지 않고, 귀로는 예의가 아닌 것을 듣지 않고, 입으로는 예의가 아닌 것을 말하지 않고, 발로는 예의가 아닌 곳을 밟지 않는 것이니라. 착하지 않은 사람은 사귀지 않고, 올바르지 않은 물건은 가지지 않는다. 향기로운 난초에 다가가듯 어짊을 가까이하고, 독사나 전갈을 두려워하듯 나쁜 것을 피하라. 누군가가 말했지, '잘될 사람이라 일컬어지지 않았으면, 나는 그를 믿지 않는다'고.

못된다는 것은, 그 언어가 자주 바뀌고 어긋나며, 행동거지는 은근히 고약하고, 이익만 좋아하고 그릇되게 꾸미며, 음란함을 찾아다니면서 남의 불행을 즐기는 것이다. 어질고 착한 이를 원수를 멀리하듯 미워하고, 형법을 밥 먹듯이 어긴다. 이는 작게는 자신을 무너뜨리고 천성을 없애며, 크게는 집안을 뒤집어엎고 대를 끊어버린다. 누군가가 말했지, '못된 사람이라 일컬어지지 않았어도 나는 그를 무조건 믿지 않는다'고.

전해오는 말에, '잘될 사람은 착한 일을 하면서 그저 하루가 짧다고 여기고, 못된 사람은 착하지 못한 짓을 하면서 또한 하루가 짧다고 여긴다'는 게 있지. 너희들은 잘된 사람이 되려느냐, 못된 사람이 되려느냐?"

康節邵先生誡子孫曰: "上品之人, 不教而善; 中品之人, 教而後善; 下品之人, 教亦不善. 不教而善, 非聖而何? 教而後善, 非賢而何? 教亦不善, 非愚而何? 是知, 善也者, 吉之謂也; 不善也者, 凶之謂也. 吉也者, 目不觀非禮之色, 耳不聽非禮之聲, 口不道非禮之言, 足不踐非禮之地. 人非善不交, 物非義不取. 親賢如就芝蘭; 避惡如畏蛇蝎. 或曰, '不謂之吉人, 則吾不信也.' 凶也者, 語言詭譎, 動止陰險, 好利飾非, 貪淫樂

禍. 疾良善如讐隙, 犯刑憲如飮食. 小則隕身滅性, 大則覆宗
絶嗣. 或曰, ‘不謂之凶人, 則吾不信也.’ 傳有之曰, ‘吉人爲
善, 惟日不足; 凶人爲不善, 亦惟日不足.’ 汝等欲爲吉人乎,
欲爲凶人乎?”

·蝎(갈) : 전갈 ·詭(궤) : 속이다, 어기다 ·譎(휼) : 속이다, 바뀌다
·陰(음) : 남모르게 ·險(험) : 험하다, 비뚤다 ·疾(질) : 싫어하다, 미워하다
·隙(극) : 틈, 틀어지다 ·隕(운) : 무너뜨리다, 잃다 ·覆(복) : 뒤집히다
·嗣(사) : 잇다

역주- 소옹(邵雍 ; 1011~1077)은 송나라 때의 학자다. 시호가 강절이어
서 소강절로 널리 알려져 있다. 주렴계(周廉溪)·장횡거(張橫渠) 등과
함께 송학(宋學)의 선조로 일컬어진다. 역학(易學)에 능통하여 천문지
리에도 밝았는데, 그가 지은 《황극경세서》(皇極經世書)와 《매화역수》
(梅畵易數)가 유명하다.

1.45. 《초서》에 나온다.

“초나라에는 보배로 여길 만한 게 없고, 오로지 착함을 보배로
여긴다.”

楚書曰: “楚國無以爲寶, 惟善以爲寶.”

역주- 《초서》는 초나라의 글이라는 뜻인데, 《국어》의 〈초어〉(楚語)편을
가리키는 듯하다. 거기에 실려 있는 초나라 대부 왕손어(王孫圉)의 말
이 이 내용과 비슷하다.

1.46. 공자가 말하였다.

“착함을 보거든 미치지 못하는 듯이 하고, 착하지 못한 것을 보
거든 끓는 물에 손댄 듯이 하라.”

子曰: "見善如不及, 見不善如探湯."

1.47. 공자가 말하였다.

"어진 이를 보거든 그와 나란히 될 것을 생각하고, 어질지 못한 이를 보거든 안으로 돌이켜 살펴라."

子曰: "見賢, 思齊焉; 見不賢, 而內自省也."

해설_ 어디서 누구를 만나든, 그 순간 공부하라.

2. 하늘의 뜻을 알라 ··· 天命篇

2.1. 맹자가 말하였다.

"하늘의 뜻을 따르는 자는 살 것이나, 하늘의 뜻을 거스르는 자는 망하리라."

孟子曰: "順天者存, 逆天者亡."

역주_ 맹자(孟子 ; 기원전 372~289?)는 중국 전국시대의 사상가로, 이름은 가(軻)이다. 그는 인의(仁義)를 바탕으로 하는 왕도정치(王道政治)를 주창하였고, 자신의 뜻을 실현해줄 수 있는 제후를 찾아 천하를 돌아다녔다. 그가 제후, 제자들과 나눈 문답을 기록한 것이 《맹자》(孟子)다.

2.2. 《근사록》에 나온다.

"하늘의 이치를 따르면 이로움을 구하지 않아도 저절로 이롭지 않음이 없고, 사사로운 욕심을 따르면 이로움을 구하여도 얻지 못하고 해로움만 따라온다."

近思錄云: "循天理, 則不求利而自無不利; 循人欲, 則求利未得而害已隨之."

역주_ 《근사록》은 송나라 때 주희와 여조겸(呂祖謙)이 편찬한 책으로,

《태극도설》(太極圖說)·《서명》(西銘)·《정몽》(正夢) 등에서 일상생활에 필요한 것들을 뽑아서 엮은 것이다.

 이치는 온 우주에 가득하니, 이치를 따르면 얻지 못할 게 없다. 욕심은 이 우주에 없으니, 그것을 따르면 허망함만 더할 뿐이다.

2.3. 제갈무후가 말하였다.

"일을 꾀하는 것은 사람에게 있으나, 일을 이루는 것은 하늘에 달렸다."

諸葛武侯曰: "謀事在人, 成事在天."

 제갈무후는 중국 삼국시대 촉(蜀)나라의 승상이었던 제갈공명(諸葛孔明)이다. 이름은 량(亮)이고, 공명은 그의 자다. 유비를 좇아 천하를 통일하려 하였으나, 결국 이루지 못하였다. 그의 〈출사표〉(出師表)는 유명하다.

 결과는 때가 되면 오는 것이지, 미리 어찌할 수 없다. 지나간 것조차 마찬가지다. 지금 여기서 내가 하고 있는 것, 이것만이 내 소관이다.

2.4. 사람들마다 '이랬으면, 이랬으면' 하고 바라지만, 하늘의 이치는 '아직 아니다, 아직 아니다' 하네.

人願 '如此如此,' 天理 '未然未然.'

 지극하게 하는 이에게는 바램이 없고, 바램이 있는 자에게는 지극함이 없다.

2.5. 강절 소옹 선생이 말하였다.

"하늘의 다스림은 고요하여 소리가 없이, 푸르고 푸를 뿐이니 어디에서 찾으랴? 높지도 아니하고 또한 멀지도 아니하느니, 모두 사람의 마음에 있을 뿐이로다."

康節邵先生曰: "天聽寂無音, 蒼蒼何處尋? 非高亦非遠, 都只在人心."

·都(도) : 모두, 모이다

해설_ 하늘의 뜻은 어디에나 있으니 가장 가까운 곳에서 찾아야 하리라. 바로 여기 이 마음!

2.6. 사람의 마음이 한순간 일어나면,
하늘과 땅은 모두 다 알아차리지.
착한 일이나 나쁜 일에 과보가 없다면,
하늘과 땅에 틀림없이 사사로움이 있는 게다.

人心生一念, 天地悉皆知. 善惡若無報, 乾坤必有私.

역주_ 일념(一念)은 본래 한 생각을 의미했는데, 한 생각이 일어나는 짧은 시간을 뜻하는 말로도 쓰이게 되었다. 불가에서 흔히 그런 뜻으로 쓴다.

해설_ 우주 어디에서나 인과와 연기의 법칙이 작용한다. 거기에는 사사로움이 없다.

2.7. 현제가 주신 가르침에 이런 말이 있다.
"사람들 사이에 은밀하게 오가는 말도 하늘은 우렛소리처럼 듣고, 깜깜한 방에서 몰래 마음이 비뚤어지면 신명은 번개처럼 본다."

玄帝垂訓: "人間私語, 天聞若雷; 暗室虧心, 神目如電."

2.8. 《충효략》에 나온다.

"남을 속이는 것은 제 마음을 속이는 데서 시작되고, 제 마음을 속이는 것은 하늘을 속이는 데서 시작되나니, 어찌 속일 수 있겠는가?"

忠孝略云: "欺人必自欺其心, 欺其心必自欺其天心, 豈可欺乎?"

2.9. 사람을 속일 수는 있어도 하늘은 속일 수 없고, 사람의 눈은 가릴 수 있어도 하늘의 눈은 가릴 수 없느니라.

人可欺, 天不可欺; 人可瞞, 天不可瞞.

·瞞(만) : 속이다. 눈을 감은 모양

2.10. 세상 사람들 남을 속이려 하나,
분명코 제 마음부터 속인다네.
마음을 속임은 곧 하늘을 속임이니,
하늘은 알지 못하리라 말하지 말라.
하늘은 처마 끝에도 있어서,
틀림없이 그때 들었으리라.
너는 하늘이 듣지 못했다고 말하나,

예나 이제나 그냥 놓아둔 자 있더냐?

世人要瞞人, 分明把心欺. 欺心卽欺天, 莫道天不知.
天在屋簷頭, 須有聽得時. 你道不聽得, 古今放過誰?

·放過(방과) : 봐주다, 놓아주다. '과'(過)는 동사의 진행을 나타내는 어조사

2.11. 맑고 아득한 하늘은 속일 수 없으리니,
뜻을 행하기도 전에 먼저 알아버리네.
그대여, 마음에 부끄러운 일 하지 말지니,
예나 이제나 하늘이 누구를 그냥 놓아두던가?

湛湛靑天不可欺, 未曾擧意早先知.
勸君莫作虧心事, 古往今來放過誰?

·湛(담) : 맑다 ·擧(거) : 들다, 움직이다

2.12. 사람이 착하면 사람이 그를 속이지 하늘이 속이지는 않는다.
사람이 못되게 굴면 사람이 그를 두려워하지 하늘이 두려워하지
는 않는다.

人善, 人欺, 天不欺. 人惡, 人怕, 天不怕.

해설_ 이런 말도 있다. "마음에 부끄러운 일을 하지 않으면, 귀신이 문
을 열라고 부르짖어도 두렵지 않다."(不做虧心事, 不怕鬼叫門)

2.13. 사람이 마음을 나쁘게 쓰면, 하늘은 어김없이 재앙을 내린다.

人心惡, 天不錯.

해설_ 사람의 계산은 틀릴 수 있지만, 하늘의 계산은 틀리는 법이 없다.

2.14. 하늘은 이치의 길에 마음을 둔 사람을 저버리지 않고, 효성
스런 마음을 지닌 사람을 저버리지 않으며, 좋은 마음을 지닌 사
람을 저버리지 않으며, 착한 마음을 지닌 사람을 저버리지 않는다.

皇天不負道心人, 皇天不負孝心人, 皇天不負好心人, 皇天不
負善心人.

2.15. 《익지서》에 나온다.

"마음 그릇에 나쁜 게 가득 차면, 하늘이 반드시 그를 죽인다."

益智書云: "惡鑵若滿, 天必戮之."

역주_ 《익지서》는 언제 누가 지었는지 분명하지 않다. 제목으로 보아
지혜의 말을 담고 있는 것으로 여겨진다.

해설_ 참으로 섬뜩한 말이지만 진리다. 마음에 나쁜 것이 가득한 자는
이미 죽은 자다. 누가 죽이기 전에!

2.16. 장자가 말하였다.

"간혹 착하지 못한 일을 하고도 이름을 드날리는 사람이 있는
데, 사람들이 그를 해치지 않아도 하늘은 반드시 그를 죽인다."

莊子曰: "若人作不善, 得顯名者, 人不害, 天必誅之."

·若(약) : 만약, 간혹, 같다

2.17. 오이를 심으면 오이를 얻고, 콩을 심으면 콩을 얻느니.
하늘의 그물은 넓고 넓어, 성긴 듯하면서도 빠뜨리지 않도다.

種瓜得瓜, 種豆得豆. 天網恢恢, 疎而不漏.

·疎(소) : '소'(疎)와 같다. 트이다, 성기다   ·漏(루) : 새다, 스며들다

2.18. 땅을 깊이 갈고 얕게 심어도, 오히려 하늘이 망치는 일이 있다. 내 이익을 위해 남에게 해를 입히는데, 어찌 과보가 없으리오?

深耕淺種, 尙有天災. 利己損人, 豈無果報?

·耕(경) : 밭 갈다, 고르다   ·尙(상) : 오히려, 바라건대, 높이다

2.19. 공자가 말하였다.
"하늘에 죄를 얻으면 빌 곳이 없다."

子曰: "獲罪於天, 無所禱也."

3. 하늘의 뜻을 따르라 ··· 順命篇

3.1. 자하가 말하였다.

"죽고 사는 것은 운수에 달렸고, 부유함과 귀함은 하늘에 달려 있다."

子夏曰: "死生有命, 富貴在天."

역주_ 자하는 공자의 제자로, 성은 복(卜)이고, 이름은 상(商)이다. 공자의 제자 가운데서 문학과 학문에 뛰어났다고 알려져 있다.

해설_ 운수에 달렸고 하늘에 달렸다고 해서 이미 운명이 정해졌다는 걸 말하는 건 아니다. 그러니 아무 것도 하지 말라는 말은 더더욱 아니다. 운수나 하늘은 나와는 아주 멀리 떨어져 있는 것이 아니다. 바로 나의 마음이 운수요 나의 몸이 하늘이다. 100년의 삶을 주더라도 내가 누릴 줄 모르면 사는 것이 아니요, 대단한 부귀가 주어지더라도 누릴 지혜가 없다면 내 것이 아니다.

3.2. 맹자가 말하였다.

"누군가가 가게 해서 갈 수도 있고 누군가가 막아서 멈출 수도 있으나, 가거나 멈추는 걸 남이 할 수 있는 건 아니다."

孟子曰: "行或使之, 止或尼之, 行止非人所能也."

·尼(니) : 그치게 할, 비구니

3.3. 한 번 마시든 한 번 발탁되든, 일이란 모두 이전에 정해졌다.

一飮一擢, 事皆前定.

·擢(탁) : 뽑다, 발탁하다, 제거하다

해설 모든 일은 내가 어떻게 하느냐에 따라 달라지니, 어제 내가 한 일로 오늘 내가 할 일이 정해지고, 오늘 내가 하는 일로 내일 내가 할 일이 정해진다. 결국 오늘은 어제, 내일은 오늘 이미 정해진 셈이다. 결코 운명론이나 예정론을 말하는 것이 아니다.

3.4. 모든 일은 그 운수가 이미 정해져 있는데, 덧없는 인생은 헛되이 제 홀로 바쁘도다.

萬事分已定, 浮生空自忙.

·分(분) : 분수, 직분, 본분   ·浮(부) : 뜨다

해설 헛되이 바쁜 것은 제 자신을 모르기 때문이다. 제 자신을 모르는 것은 분수에 넘치는 욕심을 갖기 때문이다. 욕심을 가지면 운수를 제가 만들 수 있다는 걸 잊게 된다. 제가 만들 수 있다는 걸 잊으면, 그 것을 딴 데서 애써 찾는다. 그야말로 헛되고 헛되도다!

3.5. 어떤 일도 사람의 헤아림을 따르지 아니하니, 한평생은 모두 하늘이 알맞게 배분하느니라.

萬事不由人計較, 一生都是命安排.

·由(유) : 말미암다, 따르다   ·較(교) : 견주다, 비교하다

3.6. 《경행록》에 나온다.

"무릇 힘으로 하려 해서는 안 되느니, 어디에 있든 그것은 곧 하늘의 뜻이니라."

景行錄云: "凡不可著力, 處便是命也."

·著力(착력) : '착력'(着力)과 같다. 힘을 쓰다, 정성을 들이다   ·便(변) : 곧, 문득

3.7. 깨달았다 해도 하늘의 뜻만 못하고, 앎도 하늘이 내리는 복만은 못하다.

會不如命, 知不如福.

·회(會) : 깨닫다, 마침

3.8. 《경행록》에 나온다.

"재앙은 요행으로는 면할 수 없고, 복은 두 번 다시 구할 수 없다."

景行錄云: "禍不可以倖免, 福不可以再求."

·倖(행) : 다행, 요행, 아첨하다

3.9. 《소서》에 나온다.

“양보할 일이 생기면 구차하게 피하지 말고, 이익을 보면 구차
하게 얻지 말라.”

素書云：“見謙而不苟免，見利而不苟得.”

·謙(겸) : 겸손하다, 덜다, 줄이다

 《소서》는 진(秦)나라 황석공(黃石公)이 편찬한 책으로, 모두 여섯
편으로 이루어져 있다. 부드러움으로써 강함을 이기고, 물러남이 나
아감이라는 이치를 설명하고 있어 도가사상에 가깝다는 것을 알 수
있다.

 모든 것은 돌고 돈다. 이익과 명예도 돌고 돈다. 집착할 필요가
없다. 오면 오는 대로 받아들이고, 가면 가는 대로 보낼 일이다.

3.10. 복이 이르러도 구차하게 매달려서는 안 되고, 재앙이 이르러
도 구차하게 피해서는 안 된다.

福至, 不可苟求; 禍至, 不可苟免.

 무슨 일에나 구차해지지 않기 위해서는 평소에 그 마음과 몸을
올바로 지녀야 하리라. 갑자기 그 마음이 참되고 그 몸이 올바르게 되
는 일은 없다.

3.11. 《예기》의 〈곡례〉에 나온다.

“재물이 눈앞에 있어도 구차하게 얻지 말고, 어려움을 만나도
구차하게 피하지 말라.”

曲禮曰：“臨財, 毋苟得; 臨難, 毋苟免.”

·臨(임) : 임하다, 내려다보다 ·毋(무) : 없다, 말라

3.12. 공자가 말하였다.

"하늘의 뜻을 아는 사람은 이익을 보아도 흔들리지 않고, 죽음
이 닥쳐도 원망하지 않느니라."

子曰: "知命之人, 見利不動, 臨死不怨."

해설 하늘의 뜻을 안다는 것은, 이익이든 손해든 삶이든 죽음이든 모
두 때가 되어서 온 것인 줄을 안다는 말이다. 그리고 때는 바로 나에
게서 비롯된 것이다.

3.13. 하루를 얻었으니 하루를 보내고, 한때를 얻었으니 한때를 보
내도다.

得一日, 過一日; 得一時, 過一時.

3.14. 급히 가나 더디 가나 앞길엔 늘 많은 길이 있느니라.

緊行慢行, 前程只有許多路.

해설 급히 가서도 안 되고 더디 가서도 안 된다. 때에 맞게 가야 한다.
때에 맞게 갈 때는 길이 있는 듯 없고 없는 듯 있다. 때에 맞다는 것
자체가 길이므로.

3.15. 때가 되니 바람이 등왕각으로 불어 보내고,

운이 다하니 벼락이 천복비를 때리는구나.

時來風送滕王閣, 運退雷轟薦福碑.

·轟(굉) : 수레의 요란한 소리, 울리다

3.16. 열자가 말하였다.

"어리석고 귀먹고 고질병에 벙어리라도 집은 호화롭고 부자요, 지혜롭고 총명한 데도 도리어 가난이 따르는구나. 해와 달과 날과 시각에 갖추어져 정해져 있으니, 따져보면 다 하늘의 뜻에 말미암지 사람에 말미암지 않는다."

列子曰: "癡聾痼瘂家豪富, 智惠聰明却受貧. 年月日時該載定, 算來由命不由人."

·痼(고) : 고질   ·瘂(아) : 벙어리   ·該(해) : 갖추다, 갖추어지다
·재(載) : 싣다, 기재하다

4. 효도를 하라 ... 孝行篇

4.1. 《시경》에 나온다.

"아비여 날 낳으시고, 어미여 날 기르시도다. 슬프고 슬프도다
어버이여, 낳아 기르느라 애써 고생하시네. 그 깊은 은혜 갚고자
하나, 아득한 하늘처럼 끝이 없어라."

> 詩曰: "父兮生我, 母兮鞠我. 哀哀父母, 生我劬勞. 欲報深恩,
> 昊天罔極."

·鞠(국) : 기르다, 공 ·劬(구) : 수고롭다, 자주 하다 ·罔(망) : 그물, 없다

역주 《시경》은 오경 가운데 하나로, 중국에서 가장 오래된 시집(詩集)
이다. 황하(黃河) 유역의 여러 나라에서 불린 시가(詩歌) 305수가 수록
되어 있는데, 공자가 3천여 수 가운데서 뽑아 엮었다고 전해진다.

4.2. 공자가 말하였다.

"몸과 터럭과 살갗은 어버이로부터 받은 것이니, 감히 헐거나
상하게 하지 않는 것이 효도의 처음이다. 몸을 세우고 이치대로
하여 후세까지 이름을 드날려서 어버이를 드높이는 것이 효도의
마침이다."

子曰: "身體髮膚, 受之父母, 不敢毀傷, 孝之始也. 立身行道,
揚名於後世, 以顯父母, 孝之終也."

4.3. 공자가 말하였다.

"효성스런 자식은 어버이를 이와 같이 섬기니, 집안에 머무실
때엔 공경을 지극히 하고, 음식을 올릴 때에는 먹는 즐거움을 다
드리며, 병이 드시면 근심하며 나으시도록 힘쓰고, 돌아가시면 그
슬픔이 지극하게 솟고, 제사 지낼 때에는 더없이 엄숙해지도다."

子曰: "孝子之事親也, 居則致其敬, 養則致其樂, 病則致其
憂, 喪則致其哀, 祭則致其嚴."

4.4. 공자가 말하였다.

"그러므로 제 어버이를 아끼지 않으면서 남을 아끼는 것을 일
러 '어그러진 덕'이라 하고, 그 어버이를 공경하지 않으면서 남을
공경하는 것을 일러 '어그러진 예'라 한다."

子曰: "故不愛其親而愛他人者, 謂之悖德; 不敬其親而敬他
人者, 謂之悖禮."

해설 지극하게 한다는 것은 바로 지금 여기서 할 수 있는 것을 다한다
는 것이다. 효도든 어짊이든 용기든 지금 여기서부터다.

4.5. 공자가 말하였다.

"군자가 어버이를 섬기는 것이 효도이니, 그러므로 그 참된 마
음을 임금에게 옮길 수 있고, 형을 섬기는 것이 공손함이니, 그러

므로 그 따르는 마음을 윗사람에게 옮길 수 있으며, 집안을 바로
잡는 것이 다스림이니, 그러므로 그 다스림을 나랏일에 옮길 수
있다."

子曰: "君子之事親孝, 故忠可移於君; 事兄弟, 故順可移於
長; 居家理, 故治可移於官."

·居(거) : 살다, 다스리다

해설_ 여기서 지극하면서 저기서는 지극하지 못하고, 저기서는 지극하
면서 여기서 지극하지 못할 수는 결코 없다. 지극함에는 이것과 저것,
여기와 저기의 구별이 애초부터 없다. 지극함은 모든 것을 하나로 아
우르고 서로 어울리게 한다.

4.6. 《예기》의 〈곡례〉에 나온다.

"무릇 사람의 자식이 된 자는 집을 나설 때에는 반드시 알리고,
돌아왔을 때에는 반드시 얼굴을 뵈며, 노는 곳은 반드시 일정해
야 하고, 익힌 것은 반드시 때맞게 써야 하며, 평소에 나이 먹었다
는 말은 하지 않아야 하고, 나이가 나보다 갑절 많으면 어버이로
서 섬기며, 나이가 열 살 정도 많으면 형으로서 섬기고, 다섯 살쯤
많으면 어깨를 나란히 하면서 그를 따라야 한다."

曲禮曰: "夫爲人子者, 出必告, 反必面, 所遊必有常, 所習必
有業, 恒言不稱老, 年長以倍, 則父事之, 十年以長, 則兄事之,
五年以長, 則肩隨之."

해설_ 예의란 다른 게 아니다. 나와 남이 상황에 알맞게 서로 어울리는
것일 뿐이다.

4.7. 공자가 말하였다.

"부모가 살아 계시면 멀리 가서 놀지 않고, 놀러 나가면 반드시 일정한 곳에 있어야 한다."

子曰: "父母在, 不遠遊, 遊必有方."

4.8. 공자가 말하였다.

"어버이의 나이는 모를 수가 없다. 한편으로는 기쁘고, 한편으로는 두렵다."

子曰: "父母之年, 不可不知也. 一則以喜, 一則以懼."

 그러나 내가 어버이의 나이를 더하거나 덜 수는 없다. 그저 내가 할 수 있는 일을 지극하게 해야 하리라.

4.9. 공자가 말하였다.

"어버이 살아 계실 때에는 그 뜻을 살피고, 어버이 돌아가시면 그 행적을 살피면서 3년 동안 어버이 가신 길을 고치지 않는다면, 효도한다고 할 것이다."

子曰: "父在, 觀其志; 父沒, 觀其行, 三年無改於父之道, 可謂 孝矣."

 세상은 늘 변하니, 어버이 가신 길도 달라지게 마련이다. 그러나 함부로 고쳐서는 안 된다. 굳이 고치려고 할 것도 없다. 내 가야 할 길을 올곧게 간다면, 그 순간 고쳐질 것은 고쳐지고 고칠 필요가 없는 것은 그대로 남게 될 것이므로……

4.10. 이천 선생이 말하였다.

"어버이가 돌아가신 뒤에는 생일에 평소보다 갑절의 슬픔을 느끼게 된다. 그러니 어찌 술판을 벌이고 음악을 연주하며 즐거워할 수 있겠는가? 만약 두 분 다 살아 계신다면, 그렇게 해도 좋으리라."

> 伊川先生曰:"人無父母, 生日當倍悲痛. 更安忍置酒張樂, 以爲樂? 若具慶者, 可矣."

·安(안) : 어찌　·忍(인) : 차마 못하다　·具(구) : 구(俱)와 통용. 함께, 모두
·具慶(구경) : 부모가 다 생존하고 있음을 뜻함.

4.11. 강태공이 말하였다.

"내가 어버이에게 효도하면 내 자식 또한 나에게 효도하나니, 내 자신이 효도하지 않았다면 내 자식이 어찌 효도하겠는가?"

> 太公曰:"孝於親, 子亦孝之, 身旣不孝, 子何孝焉?"

4.12. 효도하고 순종하면 효도하고 순종하는 자식 낳고, 오역죄를 지으면 오역죄를 짓는 아이를 낳으리라.

믿지 못하겠거든 처마 끝에서 떨어지는 물을 보라, 점점이 떨어지는 물방울이 한 치도 어긋나지 않노라.

孝順還生孝順子, 五逆還生五逆兒. 不信但看簷頭水, 點點滴
滴不差移.

·滴(적) : 물방울, 방울져 떨어지다

4.13. 맹자가 말하였다.

"아비나 어미가 되지 않은 자는 없다."

孟子曰: "無不是底父母."

4.14. 자식을 길러 봐야 어버이의 은혜를 알고, 세상에 나아가서
행세를 해 봐야 남의 쓰디쓴 괴로움을 안다.

養子方知父母恩, 立身方知人辛苦.

4.15. 맹자가 말하였다.

"불효에는 세 가지가 있는데, 뒤이을 자식이 없는 것이 가장 크다."

孟子曰: "不孝有三, 無後爲大."

4.16. 자식을 기름은 늙음을 대비하기 위함이요, 곡식을 쌓음은

주림을 대비하기 위함이다.

養子防老, 積穀防餓.

·防(방) : 막다, 대비하다

4.17. 증자가 말하였다.

"어버이가 나를 아끼시면 기뻐하며 잊지 말고, 어버이가 나를 미워하시면 두려워하되 원망하지 말고, 어버이에게 허물이 있으면 간하되 거스르지 말라."

曾子曰: "父母愛之, 喜而勿忘; 父母惡之, 懼而無怨; 父母有過, 諫而不逆."

역주- 증자는 공자의 제자로. 이름은 삼(參)이고, 자는 자여(子輿)다. 그는 지극한 효성으로 알려져 있으며, 공자의 사상은 그를 통해 《중용》(中庸)을 지은 자사(子思)에게 전해졌다고 한다.

4.18. 공자가 말하였다.

"다섯 가지 형벌에 속하는 게 3천 가지나 되지만, 불효보다 더 큰 죄는 없다."

子曰: "五刑之屬三千, 而罪莫大於不孝."

역주- 다섯 가지 형벌은, 피부에 글자를 새기는 묵형(墨刑), 코를 베는 의형(劓刑), 발뒤꿈치를 베는 비형(剕刑), 거세를 하는 궁형(宮刑), 목을 베는 대벽(大辟) 등이다.

4.19. 증자가 말하였다.

"효도와 자애가 모든 행동 가운데서 가장 먼저이긴 하나, 효도보다 더한 것은 없다. 효도가 하늘에 이르면 바람과 비도 때에 맞고, 효도가 땅에 이르면 온갖 것이 태어나 잘 자라고, 효도가 사람에게 이르면 복이란 복이 다 모여든다."

曾子曰: "孝慈者, 百行之先, 莫過於孝. 孝至於天, 則風雨順時; 孝至於地, 則萬物化育; 孝至於人, 則衆福來臻."

·臻(진) : 이르다, 미치다, 모이다

5. 자신을 바르게 하라 ... 正己篇

5.1. 《성리서》에 나온다.

"남의 착함을 보거든 나에게도 착함이 있는지 찾아보고, 남의 나쁨을 보거든 나에게도 나쁨이 있는지 찾아보라. 이와 같이 한다면 이로움이 있으리라."

性理書云: "見人之善, 而尋己之善; 見人之惡, 而尋己之惡. 如此方是有益."

역주_ 《성리서》는 특정한 책을 일컫는다고 보기 어렵다. 성리(性理)는 본성과 이치를 뜻하는 말로, 성리학의 주요한 용어다. 따라서 '성리서' 는 '본성과 이치를 논한 책'이라는 뜻으로, 성리학자들의 책 전반을 가리키는 것으로 볼 수 있다.

해설_ 공부하는 자에게는 좋은 지식[善知識]과 나쁜 지식[惡知識]이 따로 있지 않다. 그에게는 오직 지식만 있을 뿐이다. 모든 것은 내가 어떻게 하느냐에 달렸다. 아무리 좋은 지식을 만나더라도 내가 스스로 배우지 않는다면, 그는 나의 좋은 지식이 아니다. 아무리 나쁜 지식이라도 내가 그를 통해 배운다면, 그는 나의 좋은 지식이다.

5.2. 《경행록》에 나온다.

"스스로 무게 있게 행동하지 않으면 욕되게 될 것이요, 스스로 두려워하지 않으면 재앙을 부를 것이요, 스스로 가득 채우지 않으면 이로움이 있을 것이요, 스스로 옳다 하지 않으면 널리 알려질 것이다."

景行錄云: "不自重者, 取辱; 不自畏者, 招禍; 不自滿者, 受益; 不自是者, 傳聞."

5.3. 공자가 말하였다.

"군자는 무게가 없으면 위엄이 없고 배워도 단단해지지 않으니, 참된 마음과 믿음을 주로 하여라."

子曰: "君子不重則不威, 學則不固, 主忠信."

5.4. 《경행록》에 나온다.

"대장부란 마땅히 남을 감싸주는 자가 되어야지 남이 감싸주는 자가 되어서는 안 되느니라."

景行錄云: "大丈夫當容人, 無爲人所容."

·容(용) : 담다, 받아들이다

5.5. 《경행록》에 나온다.

"사람은 타고난 바탕이 굳세어야 할 것이니, 굳세면 설 수 있다."

景行錄云: "人資稟要剛, 剛則有立."

·稟(품) : 바탕, 타고나다

해설 총명하여도 굳세지 않으면 오래가지 못하고 또 잔재주만 부린다. 그러나 굳센 의지가 있으면, 없던 총명도 생긴다.

5.6. 《소서》에 나온다.

"나를 놓아두고 남을 가르치는 것은 이치를 거스르는 짓이요, 나를 바르게 하면서 남을 이끄는 것은 이치를 따르는 일이다."

素書云: "釋己以敎人者, 逆; 正己以化人者, 順."

·釋(석) : 풀다, 풀리다

해설 나를 세우지 못하면서 세상을 세우려는 사람들이 있다. 그런 사람들은 세상이 제 뜻대로 세워지지 않으면 세상을 원망한다. 그런 사람들은 지금이라도 거울을 들여다보라. 거기 바로 서지 못한 사람이 보이리라. 그 사람부터 세워라.

5.7. 무소가 말하였다.

"내가 잘하는 것을 가지고 남이 못하는 것을 꾸짖어서는 안 되며, 나의 장점으로 남의 단점을 꾸짖어서도 안 된다."

武蘇曰: "不可以己之所能而責人之不能, 不可以己之所長而責人之所短."

역주- 무소가 누구인지는 자세하게 알 수 없다. 혹시 전한(前漢) 때의 명신(名臣)인 소무(蘇武)를 잘못 적은 것은 아닌지 모르겠다.

5.8. 태공이 말하였다.

"나를 귀하게 여기면서 남을 하찮게 여기지 말고, 스스로 잘난 체하면서 남을 작다고 업신여기지 말며, 내가 용맹하다고 해서 적을 가벼이 여기지 말 것이다."

太公曰: "勿以貴己而賤人, 勿以自大而蔑小, 勿以持勇而輕敵."

5.9. 노나라 공왕이 말하였다.

"덕으로써 남을 이기면 강하지만, 재물로써 남을 이기면 흉하고, 힘으로써 남을 이기면 망한다."

魯共王曰: "以德勝人則强, 以財勝人則凶, 以力勝人則亡."

5.10. 순자가 말하였다.

"착한 일을 남보다 먼저 하는 것을 일러 가르침이라 하고, 착함으로 남과 어울리는 것을 (이치를) 따름이라 하고, 착하지 못한 것을 남보다 먼저 하는 것을 알랑거림이라 하고, 착하지 못한 것으로 남과 어울리는 것을 굽실거림이라 한다."

荀子曰: "以善先人者, 謂之敎; 以善和人者, 謂之順; 以不善先人者, 謂之諂; 以不善和人者, 謂之諛."

 순자(荀子 ; 기원전 323?~238?)는 중국 전국시대의 사상가다. 이름은 황(況)인데, 당시 사람들은 그를 높여 경(卿)이라 불렀다. 그는 공자와 맹자의 사상을 이었으나, 이상보다는 현실을 중시하였다는 이유로 유교에서 이단시되어 오다가 18세기 이후부터 다시 주목받기 시작하였다. 그의 저서로는 《순자》 20권이 남아 있다.

 가르침이란 말이나 글로써 이끄는 것이 아니다. 내가 이치대로 사는 것, 그 자체가 가르침이다.

5.11. 맹자가 말하였다.

"힘으로 남을 복종시키면 마음으로 복종하지 않는다. 덕으로 남을 복종시키면 속으로 기뻐하며 진실로 복종한다."

孟子曰: "以力服人者, 非心服也; 以德服人者, 中心悅而誠服也."

5.12. 강태공이 말하였다.

"남의 착한 일을 보거든 바로 기억해 두어야 하고, 남의 나쁜 일을 보거든 바로 덮어두어야 한다."

太公曰: "見人善事, 卽須記之; 見人惡事, 卽須掩之."

 남의 말과 행동은 나 자신을 돌이켜보게 하는 거울이다.

5.13. 공자가 말하였다.

"남의 좋은 점을 숨기는 것은 이른바 현명한 이를 가리는 것이고, 남의 나쁜 점을 들추어내는 그런 자는 소인이다. 남의 좋은 점을 말할 때에는 내가 그 좋은 점을 지닌 듯이 하고, 남의 나쁜 점을 말할 때에는 내가 그렇게 당하는 듯이 하여라."

孔子曰: "匿人之善, 所謂蔽賢; 揚人之惡, 斯爲小人. 言人之善, 若己有之; 言人之惡, 若己受之."

·匿(닉) : 숨다, 숨기다　·蔽(폐) : 덮다, 가리다　·若(약) : 마치

 모든 일은 한쪽으로만 기울어지지 않는다. 늘 균형을 이룬다. 내가 남의 좋은 점을 숨기는 것은 그 자체로 나의 나쁜 점을 드러내는 짓이요, 남의 나쁜 점을 들추어내는 것은 그 자체로 나의 좋은 점을 숨기는 짓이다.

5.14. 마원이 말하였다.

"남의 허물에 대해 듣는 것을 어버이의 이름을 듣는 것처럼 여겨서, 귀로 들었다고 하더라도 입으로 말해서는 안 되느니라."

馬援曰: "聞人過失, 如聞父母之名, 耳可得聞, 口不可得言也."

5.15. 맹자가 말하였다.

"남의 좋지 못한 점을 말하다가 후환을 당한다면 어찌 하려느냐?"

孟子曰: "言人之不善, 當如後患何?"

 충고를 하려면 그에게 바로 말하라. 뒤에서 말하는 것은 충고가 아니라 헐뜯음이다.

5.16. 강절 소옹 선생이 말하였다.

"남이 비방하더라도 성낸 적이 없고, 남이 칭찬하더라도 기뻐한 적이 없으며, 남의 나쁜 점을 말하는 이와는 어울린 적이 없으며, 남의 좋은 점을 말하는 이가 있으면 곧바로 그에게 가서 어울렸고, 또 그를 좇으며 기뻐하였다. 그래서 시에서도 노래했지, '좋은 사람 보기를 즐기고, 좋은 일 듣기를 즐기며, 좋은 말 하기를 즐기며, 좋은 뜻을 즐겨 행하네. 남의 나쁜 점을 들으니 까끄라기나 가시를 등에 진 것 같고, 남의 좋은 점을 들으니 향기로운 난초를 몸에 지닌 것 같도다'라고."

> 康節邵先生曰: "聞人之謗, 未嘗怒; 聞人之譽, 未嘗喜; 聞人言人之惡, 未嘗和; 聞人言人之善, 則就而和之, 又從而喜之. 故其詩曰, '樂見善人, 樂聞善事, 樂道善言, 樂行善意. 聞人之惡, 如負芒刺; 聞人之善, 如佩蘭蕙.'"

·芒(망) : 까끄라기, 털끝　·佩(패) : 차다, 노리개　·蕙(혜) : 난초

5.17. 《문시》에 나온다.

"마음에는 망령된 생각이 없고, 발로는 허망하게 달리지 않네. 사람과는 거짓되게 사귀는 일 없고, 물건은 함부로 받는 일이 없도다."

> 文詩曰: "心無妄思, 足無妄走. 人無妄交, 物無妄受."

역주_ 《문시》는 정확하게 어떤 시집인지 알 수 없다. 시의 형태로 보아서는 고대의 시가로 보이지만, 자세하지 않다.

해설_ 망령된 생각에 사로잡히면 허망한 짓을 일삼고도 알지 못한다.

마음을 텅 비우면 망상이 사라지니, 사람을 사귀어도 알차고 물건을
대하더라도 욕심이 일지 않는다.

5.18. 《근사록》에 나온다.

"착하게 거듭날 때에는 바람처럼 빨라야 하고, 허물을 고칠 때
에는 우레처럼 단호해야 한다."

近思錄云: "遷善當如風之速, 改過當如雷之決."

·遷(천) : 옮기다, 움직이다   ·決(결) : 터놓다, 결단하다

해설 바람처럼 빠르고 우레처럼 단호하게 하려면 왜 그렇게 해야 하
는지를 분명하게 알아야 한다. 빠르고 단호한 것은 용기고, 분명하게
아는 것이 지혜다. 용기와 지혜는 하나가 되어야 한다.

5.19. 자공이 말하였다.

"군자의 허물이란 마치 일식이나 월식과 같다. 허물을 지으면
사람들이 모두 보고, 허물을 고치면 사람들이 모두 우러러본다.
허물이 있는 줄 알면 반드시 고치고, 고쳤다면 잊지 말아야 한다."

子貢曰: "君子之過也, 如日月之食焉. 過也, 人皆見之; 更也,
人皆仰之. 知過必改, 得能莫忘."

역주‐ 자공의 이 말은 《논어》〈자장〉(子張)편에 나오는데, "知過必改, 得
能莫忘" 두 구절은 《천자문》에 나온다. 득능(得能)은 '고칠 수 있었다
면'으로 풀이된다. 자공은 공자의 제자 가운데 가장 뛰어난 변설가(辯
舌家)로 알려져 있다. 성은 단목(端木)이며, 이름은 사(賜)다. 장사 수완
이 뛰어나서 대단한 부자이기도 했던 그는, 공자가 천하를 돌아다닐
때에 경제적 뒷받침을 하였다고 한다.

 허물이 없는 사람은 없다. 그러나 허물이 있는 줄을 모르면 어리석은 것이고, 허물이 있는 줄을 알면서 고치지 않는 것은 게으른 것이다. 게으름은 어리석음보다 더 나쁘다.

5.20. 공자가 말하였다.

"허물이 있음에도 고치지 않는 것, 이것을 허물이라 한다."

子曰: "過而不改, 是謂過矣."

5.21. 《직언결》에 나온다.

"허물에 대해 듣고도 고치지 않는 것은, 어리석은 자가 말을 부리는 것과 같다. 부림을 당하는 말은 스스로 채찍을 받아들이는데도, 어리석은 자는 끝까지 부러진 채찍을 가하다가 점점 부리지 못하게 된다."

直言訣曰: "聞過不改, 愚者若駕馬也. 駕馬自受鞭策, 愚人終受毁箠, 而不漸其駕也."

·策(책) : 채찍, 채찍질하다   ·箠(추) : 채찍, 채찍질하다

 《직언결》은 언제 누가 지었는지 분명하지 않다. 제목으로 보아 올곧은 말들을 모은 책이라고 짐작할 수 있을 뿐이다.

 말은 허물을 저지른 몸이요, 채찍은 과단성 있는 마음이다. 허물을 저지른 몸은 과단성이라는 채찍을 받아들이려고 하는데, 마음은 그렇지 못해 우유부단이라는 채찍을 가한다면, 허물은 고쳐지지 않는다. 그런데 계속 우유부단이라는 채찍을 가한다면, 허물은 점점 고치기 어려워진다. 그러다 허물이 고쳐지지 않으면 변명을 늘어놓는다.

5.22. 나의 나쁜 점을 말하는 자는 나의 스승이요, 나의 좋은 점을 말하는 자는 나를 해치는 자다.

道吾惡者, 是吾師; 道吾好者, 是吾賊.

 사람은 누구나 제가 잘하는 것은 잘 안다. 제가 잘하지 못하는 것조차 잘한다고 생각하기도 한다. 그러니 굳이 잘한다고 말해 줄 필요는 없다. 필요하지 않은데 주는 것은 어리석은 짓이다. 사람들은 대개 자신의 나쁜 점이나 자신이 못하는 것이 무엇인지는 잘 모른다. 그러므로 이를 지적해 주고, 또 지적 받은 사람은 그것을 새겨들어야 한다. 지적해 주는 이는 스승이요, 새겨듣는 이는 제자다.

5.23. 공자가 말하였다.

"세 사람이 길을 가면 거기에는 반드시 내 스승이 있다. 좋은 것을 가려서 따르고, 좋지 못한 것은 고친다."

子曰: "三人行, 必有我師焉. 擇其善者而從之, 其不善者而改之."

5.24. 《경행록》에 나온다.

"말을 적게 하고 사귐을 가려서 한다면, 후회도 원망도 없을 수 있고, 근심과 욕됨을 면할 수 있다."

景行錄云: "寡言擇交, 可以無悔吝, 可以免憂辱."

·吝(린) : 한탄하다, 아끼다

5.25. 강태공이 말하였다.

"근면은 값을 매길 수 없는 보배요, 삼가함은 몸을 지키는 부적이다."

太公曰: "勤爲無價之寶, 愼是護身之符."

5.26. 《경행록》에 나온다.

"말을 적게 하면 헐뜯는 자를 줄이고, 욕심을 적게 하면 몸을 온전하게 지킨다."

景行錄云: "寡言則省謗, 寡慾則保身."

·省(생) : 덜다

해설_ 말을 많이 하다 보면 어긋난 말을 하게 된다. 이는 도리어 자신을 위태롭게 만든다. 몸을 편안하게 하는 것은 욕심대로 하는 것이 아니라 욕심을 줄이는 것이다.

5.27. 강태공이 말하였다.

"말을 많이 하면 몸에 이롭지 않고, 재주가 많으면 제 몸을 바쁘게 만든다."

太公曰: "多言不益其體, 百藝不忘其身."

역주_ 불망기신(不忘其身)은 제 몸을 잊지 못한다, 즉 잠시도 제 몸을 편안하게 내버려두지 못하고 몰아붙인다는 의미다.

5.28. 《경행록》에 나온다.

"삶을 온전하게 지키려면 욕심을 적게 하고, 몸을 온전하게 지키려면 명예를 피하라. 욕심을 없애는 건 쉬우나, 명예를 바라지 않는 건 어렵다."

景行錄云: "保生者, 寡慾; 保身者, 避名. 無慾, 易; 無名, 難."

5.29. 《경행록》에 나온다.

"명예에 힘쓰는 자는 제 몸을 죽이고, 재물을 늘리는 자는 자손
을 죽인다."•

景行錄云: "務名者, 殺其身; 多財者, 殺其後."

5.30. 노자가 말하였다.

"욕심이 많으면 신명을 상하고, 재물이 많으면 몸을 옭아맨다."

老子曰: "慾多傷神, 財多累身."

·累(루) : 묶다, 동여매다

5.31. 문정공 호안국이 말하였다.

"사람은 세상의 온갖 맛을 다 보아야 할 것이니, 그리하면 담박
함을 좋아하여 구태여 부귀한 모습을 지니려 하지 않는다."

胡文定公曰: "人須是一切世味, 淡薄方好, 不要有富貴相."

5.32. 이단파가 《사설》에서 말하였다.

"사람이 되어서 바깥 사물로 제 몸을 기르는 자는 일마다 잘되기를 바라면서, 그저 하나뿐인 제 자신의 몸과 마음에서는 오히려 잘되게 하려고 하지 않는구나. 그래서 그럭저럭 바깥 사물이 잘될 때에는 도리어 누구의 몸과 마음이 먼저 좋지 않게 되었는지를 알지 못한다."

李端怕師說: "人於外物奉身者, 事事要好, 只有自家一箇身與心, 却不要好. 苟得外物好時, 却不知道何家身與心已自先不好了也."

5.33. 여씨의 《동몽훈》에서 말하였다.

"제 자신의 나쁜 점은 공격하되 남의 나쁜 점은 공격하지 말라. 날마다 제 나쁜 점을 고치면서 낮이나 밤이나 스스로 점검하다가도, 털끝만큼이라도 다하지 못한 게 있으면 마음이 찐덥지 않으리라. 그러니 어찌 남을 점검할 틈이 있겠는가?"

呂氏童蒙訓曰: "攻其惡, 無攻人之惡. 盖日改其惡, 日夜且自點檢, 絲毫不盡, 則慊於心矣. 豈有工夫點檢他人邪?"

5.34. 공자가 말하였다.

"군자에게는 세 가지 경계할 것이 있다. 젊을 때에는 혈기가 아직 안정되지 않으므로 여색(女色)을 경계할 것이요, 어른이 되면 혈기가 강성해지므로 다툼을 경계할 것이요, 늙으면 혈기가 쇠약해진 뒤이니 얻으려는 마음을 경계할 것이라."

子曰: "君子有三戒. 少之時, 血氣未定, 戒之在色; 及其長也, 血氣方剛, 戒之在鬪; 及其老也, 血氣旣衰, 戒之在得."

5.35. 손진인의 〈양생명〉에 나온다.

"성냄이 심하면 특히 기운을 상하고, 생각이 많으면 신명을 크게 해친다. 신명이 지치면 마음이 쉽게 부림을 당하고, 기운이 약하면 병이 서로 채찍질한다.

지나치게 슬퍼하거나 기뻐하지 말고, 고르게 마시고 먹어야 한다. 밤에 술 취하는 짓은 거듭거듭 막을 것이며, 새벽부터 성내는 것을 가장 경계하라.”

孫眞人養生銘: “怒甚偏傷氣, 思多大損神. 神疲心易役, 氣弱病相策. 勿使悲歡極, 當令飮食均. 再三防夜醉, 第一戒晨嗔.”

·偏(편) : 치우치다, 한쪽　·嗔(진) : 성내다

역주- 손진인이 누구인지는 알 수 없다. 진인이란 도가에서 도를 체득한 이를 높여 일컫는 말이다. 내용으로 보아서는 수당(隨唐)시대의 명의(名醫)인 손사막(孫思邈)인 듯하지만, 자세하지 않다.

해설- 마음이 쉽게 부림을 당한다는 것은 바깥 사물에 쉽게 휘둘린다는 말이다. 신명이 있으면 내가 사물을 부린다. 신명이 있으려면 기운을 맑게 하고 마음은 비워야 한다. 맑은 기운, 텅 빈 마음은 일상에서 치우치지 않고 가운데로 갈 때에 저절로 얻어진다.

5.36. 《경행록》에 나온다.

“음식을 절제하여 위를 튼튼하게 하고, 마음을 맑게 하여 신명을 길러라. 입과 배를 절제하지 않는 것, 이것이 병을 부르는 원인이다. 생각과 헤아림이 바르지 못한 것, 이것이 제 몸을 죽이는 뿌리다.”

景行錄云: “節食養胃, 淸心養神. 口腹不節, 致疾之因. 念慮不正, 殺身之本.”

·致(치) : 이르다, 부르다

5.37. 공자가 말하였다.

"군자는 먹을 때에는 배부름을 구하지 않고, 머물 때에는 편안함을 구하지 않는다."

子曰: "君子食無求飽, 居無求安."

5.38. 《맥결》에 나온다.

"지혜로운 자는 오장을 잘 조절하여 조화롭게 한다."

脈訣云: "智者, 能調五藏和."

역주_ 《맥결》은 맥을 보는 방법을 엮은 책으로, 육조(六朝)시대의 고양생(高陽生)이 편찬하였다고 전해진다.

해설_ 몸과 마음은 하나다. 몸과 마음이 따로 노는 순간, 조화는 깨진다. 제 몸과 마음의 조화도 깨졌는데, 어찌 천지와 하나가 될 수 있겠는가?

5.39. 음식에는 소금과 식초를 조금만 치고, 갈 만한 곳이 아니거든 가지 마라. 남이 알아주기를 바라면 거듭 애써 배우고, 남이 알까 두렵다면 나중에라도 하지 마라.

喫食少添鹽醋, 不是去處休去. 要人知重勤學, 怕人知後莫做.

·添(첨) : 더하다, 보태다   ·鹽(염) : 소금   ·醋(초) : 식초   ·怕(파) : 두려워하다

5.40. 남이 알지 않았으면 하거든, 허물을 없애고 허물이 될 일을 하지 마라.

若欲不知, 除非莫爲.

5.41. 노자가 말하였다.

"남이 알지 않았으면 하고 바라는 것보다는 하지 않는 것이 더 좋고, 남이 말하지 않았으면 하고 바라는 것보다는 내가 말하지 않는 것이 더 낫다."

老子曰：“欲人不知, 莫若無爲; 欲人不言, 莫若不言.”

·莫若(막약) : ~만 같지 못하다, ~하는 것이 더 낫다

5.42. 《경행록》에 나온다.

"음식이 담박하면 정기와 신명이 상쾌할 것이요, 보는 것이 맑으면 꿈과 잠자리가 편안하다."

景行錄曰：“食淡精神爽, 觀清夢寐安.”

·爽(상) : 시원하다   ·寐(매) : 잠자다

역주- 원본에는 '담'(淡)이 '담'(談)으로 되어 있는데, 바로잡았다.

5.43. 노자가 말하였다.

"사람이 늘 맑고 깨끗할 수 있으면, 하늘과 땅에 있는 모든 것이 제자리로 돌아가리라."

老子曰：“人能常清淨, 天地悉皆歸.”

해설- 기운이 맑고 마음이 텅 비면 그대로 천지와 하나다.

5.44. 이른 경지가 높으면 용과 호랑이도 복종하고, 쌓은 덕이 두터우면 인귀와 천신도 공경한다.

道高龍虎服, 德重鬼神欽.

역주_ 귀신(鬼神)의 '귀'(鬼)는 '죽은 사람의 혼'이고, '신'(神)은 '천신'을 가리킨다.

해설_ 지극한 경지란 곧 하늘과 땅과 하나가 된다는 것이다. 그러니 하늘과 땅 사이의 그 무엇이 나를 거스르겠는가?

5.45. 소황문이 말하였다.

"의관을 정제하고 옥을 바르게 차면 거칠고 사나운 자도 교화할 수 있고, 깊은 데에 머물고 때를 가려서 나서면 사나운 짐승도 물리칠 수 있고, 마음을 가라앉히고 욕심을 줄이면 인귀와 천신을 복종시킬 수 있다."

蘇黃門曰: "衣冠佩玉, 可以化强暴; 深居簡出, 可以却猛獸; 定心寡欲, 可以服鬼神."

역주_ 황문(黃門)이 문하성(門下省) 벼슬을 가리키는 것으로 보면, 소식(蘇軾)이 말하였다고 할 수 있다. 그러나 소식은 그런 벼슬을 한 적이 없으므로, 그의 문인이었던 황정견(黃庭堅 ; 1045~1105)을 가리키는 것으로 볼 수도 있다. 후자라면, 소식의 문인 여섯 명의 글을 발췌하여 묶은 《소문육군자문수》(蘇門六君子文粹)를 '소황문'이라고 일컬었을 가능성이 높다. 그러나 자세한 것은 알 수가 없다.

5.46. 순자가 말하였다.

"흙을 쌓아 산을 이루면 비바람이 일어나고, 물을 모아 못을 이루면 교룡과 용이 생겨나며, 착함을 쌓아 덕을 이루면 신명이 저절로 얻어지고 거룩한 마음이 갖추어진다."

荀子曰: "積土成山, 風雨興焉; 積水成淵, 蛟龍生焉; 積善以
德, 而神明自得, 聖心備焉."

5.47. 《성리서》에 나온다.

"몸을 닦는 요체는 참되고 미쁨 있는 말을 하고, 도탑고도 공경
하게 행동하며, 성냄을 경계하고 욕심을 막고, 착함으로 옮겨가서
허물을 고치는 것이다."

性理書云: "修身之要, 言忠信, 行篤敬, 懲忿窒慾, 遷善改過."

·篤(독) : 도탑다 ·懲(징) : 징계하다 ·忿(분) : 성내다, 원망하다 ·窒(질) : 막다

5.48. 《경행록》에 나온다.

"무릇 몸을 닦는 것을 배움이라 하는데, 이는 문자나 언어 안에
있지 않고 평소에 사람을 대하고 사물을 접하는 데에 있을 뿐이
다. 가령 마땅하지 않은 물건을 취하면 '훔친다'고 하고, 마땅하지
않은 것을 바라면 '해친다'고 한다."

景行錄云: "凡修身爲學, 不在文字言語中, 只平日待人接物.
便是取非其有, 謂之盜; 欲非其有, 謂之賊."

해설 문자를 배우더라도 그 뜻을 내 몸으로 익히거나 마음에 지니지
않는다면, '배움'이 아니다. 그 뜻이 내 몸과 마음에서 때에 맞게 저절
로 배어 나오면, 그것이 '앎'이다.

5.49. 강태공이 말하였다.

"몸을 닦는 데에 공경만한 게 없고, 사나운 자를 피하는 데에

삼가는 것만한 게 없다."

太公曰: "修身莫若敬, 避强莫若愼."

5.50. 《경행록》에 나온다.

"마음을 가라앉혀서 사물을 대하면, 비록 글을 읽지 않았다고 하더라도 덕을 갖춘 군자라 할 수 있다."

景行錄云: "定心應物, 雖不讀書, 可以爲有德君子."

5.51. 《예기》에 나온다.

"군자는, 간사한 소리와 어지럽히는 색을 저의 총명에 머물지 않게 하고, 음란한 음악과 사특한 예의를 제 마음에 가까이 두지 않으며, 게으르고 업신여기고 삿되고 치우친 기운을 제 몸에 두지 않아서, 귀와 눈과 입과 코와 마음과 온몸이 모두 이치를 따라 바르게 되어서 올바름을 행하도록 한다."

禮記曰: "君子, 姦聲亂色不留聰明, 淫樂慝禮不接心術, 惰慢邪僻之氣不設於身體, 使耳目口鼻心知百體, 皆由順正以行其義."

·慝(특) : 사특하다, 못되다   ·惰(타) : 게으르다   ·慢(만) : 게으르다
·僻(벽) : 치우치다

5.52. 《경행록》에 나온다.

"옛사람은 몸을 닦아서 명리를 피하였는데, 요즘 사람은 자신을 꾸며서 명예를 얻으려 한다. 그래서 옛사람은 큰 절개로 나아가므로 그 뜻을 뺏을 수 없었는데, 요즘 사람은 작은 이익을 보고는 제가 지키던 것을 바꾼다. 군자라는 사람은 예나 이제나 변함이 없어, 다스려질 때나 어지러울 때나 밖으로 나가면 참되고 들어오면 효도하고, 쓰이면 지혜롭고 버려지면 어리석은 듯이 행동한다."

景行錄云: "古人修身以避名, 今人飾己以要譽. 所以古人臨大節而不奪, 今人見小利而易守. 君子人則無古今, 無治無亂, 出則忠, 入則孝, 用則智, 舍則愚."

·易(역) : 바꾸다 ·舍(사) : '사'(捨)와 같다. 버리다

해설 군자나 성인의 언행은 일관성이 없고 범부와 별다른 것이 없는 것처럼 보이기도 한다. 그러나 안목이 있는 사람은 그 언행이 때에 알맞다는 것을 알아차린다. 무엇보다 군자나 성인은 남이 알아주기를 바라지 않는다.

5.53. 노자가 말하였다.

"수만 가지로 법을 구해도 몸을 닦는 것만 못하고, 수천 가지로 일을 해도 입을 다무는 것만 못하다."

老子曰: "萬般求法, 不如修身; 千種多般, 不如禁口."

해설 세상을 먼저 바꾸려는 것은 무리(無理)고, 자신을 먼저 바꾸는 것은 도리(道理)다. 자신을 바꾸면 세상도 바뀔 수 있으나, 세상이 바뀐다고 자신이 바뀌는 것은 아니다.

5.54. 강태공이 말하였다.

"몸은 행동을 제대로 해야 하고, 입은 말을 제대로 해야 한다."

太公曰: "身須揮行, 口須揮言."

해설 몸으로는 행동해야 하고, 입으로는 말을 해야 한다. 행동해야 할 때가 있고, 말을 해야 할 때가 있다. 모든 건 때가 있으니, 그 때에 맞게 해야 한다. 때가 되었는데도 지극한 마음으로 하지 않는다면, 그것은 제대로 하지 않는 것이다.

5.55. 《직언결》에 나온다.

"집안을 다스리고 몸을 다스리는 것은 마치 집을 짓는 것과 같으니, 먼저 터를 굳건히 하여야 한다. 몸을 세우려는 자는 먼저 덕행을 갖추어야 하고, 집안을 이루려는 자는 먼저 생업을 안정시켜야 하며, 집안을 다스리려는 자는 방과 집을 지어야 한다. 집이 손질되어 있어야 사람과 물건을 지킬 수 있고, 몸을 세워야 신명을 받들 수 있고, 집안이 온전하여야 늙은이와 아이를 편안하게 할 수 있고, 나라를 다스려야 군자를 지킬 수 있다. 터가 부실하면 집은 반드시 무너진다. 마찬가지로 마음 씀이 헛되면 몸은 위태로워지고 욕될 것이요, 집안은 반드시 망하게 될 것이다. 백성이 어지러이 흩어지면 나라는 반드시 거꾸러질 터인데, 임금과 신하가 어떻게 온전하겠는가? 집안이 망하면 어른과 아이를 어디에 맡길 것인가? 몸이 위태롭고 욕되면 신명을 어떻게 편안히 할 수 있겠는가? 방과 집이 꺾이어 무너지면 사람과 물건을 어떻게 지킬 수 있겠는가? 일이 되고 안 되는 것이 이와 같음을 누가 살필 수 있으리오?"

直言訣曰: "治家治身者, 猶如構屋者, 先固基址. 立身者, 先
要其德行; 成家者, 先安其産業; 治家者, 須葺其房屋. 屋舍修
可以庇人物, 立身可以奉神命, 全家可以安老幼, 治國可以保
君子. 若基址不實, 屋必崩壞. 心行若虛, 身體危辱, 家必喪亡.
百姓離亂, 國必顚墜, 君臣何保? 家若喪亡, 長幼何託? 身若危
辱, 神命何安? 摧崩屋舍, 人物何庇? 成敗如斯, 孰可察也?"

·構(구) : 얽다, 짓다   ·址(지) : 터   ·葺(즙) : 지붕을 이다, 덮다
·壞(괴) : 무너지다   ·顚(전) : 넘어지다, 뒤집히다   ·墜(추) : 떨어지다, 잃다
·摧(최) : 꺾이다, 무너뜨리다   ·庇(비) : 감싸다, 의지하다

해설_ '신명'(神命)은 곧 '신명'(神明)이다. 신명(神命)은 천신의 명령, 곧
하늘의 뜻이요, 신명(神明)은 천신의 밝음이다. 그런데 신명(神明)은 내
속에도 있다. 내 속에 있는 신명을 끌어내는 것을 신명풀이라 한다.
신명(神明)으로 일을 하면 하늘의 뜻과 어긋나는 일이 없다. 그러나 신
명을 풀어내려면 내 몸이 올바르고 온전하여야 한다. 몸이 없이는 신
명이 머물 곳이 없기 때문이다. 마음을 닦는다고 하든지 몸을 닦는다
고 하든지, 거기에는 이미 마음과 몸이 둘이 아니고 하나라는 것이 전
제되어 있다. 수양이나 수행은 심신(心身)을 닦는 것이다.

5.56. 《경신록》에 나온다.

"성군(聖君)이 다스리는 세상에 태어나 살면서 비로소 한 치밖
에 안 되는 짧은 시간이 한 자짜리 아름다운 구슬보다 낫다는 것
을 깨달았는데, 어찌 삿됨을 버리고 바름을 좇지 않으며, 몸을 아
끼고 목숨을 중히 여기지 않으리오? 만약 사람으로서 일을 아직
겪지 않았다면, 뿌리와 잎이 다르고 불행과 행복이 다르다는 것
을 분명히 알아야 한다.

뿌리와 잎으로 비유하자면, 현명하고 선량하고 독실한 행동에
서는 믿음이 뿌리고, 올바름과 굳셈은 가지요 잎이니라. 본성에서

는 어버이와 제 몸이 뿌리고, 아내와 자식과 재물은 가지요 잎이
니라. 한 집안에서는 먹을거리가 뿌리고, 급하지 아니한 물건은
가지요 잎이니라. 욕을 면하고 형벌을 면하는 일에서는 어짊이
뿌리고, 재물이나 힘에 기대는 것은 가지요 잎이니라. 질병을 낫
게 하는 데에는 약이 뿌리고, 점을 믿다가 고칠 때를 놓치는 것은
가지요 잎이니라. 어떤 일에서도 허물이 없게 하는 데에는 알차
게 하는 것이 뿌리고, 교묘한 말로 꾸미는 것은 가지요 잎이니라.
어진 이를 그리워하고 가까이함에는 공경이 뿌리고, 사람을 사사
로이 좋아하는 것은 가지요 잎이니라. 배불리 먹고 따스하게 입
기로는 일이 뿌리고, 재물을 가벼이 흩어 없애는 것은 가지요 잎
이니라. 관리가 되어 송사를 다스릴 때에는 법이 뿌리고, 제멋대
로 헤아려 판단하는 것은 가지요 잎이니라.

　이런 까닭에 뿌리가 있고 잎이 없으면 때를 기다릴 수 있으나,
잎이 있고 뿌리가 없으면 단비가 내려도 살릴 수가 없다. 근본이
되는 일에 힘쓰고, 부지런하고 삼가며 아껴 쓰고, 때에 따르며 만
족할 줄 알고, 어버이를 효성으로 받들고, 다툴 때에는 참으로 본
분을 지키며 몸을 편안히 하고, 나쁨을 멀리하면서 착함을 가까
이하고, 허물이 있음을 알면 반드시 고치고, 오장을 조화롭게 하
여 추위와 더위로 말미암은 괴로움을 피하고, 운명 따위는 결코
묻지 않는 것, 이것이 참된 복이다."

警身錄曰: "聖世獲生, 始覺寸陰勝尺璧, 豈不去邪從正, 惜身
重命? 如人未歷於事, 當明根葉之異·禍福之殊.
根葉者, 賢良篤行, 信爲本, 正直剛毅, 枝葉也; 父母己身, 性
爲本, 妻子財物, 枝葉也; 一家之內, 粮爲本, 不急之物, 枝葉

也; 免辱免刑, 仁爲本, 倚財靠力, 枝葉也; 疾病欲痊, 藥爲本,
信卜失醫, 枝葉也; 萬事無過, 實爲本, 巧言粧飾, 枝葉也; 思
親賢良, 敬爲本, 私好之人, 枝葉也; 衣飱飽煖, 業爲本, 浮蕩
之財, 枝葉也; 爲官治訟, 法爲本, 恣意疑斷, 枝葉也.
是故, 有根無葉可以待時, 有葉無根甘雨所不能活也. 若務本
業, 勤謹儉用, 隨時知足, 孝養父母, 誠於爭鬪, 守分安身, 遠
惡近善, 知過必改, 調五藏以避寒暑, 不必問命, 此眞福也."

·璧(벽) : 아름다운 옥 ·惜(석) : 아끼다 ·歷(력) : 지나가다, 겪다 ·毅(의) : 굳세다
·靠(고) : 기대다, 의지하다 ·痊(전) : 병이 낫다 ·粧(장) : 꾸미다 ·飱(손) : 저녁밥,
먹다 ·蕩(탕) : 흩어지다 ·恣(자) : 함부로 하다 ·謹(근) : 삼가다

 《경신록》은 누가 언제 지은 책인지 알 수 없다. 제목을 보아 몸가
짐을 경계하는 내용이 담긴 책임을 짐작할 수 있다.

5.57. 《경행록》에 나온다.

"불행으로는 제 욕심을 좇는 것보다 큰 것이 없고, 나쁘기로는
남의 잘못을 말하는 것보다 심한 게 없다."

景行錄云: "禍莫大於從己之欲, 惡莫甚於言人之非."

5.58. 공자가 말하였다.

"군자란 말은 더듬거리듯이 하면서 행동은 재빠르게 하려고 한다."

子曰: "君子欲訥於言而敏於行."

·訥(눌) : 말을 더듬다 ·敏(민) : 재빠르다, 영리하다

 말을 더듬는 것은 삼가기 때문이요, 행동이 재빠른 것은 행동해
야 할 때임을 알기 때문이다. 삼가는 것도 지혜요, 때가 된 줄을 아는
것도 지혜다.

5.59. 무소가 말하였다.

"말 한마디의 이로움은 천금보다 더 무겁고, 어그러진 행동 하나는 독사나 전갈보다 더 해롭다."

武蘇曰: "一言之益, 重於千金; 一行之虧, 毒如蛇蝎."

5.60. 《근사록》에 나온다.

"성이 나면 불을 끄듯이 누르고, 욕심이 일어나면 물을 막듯이 틀어막아라."

近思錄云: "懲忿如救火, 窒慾如防水."

·懲(징) : 마음의 작용을 멎게 하다   ·窒(질) : 막다

역주― 원본에는 '구화'(救火)가 '고인'(故人)으로 되어 있는데, 뜻이 통하도록 바로잡았다. 물론, '성이 나면 옛사람이 한 것처럼 하라'고 하여도 잘못된 건 아니지만, 구체적이지 못해서 부적절하고, 뒤의 구절과도 어울리지 않는다.

해설― 무조건 성을 내지 말라는 말은 아니다. 이유 없이 성을 내지 말고, 자신을 이기지 못해서 성을 내지는 말라는 것이다. 성자도 성을 낸다. 그러나 그것은 방편일 뿐이다. 상대로 하여금 반성하고 자각하게 하려고 성을 내었을 뿐이다. 성자가 성낼 때에는 결코 사사로움이 없다. 우레가 치고 천지가 진동하는 것처럼.

5.61. 《이견지》에 나온다.

"여색 피하기를 원수 피하듯이 하고, 나쁜 소문 피하기를 화살 피하듯이 하라. 빈속에는 차를 마시지 말고, 밤중에는 밥을 적게 먹어라."

夷堅志云: "避色如避讐, 避風如避箭. 莫喫空心茶, 少食中
夜飯."

·箭(전) : 화살   ·喫(끽) : 마시다, 먹다

역주_ 《이견지》는 중국 남송(南宋)의 홍매(洪邁 ; 1123~1202)가 엮은 설
화집이다. 당나라의 장신소(張愼素)가 민간에 전래하는 괴이한 이야기
들을 모아서 엮은 《이견록》(夷堅錄)이라는 저서가 있었는데, 이것을
홍매가 본떠서 북송(北宋) 말에서 남송 초에 이르는 약 100년 동안에
민간에 떠돌던 이야기를 모아 420권으로 편집하였다.

해설_ 빈속에 차를 마시지 않는 것, 밤중에 밥을 적게 먹는 것, 이것은
단순한 식이요법이 아니라 수행이다. 수행이란 일상에서 저절로 그러
한[自然] 리듬을 지키려고 애쓰는 것일 따름이다. 애쓰지 않아도 저절
로 지켜질 때, 그때는 수행도 득도도 없다. 그저 그러할 뿐이다.

5.62. 이익을 구차하게 탐내지 않으면 마침내 재앙이 적어지고, 일
을 할 때 늘 참아낼 수 있다면 몸이 편안해지리라. 자주 씻으면
몸이 편안하나 자주 하려고 하면 병이 되는데, 이치를 배우면서
근심이 없으면 이치를 배우기 어려우리라.

利不苟貪終禍少, 事能常忍得身安. 頻浴身安頻慾病, 學道無
憂學道難.

해설_ 자주 씻으면 몸이 개운해서 좋지만, 그렇다고 자주 씻어야겠다는
마음을 일으키면 그것이 도리어 병이 된다. 씻을 만하면 씻는 것일 뿐이
다. 그런데 이치를 배울 때에는 곤란을 겪어야 한다. 곤란을 겪다가
주저앉으면 병이 될지도 모르지만, 이겨내면 이치의 세계를 꿰뚫어볼
수 있다. 곤란은 당연히 거쳐야 할 과정이다. 곤란이 무슨 병이나 되는
것처럼 피하려 해서는 안 된다. 어차피 피할 수도 없다. 마주하여 헤쳐나
가다 보면, 바로 거기에 이치가 있고 지혜가 있음을 알리라.

5.63. 강태공이 말하였다.

"탐내는 마음은 자신을 해치고, 말재주만 좋으면 몸을 상하게 한다."

太公曰: "貪心害己, 利口傷身."

5.64. 《경행록》에 나온다.

"음악과 여색은 덕을 무너뜨리게 하고, 생각과 헤아림은 삶을 해치는 뿌리가 된다."

景行錄云: "聲色者, 敗德之興; 思慮者, 殘生之本."

·興(흥) : 일어나다   ·殘(잔) : 해치다

5.65. 순자가 말하였다.

"쓸데없는 변론이나 급하지 않은 일을 살피는 것은 버려두고 돌보지 말라. 허나 저 임금과 신하의 의리, 아비와 자식의 애정, 지아비와 지어미의 구별 같은 일이라면 날마다 갈고 닦으면서 버려두지 말라."

荀子曰: "無用之辯, 不急之察, 棄而勿治. 若夫君臣之義, 夫子之恩, 夫婦之別, 則日切磋而不舍也."

·棄(기) : 버리다   ·磋(차) : 갈다

날 수 없다면, 조화를 이루어야 한다. 조화는 다르다는 것을 알아야 가능하다. 올바로 구별할 줄 알아야 한다. 오선지 위의 음표가 각기 다르고 또 다른 자리를 차지하고 있는 줄 모른다면, 어떻게 아름다운 선율을 낼 수 있겠는가?

5.66. 공자가 말하였다.

"뭇사람이 좋다고 말하더라도 반드시 살펴야 하며, 뭇사람이 밉다고 말하더라도 반드시 살펴야 한다."

子曰: "衆好之, 必察焉; 衆惡之, 必察焉."

해설 이치에 맞고 틀림은 다수로 결정되는 건 아니다. 이치의 세계는 결코 수량으로 재거나 헤아릴 수 없다.

5.67. 《서경》의 〈태갑〉편에 나온다.

"하늘이 내린 재앙은 그래도 피할 수 있으나, 스스로 지은 재앙에서는 살아날 수 없나니, 이를 두고 이른 것이로다."

太甲曰: "天作孼猶可違, 自作孼不可逭, 此之謂也."

·얼(孼) : '얼'(孽)과 같다. 재앙, 괴롭히다   ·위(違) : 어기다, 떠나가다
·환(逭) : 면하다, 꾀하다

역주 〈태갑〉은 《서경》의 편명인데, 은(殷)나라 때의 이윤의 충고와 태갑제(太甲帝)의 말이 서술되어 있다.

5.68. 《경행록》에 나온다.

"좋은 말을 들으면 절을 하고, 허물이 있다고 지적해 주면 기뻐하니, 성인이나 현자가 될 기상이 있도다."

景行錄云: "聞善言則拜, 告有過則喜, 有聖賢氣象."

5.69. 자로는 제 허물을 지적해 주면 기뻐하였고, 우임금은 좋은 말을 들으면 절을 하였다.

子路聞過則喜, 禹聞善言則拜.

5.70. 절효 서적 선생은 학인들에게 이렇게 가르쳤다.

"여러분이 군자가 되려 한다면 자신의 힘을 들이고 자신의 재물을 써야 한다. 이렇게 하면서도 군자가 되지 못하는 건 그래도 괜찮다. 그런데 자신의 힘을 들이지 않고 자신의 재물도 쓰지 않고 있으니, 여러분들은 어째서 군자가 되려 하지 않느냐? 마을 사람들이 하찮게 여기고 어버이가 싫어하는데도 그렇게 하면서 군자가 되지 못하는 건 그래도 괜찮다. 하지만 어버이가 그리 되기를 바라고 마을 사람들이 영예롭게 여기는데, 여러분들은 어째서 군자가 되려 하지 않느냐?"

節孝徐先生訓學者曰: "諸君欲爲君子, 而使勞己之力, 費己之財. 如此而不爲君子猶可也. 不勞己之力, 不費己之財, 諸

君何不爲君子?　鄕人賤之,　父母惡之,　如此而不爲君子猶可
也.　父母欲之,　鄕人榮之,　諸君何不爲君子?"

5.71. 《논어》에 나온다.

"스승께서는 때가 되어야 말씀하셨으므로 사람들이 그 말을 싫
어하지 않았고, 즐거워진 뒤에야 웃으셨으므로 사람들이 그 웃음
을 싫어하지 않았고, 올바른 줄을 아신 뒤에야 가지셨으므로 사
람들이 스승께서 가지시는 걸 싫어하지 않았다."

論語云: "夫子時然後言,　人不厭其言；樂然後笑,　人不厭其
笑；義然後取,　人不厭其取."

·時(시) : 때에 맞다　·厭(염) : 싫다

5.72. 술에 취해서도 함부로 말하지 않으면 참된 군자요, 재물에서
분명하게 하는 자는 대장부로다.

酒中不語眞君子,　財上分明大丈夫.

5.73. 《대학》에 나온다.

"넉넉한 재물은 집을 번듯하게 하고, 덕은 몸을 아름답게 한다."

大學云: "富潤屋, 德潤身."

·潤(윤) : 젖다, 적시다, 번지르르하게 하다

5.74. 차라리 바르게 하면서 부족할지언정, 삿되게 하면서 넉넉해서는 안 된다.

寧可正而不足, 不可邪而有餘.

5.75. 《경행록》에 나온다.

"사람됨은 참되고 온후해야 할 것이니, 엄격함과 혹독함이 너무 심하면 미련한 자식도 대든다."

景行錄云: "爲人要忠厚, 若刻峻大甚, 則不肖之子應之矣."

·刻(각) : 새기다, 각박하다   ·峻(준) : 높다, 엄하다   ·肖(초) : 닮다

5.76. 쌓은 덕이 가진 재물보다 나으면 군자고, 가진 재물이 쌓은 덕보다 나으면 소인이다.

　德勝財爲君子, 財勝德爲小人.

5.77. 공자가 말하였다.

　"좋은 약은 입에 쓰나 병에는 이롭고, 참된 말은 귀에 거슬리나 행하면 이롭다."

　子曰: "良藥苦口而利於病, 忠言逆耳而利於行."

5.78. 복을 짓는 것은 죄를 피하는 것만 못하고, 재앙을 피하는 것은 죄를 줄이는 것만 못하다.

　作福不如避罪, 避禍不如省罪.

해설_ 재물 운이 따라도 죄를 지어 감방에 들어가 있으면 무슨 소용이 있으랴? 복과 재앙은 다른 것이 아니다. 이치대로 살면 복이요, 이치에서 벗어나면 재앙이다.

5.79. 모든 일을 너그럽게 처리하면 복은 저절로 두터워진다.

　萬事從寬, 其福自厚.

해설_ 너그러움 자체가 복이다. 복은 하늘이 주는 것이 아니라 내가 하늘의 뜻대로 살면 저절로 만들어지는 것이다.

5.80. 큰 사람은 저절로 되지 않고, 제멋대로 해서는 큰 사람이 되지 못한다.

成人不自在, 自在不成人.

5.81. 자공이 말하였다.

"군자에게는 '한결같은 마음'[恕]이 셋 있나니, 임금이 있어도 섬기지 못하면서 아래 사람이 있다고 그에게 섬김을 요구하는 것은 한결같은 마음이 아니며, 어버이가 있어도 은혜를 갚지 못하면서 자식이 있다고 그에게 효도를 요구하는 것은 한결같은 마음이 아니며, 형이 있어도 공경하지 못하면서 아우가 있다고 제 말을 들어주기를 바라는 것은 한결같은 마음이 아니다. 선비가 이 세 가지 '한결같은 마음'에 밝으면 몸을 바르게 할 수 있다."

子貢曰: "君子有三恕, 有君不能事, 有臣而求其事, 非恕也;
有親不能報, 有子而求其孝, 非恕也; 有兄不能敬, 有弟而求
其聽令, 非恕也. 士明於此三恕, 則可以端身矣."

·端(단) : 바르다, 곧다

5.82. 군자가 말하였다.

"스스로 옳다고 하는 자는 밝지 못하고, 스스로 넉넉하다고 하는 자는 밝게 드러나지 못하고, 스스로 뽐내는 자에게는 이룬 공이 없고, 스스로 자랑하는 자는 오래가지 못한다.”

君子曰: “自是者不明, 自足者不彰, 自伐者無功, 自矜者不長.”

·彰(창) : 밝다, 드러내다   ·伐(벌) : 자랑하다, 공적   ·矜(긍) : 자랑하다

역주_ 원본에는 ‘자긍’(自矜)이 ‘자무’(自務)로 되어 있는데, 뜻이 통하도록 바로잡았다.

해설_ 이미 스스로 옳다고 여기고 넉넉하다고 여기는 자는 더 이상 공부하지 않으니, 어찌 나아질 수 있겠는가? 자신이 모자란 줄을 알지 못하고 뽐내는 자는 결코 나아질 수 없으니, 어찌 드러나겠는가? 군자란 끊임없이 자신을 되돌아보는 자다.

5.83. 도회가 말하였다.

“곡식과 비단을 가진 자는 추위에 떨거나 배고픔으로 고생하지 않고, 이치와 그 덕을 지닌 자는 못되고 삿된 것을 두려워하지 않는다.”

到會曰: “持穀帛者, 不愛飢寒; 把道德者, 不畏凶邪.”

·穀(곡) : 곡식   ·愛(애) : ~하기 쉽다

역주_ 도회가 누구인지는 알 수 없다. 원본에는 ‘지’(持)자가 없고 칸이 비어 있으나, 문맥으로 보아 있는 것이 적절하므로 보충하였다.

5.84. 강태공이 말하였다.

“남을 헤아리려 한다면 먼저 자신을 헤아려야 한다. 남을 해치는 말은 도리어 자신을 해친다. 피를 머금어 남에게 뿜으면 먼저 자기의 입이 더러워진다.”

太公曰: "欲量他人, 先須自量. 傷人之語, 還是自傷. 含血噴人, 先汚其口."

·含(함) : 머금다   ·噴(분) : 뿜다, 뿜어내다

해설_ 《손자병법》(孫子兵法)에 나온다. "백번을 싸워 백번 이기는 것이 최상의 병법이 아니다. 싸우지 않고도 적을 굴복시키는 것이 최상의 병법이다."(百戰百勝, 非善之善者也. 不戰而屈人之兵, 善之善者也) 싸우지 않고 적을 굴복시키려면 먼저 자신을 알아야 한다. 자신을 알아서 자신을 큰 사람으로 만들면 싸울 일이 없으리라.

5.85. 노자가 말하였다.

"지극한 언변은 더듬는 듯하고, 지극한 행동은 서툰 듯하다. 마음이 맑고 깨끗하면 신명을 편안하게 할 수 있다. 헐뜯는 말을 많이 하면 제 몸을 스스로 망친다."

老子曰: "大辯若訥, 大功若拙. 燈心淸淨, 可以安神. 讒口多言, 自亡其身."

·訥(눌) : 말을 더듬다   ·拙(졸) : 서투르다   ·讒(참) : 헐뜯다

역주_ '등심'(燈心)은 '심등'(心燈)과 같은 말로, 마음을 가리킨다. 마음은 고요하게 있어도 신명과 생각이 등불처럼 밝기 때문에 그렇게 이른다. '심령'(心靈)이라고도 한다.

해설_ 지극한 경지는 말로 표현할 수 없다. 지극한 경지를 곧바로 가리킬 수 있는 말은 없다. 그래서 대개 역설로써 표현하게 된다. 역설은 앞뒤가 맞지 않는 듯이 들린다. 이 때문에 하치들은 앞뒤가 맞지 않는다고 들으려 하지 않는다. 지극한 행동은 꾸밈이 없어 담박하다. 그래서 서툰 듯이 보이고, 아무 것도 아닌 것처럼 보인다. 시중(市中)의 성자가 눈에 잘 드러나지 않는 이유가 여기에 있다. 성자는 자신의 경지를 말하지 않고, 그의 행동은 지극히 일상적이므로······

5.86. 강태공이 말하였다.

"가난하면서도 온갖 게으름을 피우고, 부유하면서도 잡다한 데에 힘을 쓰는구나."

太公曰: "貧而雜懶, 富而雜力."

·懶(라) : 게으르다

5.87. 공자는 먹을 때에는 말하지 않았고, 잠자리에 들면 말하지 않았다.

孔子食不語, 寢不言.

5.88. 《논어》에 나온다.

"잠잘 때에는 주검같이 뻣뻣하지 않았고, 앉아 있을 때에는 딱딱하지 않았다."

論語云: "寢不尸, 居不容."

5.89. 순자가 말하였다.

"훌륭한 농사꾼은 홍수나 가뭄 때문에 밭 갈지 않는 일이 없고, 훌륭한 장사꾼은 값을 깎는다고 해서 팔지 않는 일이 없고, 선비나 군자는 가난하다고 해서 이치를 체득하는 데 게으름을 피우는 일이 없다."

荀子云: "良農不爲水旱不耕, 良賈不爲折閱不市, 士君子不爲貧窮怠乎道體."

·旱(한) : 가물다, 가뭄 ·賈(고) : 장사, 상인 ·閱(열) : 조사하다, 가리다
·折閱(절열) : 값을 낮추어 손해를 보고 팖

 원본에는 '불위빈궁'(不爲貧窮)이 '불위빈궁'(不謂貧窮)으로 되어 있는데, 바로잡았다.

 무슨 일이든 그 상황에서 할 수 있는 것을 다하여야 한다. 그것이 지극함이다. 최상의 상황이 되기를 기다려서는 평생 아무 것도 할 수 없다. 좋은 상황에서도 하지 않는 것은 게으름이요, 좋은 상황이 오기를 기다리기만 하는 것은 어리석음이다. 지혜로운 자는 스스로 좋은 상황을 만들어간다.

5.90. 맹자가 말하였다.

"먹고 마시는 것만 찾는 자를 사람들은 하찮게 여긴다. 작은 것을 기르면서 큰 것을 잃기 때문이다."

孟子曰: "飮食之人, 則人賤之矣. 爲其養小以失大也."

 먹거나 마시는 데에 집착하는 것은 몸을 기르는 데에만 관심을 두기 때문이다. 몸만 기르다 보면 마음을 놓치게 된다. 도둑이나 사기꾼 치고 몸이 건강하지 않은 자 어디 있던가? 그러나 그들의 마음도 건강하던가?

5.91. 무릇 장난하듯 해서는 이로움이 없으니, 부지런하여야만 공을 이룰 것이다.

凡戲無益, 惟勤有功.

·戲(희) : 놀다, 희롱하다

 지극한 마음으로 할 때에 참된 즐거움이 있다. 진지하기만 해서도 안 되지만, 장난하듯 해서도 안 된다.

5.92. 강태공이 말하였다.

"남의 오이밭에는 들어가지 말고, 남의 오얏나무 아래에서는 갓을 바루지 말라."

太公曰: "瓜田勿躡履, 李下不整冠."

·瓜(과) : 오이   ·躡(섭) : 밟다   ·履(리) : 신, 신다, 밟다   ·李(리) : 오얏나무
·整(정) : 가지런하다, 가지런히 하다

5.93. 맹자가 말하였다.

"아껴주는데도 가까워지지 않으면 자신이 어진지를 돌이켜보고, 다스리는데도 다스려지지 않으면 자신이 지혜로운지를 돌이켜보고, 예로써 대하는데도 응답이 없으면 자신이 공경을 다하였는지를 돌이켜보라."

孟子曰: "愛人不親, 反其仁; 治人不治, 反其智; 禮人不答, 反其敬."

 어짊을 다하고 지혜를 다하고 공경을 다했는데도 받아들여지지 않을 수 있다. 하물며 다하지 않았음에랴. 성자라면 돌이켜볼 것이 없으나, 성자가 아니라면 끊임없이 돌이켜보아야 하리라.

5.94. 《경행록》에 나온다.

"스스로 잘났다고 하는 자는 그르치고, 스스로 자랑하는 자는 어리석고, 자신을 해치는 자는 잔인하다."

景行錄云: "自滿者敗, 自矜者愚, 自賊者忍."

5.95. 강태공이 말하였다.

"집안에 나쁜 일이 생기면 밖에서 벌써 알고 소문을 내며, 몸에 덕행이 있으면 남들이 스스로 칭찬하며 퍼뜨린다."

太公曰: "家中有惡, 外已知聞; 身有德行, 人自稱傳."

5.96. 어진 사람이 아니면 사귀지 말고, 올바른 물건이 아니면 가지지 말고, 좋은 뜻이 아니라면 성내지 말고, 옳은 일이 아니거든 하지를 말라. 삼가면 근심이 없고, 참으면 욕됨이 없고, 조용하게 있으면 늘 편안하고, 검소하면 늘 넉넉하리라.

人非賢莫交, 物非義莫取, 忿非善莫擧, 事非是莫設. 謹則無憂, 忍則無辱, 靜則常安, 儉則常足.

5.97. 《곡례》에 나온다.

"오만함을 오래 지녀서는 안 되고, 욕심을 좇아서도 안 되고, 제 뜻을 다 채우려 해서도 안 되고, 즐거움을 다 누리려 해서도 안 되느니."

曲禮曰: "敖不可長, 慾不可從, 志不可滿, 樂不可極."

·骜(오) : 거만하다

5.98. 《소서》에 나온다.

"행동은 본보기가 될 정도면 충분하고, 지혜는 불평과 의심을 풀어줄 정도면 충분하다. 미쁨이 있으면 약속을 지킬 수 있고, 검소하면 재물을 나누어줄 수 있다."

素書云: "行足以爲儀表, 智足以決嫌疑. 信可以守約, 廉可以分財."

·儀(의) : 법, 본보기, 본받다 ·表(표) : 겉, 나타나다, 법, 모습
·嫌(혐) : 싫어하다, 의심하다 ·約(약) : 묶다, 약속하다 ·廉(렴) : 검소하다, 곧다

5.99. 《경행록》에 나온다.

"마음은 편안할 수 있어도 몸뚱이는 수고롭지 않을 수 없고, 이치는 즐길 수 있어도 몸은 시름에 겨워하지 않을 수 없다. 몸뚱이가 수고롭지 않으면 게을러져서 자빠지기 쉽고, 몸이 시름에 겨워하지 않으면 주색(酒色)에 빠져서 안정하지 못한다. 그러므로 편안함은 수고로움에서 생기지만 항상 좋고, 즐거움은 시름에서 생기지만 싫증이 없다. 편안하고 즐거운 자가 시름과 수고로움을 잊을 수 있겠는가?"

景行錄曰: "心可逸, 形不可不勞; 道可樂, 身不可不憂. 形不勞, 則怠惰易弊; 身不憂, 則荒淫不定. 故逸生於勞而常休, 樂生於憂而無厭. 逸樂者, 憂勞其可忘乎?”

·逸(일) : 즐기다, 편안   ·弊(폐) : 넘어지다   ·休(휴) : 쉬다, 좋다

 수고로움이 곧 편안함이요, 시름이 곧 즐거움이다. 이 둘은 늘 같이 있다. 수고로움이 없다면 어찌 편안함이 있을 것이며, 시름이 없는데 어찌 즐거움이 있겠는가? 빛이 있으면 어둠이 있고 어둠이 있으므로 빛이 있도다!

5.100. 마음에 아첨이나 굽실거림이 없으니 벼락과 함께 사는도다.

心無諂曲, 與霹靂同居.

·霹(벽) : 벼락   ·靂(력) : 벼락, 천둥

 마음을 텅 비우면 허공과 같다. 허공에는 온갖 것이 다 있다. 시원한 바람도 있고 벼락도 있다. 내가 곧 벼락이 된다면, 무엇을 두려워하겠는가? 오히려 거짓되고 헛된 자들이 나를 두려워하리라.

5.101. 《경행록》에 나온다.

“귀로는 남의 잘못을 듣지 않고, 눈으로는 남의 단점을 보지 않으며, 입으로는 남의 허물을 말하지 않는다면, 거의 군자라 하리라!”

景行錄云: “耳不聞人之非, 目不視人之短, 口不言人之過, 庶幾君子!”

·서기(庶幾) : ~에 가깝다

5.102. 문 안에 군자가 있으면 문 밖에 군자가 이르고, 문 안에 소인이 있으면 문 밖에 소인이 이른다.

門內有君子, 門外君子至; 門內有小人, 門外小人至.

5.103. 강태공이 말하였다.

"행동 하나에 잘못이 있으면 모든 행동이 다 기울어진다."

太公曰: "一行有失, 百行俱傾."

 순도 95퍼센트 현자나 순도 99퍼센트 성자란 없다. 1퍼센트가 아니라 0.1퍼센트가 모자라도 그는 범부다. 현자나 성자가 되려면 어리석음이든 욕심이든 망상이든 털끝만큼도 남겨서는 안 된다. 다 드러나지 않는다고 해서 남김이 있어서는 안 된다.

5.104. 《소서》에 나온다.

"결점으로는 굽실거리는 행동보다 더한 것이 없고, 외롭기로는 자기 재주만 믿는 것보다 더 외로운 게 없다."

素書云: "短莫短於苟德, 孤莫孤於自恃."

·苟(구) : 구차하다　·恃(시) : 믿다

5.105. 노자가 말하였다.

"거울이 밝으면 티끌이 더럽힐 수 없다. 신명이 맑으면 어찌 욕심이 들러붙을 수 있겠는가?"

老子曰: "鑑明者, 塵埃不能汚. 神淸者, 嗜慾豈能膠矣?"

·塵(진) : 티끌　·埃(애) : 티끌　·嗜(기) : 즐기다　·膠(교) : 아교, 끈끈하다

5.106. 《서경》에 나온다.

"자잘한 행동에서 삼가지 않으면 큰 덕을 이루는 데서 결국 장애가 된다."

書云: "不矜細行, 終累大德."

·矜(긍) : 불쌍히 여기다, 삼가다   ·累(루) : 묶다, 누를 끼치다

5.107. 공자가 말하였다.

"군자는 너그러우나 교만하지 않고, 소인은 교만하면서 너그럽지 못하다."

子曰: "君子泰而不驕, 小人驕而不泰."

·泰(태) : 크다, 넉넉하다

5.108. 순자가 말하였다.

"귀 밝고 눈 밝고 거룩하고 지혜롭다고 해서 남을 막다른 데로 몰지 않고, 재빠르고 날렵하다고 해서 남보다 앞서려고 하지 않으며, 굳세고 용감하다고 해서 남을 다치게 하지 않는다. 알지 못하면 묻고, 잘하지 못하면 배운다. 잘하더라도 반드시 사양해야 할 것이니, 그런 뒤에야 덕이 쌓인다."

荀子云: "聰明聖智, 不以窮人; 齊給速通, 不以先人; 剛毅勇敢, 不以傷人. 不知則問, 不能則學. 雖能必讓, 然後爲德."

·齊(제) : 가지런하다, 재빠르다   ·讓(양) : 양보하다, 넘겨주다

역주- 원본에는 '불이궁인'(不以窮人)이 '군이궁인'(君以窮人)으로 되어 있고, '불이선인'(不以先人)이 '불생선인'(不生先人)으로 되어 있는데, 뜻이 통하도록 바로잡았다.

5.109. 현명한 선비 박이 말하였다.

"여색은 빠지지 않으면 더러워질 게 없고, 재물은 탐내지 않으면 해로울 게 없으며, 술은 탐내지 않으면 거스를 게 없다. 남을 가벼이 여기지 않으면 자신이 두터워지고, 남을 내몰지 않으면 자신이 편안해지며, 마음이 평온하면 원망이나 미움이 없다."

賢士博曰: "色不染無所穢, 財不貪無所害, 酒不貪無所觸. 不輕他自厚, 不出他自安, 心平則無怨惡."

·染(염) : 물들다 ·穢(예) : 더럽다 ·觸(촉) : 닿다, 범하다

해설 속세를 떠나서 여색과 재물과 술에 빠지지 않는 것은 어렵지 않다. 속세에서 살면서 여색과 재물과 술에 빠지거나 탐내지 않을 수 있어야 성자라 할 수 있다.

5.110. 노자가 말하였다.

"성인은 덕을 쌓고 재물은 쌓지 않으며, 이치를 따라 몸을 온전히 하여 해로운 데서도 이로움을 지킨다."

老子曰: "聖人積德, 不積財, 軌道全身, 執利於害."

·軌(궤) : 바퀴 사이, 좇다

해설 성인은 자유자재한 자다. 이미 이로움과 해로움의 경계를 넘어선 자다. 무엇이 그를 이롭게 하며, 누가 그를 해칠 수 있겠는가?

5.111. 채백개가 말하였다.

"기쁨과 성냄은 마음에 있으나 말이 되어 입에서 나오니, 삼가지 않을 수 없다."

蔡伯喈曰: "喜怒在心, 言出於口, 不可不愼也."

역주- 채백개는 후한(後漢) 때의 학자며 서예가인 채옹(蔡邕 ; 132~192)
으로, 백개는 그의 자다. 문장이 뛰어나고 박학하여 천문학·음악 등
여러 분야에 통달하였으며, 비자체(飛白體)를 창시하였다. 저서로 《채
중랑집》(蔡中郎集)이 있다.

해설- 말이란 심중(心中)에 있는 것을 드러내게 마련이다. 그러니 늘 마
음을 맑게 지니고 한결같이 하여야 하리라.

5.112. 위백이 말하였다.

"너그럽고 은혜로우며 널리 사랑하는 것이 몸을 기르는 기초
요, 힘써 배우는 것은 몸을 세우는 근본이다."

衛伯曰: "寬惠博愛, 養身之基; 勤學者, 立身之本."

역주- 위백은 위(衛)나라의 임금이라는 뜻으로 쓰인 듯하다.

5.113. 공자가 말하였다.

"몸이 부유하고 고귀하면서도 남에게 낮출 수 있는 자라면, 어
떤 사람이 그와 부귀를 함께 하지 않겠는가? 몸이 윗자리에 있으
면서 아랫사람을 아끼고 공경할 수 있는 자라면, 어떤 사람이 감
히 그를 아끼고 공경하지 않겠는가? 몸이 권세 있는 직책에 있으
면서 행하는 바가 엄숙한 자라면, 어떤 사람이 감히 그를 두려워
하지 않겠는가? 말이 예스럽고 행동이 법도에 맞다면, 어떤 사람
이 감히 그의 명령을 어기겠는가?"

子曰: "身居富貴, 而能下人者, 故何人而不與富貴? 身居人
上, 而能愛敬者, 何人而不敢愛敬? 身居權職, 所行嚴肅者, 何
人而不敢畏懼也? 發言而古, 動止合規, 何人而敢違命者也?"

·嚴(엄) : 엄하다   ·肅(숙) : 정중하다, 엄숙하다   ·懼(구) : 두려워하다
·規(규) : 법, 바로잡다, 본뜨다   ·動止(동지) : 행동거지

5.114. 《안씨가훈》에 나온다.

"남의 책을 빌리면 반드시 아끼고 소중히 해야 하며, 이미 해지거나 찢어진 곳이 있으면 잘 깁고 고쳐야 한다. 이 또한 사대부가 해야 할 수많은 행동 가운데 하나다."

顔氏家訓曰 : "借人典籍, 皆須愛護, 先有缺壞, 就爲補治. 此亦士大夫百行之一也."

·典(전) : 법, 책   ·籍(적) : 책, 문서   ·缺(결) : 이지러지다   ·補(보) : 깁다

역주 - 《안씨가훈》은 중국 남북조(南北朝)시대 말기의 인물인 안지추(顔之推 ; 531~591)가 자손을 위하여 저술한 교훈서다. 안지추는 남조의 양(梁)나라에서 태어났는데, 강릉(江陵)이 서위(西魏)에게 함락되었을 때(554) 관중(關中)으로 옮겼으며, 후에 북제(北齊)로 탈출하였으나 북제가 북주(北周)에게 멸망당하자 다시 관중으로 옮겨가는 등 급변하는 세상에서 살았다. 《안씨가훈》에는 그런 그의 인생관이 녹아 있다.

해설 - 수많은 권리가 있으나, 소유권은 없다. 머무는 것이라곤 아무 것도 없는데, 무엇을 가진다는 말인가? 사용권만 있을 뿐이다. 그러니 내 것도 없고 네 것도 없다. 내 손에 있으면 내가 쓰고, 네 손에 있으면 네가 쓰는 것이다. 쓰는 자가 아끼고 손질해야 한다.

5.115. 재여가 낮잠을 자니, 공자가 말하였다.

"썩은 나무에는 새길 수 없고, 푸석푸석 썩은 담은 흙손질할 수 없다."

宰予晝寢, 子曰 : "朽木不可雕也, 糞土之墻不可圬也."

역주- 재여는 공자의 제자로, 자는 재아(宰我)다. 말을 잘하였다고 한다. 원본에는 '오'(圬)가 '오'(汚)로 되어 있는데, 바로잡았다.

해설 아무리 뛰어난 장인이라도 썩은 나무로는 아무 것도 새길 수 없다. 아무리 탁월한 미장이라도 썩은 담을 그대로 두고 손질할 수는 없다.

5.116. 자허원군의 《성유심문》(誠諭心文: 진실로 마음을 일깨우는 글)에 나온다.

"복은 청렴하고 검소한 데서 생기고, 덕은 자신을 낮추고 물러서는 데서 생기며, 길은 편안하고 고요한 데서 생기고, 생명은 어우러지고 탁 트인 데서 생기며, 근심은 욕심이 많은 데서 생기고, 재앙은 탐욕이 많은 데서 생기며, 허물은 업신여기는 데서 생기고, 죄는 어질지 못한 데서 생긴다.

눈을 경계하여 남의 그릇됨을 보지 말고, 입을 경계하여 남의 단점을 말하지 말며, 마음을 경계하여 제멋대로 탐내거나 성내지 말고, 몸을 경계하여 나쁜 동무를 따르지 말라.

이롭지 않은 말은 함부로 하지 말고, 나와 관련 없는 일은 함부로 하지 말라. 침묵하고 침묵하고 침묵하라, 끝없는 신선의 길도 여기에서 얻으리라. 넉넉하고 넉넉하고 넉넉하라, 천만 가지 재앙이 한꺼번에 사라지리라. 참고 참고 또 참아라, 빚쟁이나 원한 있는 사람들도 이로써 다 풀리리라. 쉬고 쉬고 또 쉬어라, 세상을 덮을 공훈과 명예로는 자유롭지 못하니라.

임금을 높이 받들고 부모에게 효도하며, 웃어른을 공경하고 덕이 있는 사람을 받들며, 현명한 이와 어리석은 자를 구별하고 배우지 못한 사람을 껴안아라. 물건이 이치에 따라서 오거든 물리치지 말고, 물건이 떠난 뒤에는 뒤쫓지 말고, 몸이 아직 때를 만나지 못하였거든 바라지 말고, 일이 지나간 뒤에는 생각하지 말라.

총명하여도 사리에 어두울 때가 많고, 세고 헤아려도 편리함과 마땅함을 잃는 수가 있다. 남을 축내면 끝내 자기도 잃게 될 것이요, 권세에 기대면 재앙이 함께 따른다. 경계는 마음으로 하고, 지키는 것은 기운으로 하라. 절도 있게 하지 않으면 집안을 망치고, 청렴하지 않으면 지위를 잃게 되리라.

권하노니, 그대는 평소에 스스로 경계해야 할 것이니, 한탄스럽고 놀랍고 두렵도다! 위로는 하늘의 거울처럼 굽어보고, 아래로는 땅의 신령처럼 살펴라. 밝은 데서는 왕법이 서로 이어져 가고, 어두운 데서는 인귀와 천신이 서로 따르고 있도다. 오로지 바르게 하여야 지킬 수 있고, 마음은 속일 수 없나니, 경계하고 경계하라!"

紫虛元君誠諭心文: "福生於淸儉, 德生於卑退, 道生於安靜, 命生於和暢, 患生於多慾, 禍生於多貪, 過生於輕慢, 罪生於不仁. 戒眼莫看他非, 戒口莫談他短, 戒心莫自貪嗔, 戒身莫隨惡伴. 無益之言莫妄說, 不干己事莫妄爲. 黙黙黙, 無限神仙從此得. 饒饒饒, 千災萬禍一齊消. 忍忍忍, 債主寃家從此盡. 休休休, 蓋世功名不自由. 尊君王, 孝父母, 敬尊長, 奉有德, 別賢愚, 恕無識. 物順來而勿拒, 物旣去而勿追, 身未遇而勿望, 事已過而勿思. 聰明多暗昧, 算計失便宜. 損人終自失, 倚勢禍相隨. 戒之在心, 守之在氣. 爲不節而亡家, 因不廉而失位. 勸君自警於平生, 可歎可驚而可畏! 上臨之以天鑑, 下察之以地祇. 明有王法相繼, 暗有鬼神相隨. 惟正可守, 心不可欺, 戒之戒之!"

·暢(창) : 화창하다, 통하다　·拒(거) : 물리치다　·欺(기) : 속이다

 자허원군은 도가에서 받드는 여성 선인(仙人)이다. 자허는 하늘을 뜻하고, 원군은 여성 선인을 일컫는 말이다.

5.117. 맹자가 말하였다.

"세속에서 말하는 불효는 다섯 가지다. 제 몸뚱이를 게으르게 하여 어버이를 봉양하지 않는 것이 첫째 불효다. 쌍륙이나 바둑을 일삼고 술 마시기를 좋아하면서 어버이를 봉양하지 않는 것이 둘째 불효다. 재물을 좋아하고 처자식을 편애하면서 어버이를 봉양하지 않는 것이 셋째 불효다. 귀와 눈이 바라는 것을 좇다가 어버이를 욕되게 하는 것이 넷째 불효다. 용맹을 좋아하여 싸움질하다가 어버이를 위태롭게 하는 것이 다섯째 불효다."

孟子曰: "世俗所謂不孝者五: 惰其四肢, 不顧父母之養, 一不孝也. 博奕好飮酒, 不顧父母之養, 二不孝也. 好貨財私妻子, 不顧父母之養, 三不孝也. 從耳目之欲, 以爲父母戮, 四不孝也. 好勇鬪狠, 以危父母, 五不孝也."

·肢(지) : 팔다리　·顧(고) : 돌보다　·博(박) : 쌍륙, 노름　·奕(혁) : 바둑
·戮(륙) : 죽이다, 욕보이다　·鬪(투) : 싸움　·狠(한) : 패려궂다, 개가 싸우는 소리

6. 본분을 편안하게 지켜라 ••• 安分篇

6.1. 《경행록》에 나온다.

"만족할 줄 알면 즐거울 수 있으나, 애써 탐하면 근심이 생긴다."

景行錄云: "知足可樂, 務貪則憂."

6.2. 만족할 줄 아는 사람은 가난하고 미천하여도 즐겁고, 만족할 줄 모르는 사람은 부유하고 귀하게 되어도 역시 근심한다.

知足者, 貧賤亦樂; 不知足者, 富貴亦憂.

6.3. 만족할 줄 알아서 늘 만족하면 평생토록 욕되지 아니하고, 그칠 줄 알아서 그쳐야 할 때에 그치면 평생토록 부끄러움이 없으리라.

知足常足, 終身不辱; 知止常止, 終身無恥.

 때를 알면 모든 일이 순조롭다. 그러나 때를 알려면 먼저 자신의 마음을 알아야 한다. 내 마음을 알고 때를 아는데, 무슨 욕됨이 있으며, 무슨 부끄러움이 있겠는가?

6.4. 나은 자를 끌어대면 내가 모자라지만, 못한 자와 비교하면 남음이 있으리라.

將上不足, 比下有餘.

·將(장) : 나아가다, ~써 하다

 모든 근심과 불행은 남과 비교하는 데서 일어난다. 이 세상에 같은 것이 없는데, 어찌 비교하는가? 비교하려면 차라리 남의 뛰어난 인격과 비교하여 자신을 세우는 데에 힘쓰고, 나보다 적게 가진 사람과 비교하여 스스로 만족할 줄 알아라.

6.5. 떨어지는 사람과 비교한다면, 부족함이 있는 자 없으리라.

若比向下生, 無有不足者.

 '하생'(下生)은 '하품'(下品)과 같은 말로, '못난 사람', '나보다 떨어지는 사람'을 뜻한다.

6.6. 《격양시》에 나온다.

"분수를 지키면 몸에 욕됨이 없을 것이요, 미묘한 변화를 알면 마음 절로 한가하리라. 인간 세상에 머물러 있어도, 인간 세상을 벗어났도다."

撃壤詩云: "安分身無辱, 知幾心自閑. 雖居人世上, 却是出人間."

·幾(기) : 낌새, 조짐

역주─ 《격양시》는 송나라 정이천의 《이천격양집》(伊川撃壤集)을 가리킨다.

해설─ 분수는 주어진 것이면서 내가 선택한 것이기도 하다. 나의 언행과 달리 주어지는 분수는 없기 때문이다. 낌새, 미묘한 변화를 알면 일이 그렇게 되어 가는 까닭을 알게 되니, 끄달릴 것도 없고 매달릴 것도 없다. 분수를 지켜서 마음이 한가롭다면, 그는 어디에 있든지 자유자재하리라.

6.7. 《신동시》에 나온다.

"장수하거나 요절하거나 천명 아닌 게 없고, 막히거나 통하거나 각기 때가 있도다. 길에서 헤매면 헛되이 힘만 쓰게 되나, 분수를 지키면 편안하고 알맞게 되리라."

神童詩云: "壽夭莫非命, 窮通各有時. 迷途空役役, 中分是便宜."

역주─ 《신동시》는 오언절구(五言絶句) 약 1천 수를 수록한 시집이다. 어린아이들을 가르치기 위해 편찬되었다고 한다.

해설─ 천명을 모르고 때가 있음을 알지 못하면, 제가 가는 길이 바른 길임을 알지 못하고 헤맨다. 분수를 지킨다는 것은 주어진 대로 그저 따라가는 것이 아니라, 왜 주어진 것이 그러한지를 분명하게 아는 것이다.

6.8. 공자가 말하였다.

"부유함과 귀함, 이는 사람들이 바라는 것이다. 허나 이치로써 얻을 수 없다면, 누리지 않겠다. 가난과 미천함, 이는 사람들이 싫어하는 것이다. 허나 이치로써 멀리할 수 없다면, 떠나지 않겠다."

子曰: "富與貴, 是人之所欲也. 不以其道得之, 不處也. 貧與賤, 是人之所惡也. 不以其道得之, 不去也."

 여기에 나오는 '득지'(得之)는 문맥에 따라서 풀이해야 한다. 곧 앞의 '득지'는 부유함과 귀함에 이어지고, 뒤의 '득지'는 가난과 미천함에 이어지므로 위와 같이 풀이하는 것이 타당하다.

6.9. 공자가 말하였다.

"올바르지 않으면서 부유하고 귀한 것, 이는 나에게 뜬구름과 같다."

子曰: "不義而富且貴, 於我如浮雲."

6.10. 노자가 말하였다.

"영예를 알고 욕됨을 지켜라."

老子曰: "知其榮, 守其辱."

 영예를 아는 것은 욕됨을 아는 것이요, 욕됨을 지키는 것은 영예를 지키는 것이다. 영예와 욕됨은 서로 다른 것이 아니다. 하나는 좋고 하나는 나쁜 것이 아니다. 둘 다 세속적인 가치판단일 뿐이다. 때에 따라 붙는 이름일 뿐이다. 그러니 영예에 집착할 것도 없고 욕됨을 굳이 멀리할 필요도 없다. 본분을 지키며 자유자재할 때에 영예와 욕됨은 절로 사라진다.

6.11. 순자가 말하였다.

"자신을 아는 자는 남을 탓하지 않고, 천명을 아는 자는 하늘을 원망하지 않는다. 남을 탓하는 자는 막힌 자고, 하늘을 원망하는 자는 지조가 없는 자다. 제가 잘못하고서 남을 탓하니, 어찌 어리석은 짓이 아니리오? 영예와 욕됨이 나누어지는 큰 원리와, 편안함과 위태로움, 이로움과 해로움의 변하지 않는 원칙이 있다. 올바름을 앞세우고 이로움을 뒤로 하면 영예롭고, 이로움을 앞세우고 올바름을 뒤로 하면 욕되며, 영예로운 자는 두루 통하고, 욕된 자는 늘 막히며, 통하는 자는 늘 남을 다스리고, 막힌 자는 늘 남에게 다스려진다. 이것이 영예로움과 욕됨이 나누어지는 큰 원리다."

荀子云: "自知者不怨人, 知命者不怨天. 怨人者窮, 怨天者無志. 失之己, 反之人, 豈不亦迂哉? 榮辱之大分, 安危利害之常體. 先義而後利者榮, 先利而後義者辱, 榮者常通, 辱者常窮, 通者常制人, 窮者常制於人. 是榮辱之大分也."

·迂(우) : 멀다, 실정에 어둡다

역주_ 여기에 '영욕지대분'(榮辱之大分)이 두 번 나오는데, 원본에는 앞의 '영욕지대분'(榮辱之大分)이 '영욕지대수'(榮辱之大守)로 되어 있다. 《순자》〈영욕〉(榮辱)편에 따라 뜻이 통하도록 바로잡았다.

해설_ 순자도 공자도 노자에 견주어보면 속기(俗氣)를 완전히 떨어내지 못한 것처럼 보인다. 그러나 우열은 없다. 속세에 있는가, 속세에서 벗어나 있는가에 따라 달리 말했을 뿐이다. 노자가 속세에 들어오면 순자나 공자처럼 말할 것이고, 순자나 공자가 속세에서 벗어나면 노자처럼 말할 것이다. 모두 방편으로 한 말이다.

6.12. 상황이 그러하면 거친 밥이라도 먹고, 곱게 뽑은 국수일랑

생각하지 말라.

命合喫麤食, 莫思重羅麪.

·命合(명합) : '운수가 맞으면', 곧 '상황이 그리되면'을 뜻한다.
·麤(추) : 거칠다 ·重(중) : 거듭, 거듭하다

해설 배고프면 먹고 목마르면 마시는 것, 그뿐이다. 때가 그러하므로 그렇게 하는 것이다. 그것이 여실(如實)하게 보고 여여(如如)하게 행하는 것이다. 생각을 하는 순간, 망상에 사로잡힌다. 망상은 번뇌다. 실상의 거친 밥을 먹을 것인가, 망상으로 곱게 뽑은 국수를 먹을 것인가? 어느 것이 배고픔을 그치게 하는가?

6.13. 들어오는 것을 잘 헤아리고, 나가는 것을 잘 재어라.

量其所入, 度其所出.

해설 들어온 것은 나가고, 나가면 다시 들어온다. 마음을 텅 비우면 들어온 만큼 나가고, 나간 만큼 들어온다. 이것이 천지의 변화요 우주의 조화임을 깨달으리라. 욕심이 생기면, 변화는 멈추고 조화는 깨진다. 그러면 괴로운 것은 '나'뿐이다. 이 세상이, 이 우주가 괴로운 게 아니다.

6.14. 공자가 말하였다.

"군자는 진실로 곤궁할 수 있으나, 소인은 곤궁하면 곧바로 함부로 한다."

子曰: "君子固窮, 小人窮斯濫矣."

·固(고) : 진실로, 항상 ·濫(람) : 넘치다, 함부로 하다

해설 평소에는 그 사람을 알 수 없다. 그 사람을 알려면 그가 곤궁해질 때를 기다려라. 군자는 곤궁하더라도 흔들림이 없이 한결같은 마

음을 유지할 수 있다. 그래서 진실로 곤궁해질 수 있다. 그러나 소인
은 곤궁해지는 순간 이익을 얻기 위해 함부로 하며, 못하는 것이 없다.

6.15. 아껴 먹고 아껴 써서 남에게서 구하지 않도록 하라.

省喫, 省用, 省求人.

해설 남에게서 구하는 걸 즐기는 자는 없다. 거지조차 구걸을 즐기지
않는데, 하물며 거지가 아님에랴. 남에게서 구하는 건 구차한 일이다.
그러나 제 분수를 알지 못하면 구차해진다.

6.16. 왕신민이 일찍이 말하였다.

"사람이 늘 채소 뿌리를 씹어 먹을 수 있다면, 무슨 일이든 할
수 있다."

汪信民嘗言: "人常咬得菜根, 則百事可做."

·咬(교) : 씹다, 깨물다   ·做(주) : 짓다, . 하다

역주 왕신민은 송나라 사람으로, 이름은 혁(革)이고, 신민은 자다. "나
물 뿌리를 씹을 수 있다면, 백 가지 일을 할 수 있다"는 말로 유명하
다. 저서에 《논어직해》(論語直解)가 있다.

해설 늘 담박하게 먹고 소박하게 입는 건 쉬운 일이 아니다. 한순간이
라도 헛된 욕심이 일어나면 그리할 수 없다. 욕심이 없으면 이치에 따
라 살게 되니, 이루지 못할 일이 없다.

6.17. 《중용》에 나온다.

"(군자란) 부유하고 귀해지면 부유하고 귀한 데서 행하고, 가난
하고 미천해지면 가난하고 미천한 데서 행하고, 오랑캐 속에 있

으면 오랑캐 속에서 행하고, 근심과 괴로움이 닥치면 근심과 괴
로움 속에서 행한다."

中庸云: "素富貴, 行乎富貴; 素貧賤, 行乎貧賤; 素夷狄, 行乎
夷狄; 素患難, 行乎患難."

·素(소) : 분수에 따르다

역주_《중용》은 《대학》과 함께 《예기》에서 독립되어 사서(四書) 가운데
하나가 된 고전이다. 공자의 손자인 자사(子思)가 지었다고 하지만, 분
명하지는 않다. 중(中)이란 어느 한쪽으로 치우치지도 기울지도 않으
며 지나침도 모자람도 없는 것을 뜻하고, 용(庸)이란 떳떳함[平常]을
뜻하는데, 이로써 인간 본성의 이치를 드러내고 있다. 중국에서는 동
쪽의 오랑캐를 '이'(夷)라 하고, 북쪽 오랑캐를 '적'(狄)이라 하였으며,
남쪽 오랑캐는 '만'(蠻), 서쪽 오랑캐는 '융'(戎)이라 하였다.

해설_ 그 때를 알고 때에 맞게 행하는 자, 그가 곧 성인이로다.

6.18. 공자가 말하였다.

"그 자리에 있지 않으면, 그 일을 꾀해서는 안 된다."

子曰: "不在其位, 不謀其政."

7. 마음을 잘 지녀라 ... *存心篇*

7.1. 《경행록》에 나온다.

"아무도 없는 방에서도 붐비는 거리에 앉아 있는 것처럼 하고,
여섯 필의 말을 부리듯이 마음을 부린다면, 허물을 짓지 않으리라."

景行錄云: "坐密室如通衢, 馭寸心如六馬, 可免過."

·衢(구) : 네거리, 갈림길 ·馭(어) : 말을 부리다
·六馬(육마) : 천자가 타는 수레를 끄는 여섯 마리의 말

7.2. 유대부의 글에 있다.

"마음이란 텅 빈 속에 있어야 한다."

游大夫錄: "心要在腔子裏."

·腔(강) : 속이 비다, 빈속 ·腔子(강자) : 가슴속

해설_ 마음은 본래 비어 있는 것이다. 비어 있으므로 어디에도 없고, 비어 있으므로 어디에나 있다. 형상이 없으므로 머물지 않고, 머물지

않으므로 자유자재하다. 마음이 있다고 한다면, 그 순간 그건 마음이 아니라 욕심이다. 욕심은 망령된 생각에서 나온다. 비우고 비우고 또 비워야 하리라! 저절로 텅 빌 때까지.

7.3. 《소서》에 나온다.

"좋은 꾀를 내려 애쓰면 나쁜 일이 일어나지 않고, 깊이 생각하지 않으면 가까운 근심이 생긴다."

素書云: "務善策者, 無惡事; 無遠慮者, 有近憂."

7.4. 손님이 찾아와 묻기를,

어떻게 생활을 꾸려가오?

있는 거라곤 한 치의 땅뿐,

남겨두면 자손들이 갈겠지.

有客來相訪, 如何是治生? 但存方寸地, 留與子孫耕.

·方寸(방촌) : 한 치의 땅, 마음

해설_ 마음이라는 땅을 경작하는 것이 곧 수행이요 수양이다. 찾아온 손님은 경제적인 문제를 어떻게 해결하느냐고 물었으나, 주인은 다소 엉뚱하게도 마음 밭을 가는 것, 곧 수양이라고 대답하였다. 자손에게 물려줄 것도 이 '마음'밖에 없다고 하였다. 아닌 게 아니라 누구나 마음을 지니고 있으니, 물려준다 만다 할 것도 없다. 내가 내 마음 밭을 잘 갈면, 자손도 본받아 그들의 마음 밭을 잘 갈아서 먹고 살리라.

7.5. 《격양시》에 나온다.

"부귀를 지혜로써 얻을 수 있었다면, 공자도 젊었을 때 제후에

봉해졌으리. 세상 사람들은 푸른 하늘의 뜻도 모르고, 공연히 몸
과 마음을 다그쳐 한밤에 시름하네.”

> 擊壤詩云: “富貴如將智力求, 仲尼年少合封侯. 世人不解青
> 天意, 空使身心半夜愁.”

·將(장) : ‘이’(以)와 같다. ~로써   ·仲尼(중니) : 공자(孔子)의 자(字)
·侯(후) : 제후

7.6. 충선공 범순인(范純仁)이 자제들을 훈계하였다.

“사람은 아무리 어리석어도 남을 꾸짖는 데에는 밝고, 비록 총
명하다 하더라도 자신을 용서할 때에는 어리석다. 너희들은 항상
남을 꾸짖는 마음으로 자신을 꾸짖고, 자신을 용서하는 마음으로
남을 용서하거라. (그렇게 하지 못하는 것을 근심하고) 성인이나
현자의 경지에 이르지 못함을 근심하지는 말아라.”

> 范忠宣公戒子弟曰: “人雖至愚, 責人則明; 雖有聰明, 恕己則
> 昏. 爾曹但常以責人之心責己, 恕己之心恕人. 不患不到聖賢
> 地位也.”

·爾曹(이조) : ‘여조’(汝曹)와 같다. 너희들

7.7. 제 마음으로 남의 마음을 헤아리는 것, 그게 바로 부처의 마

음이니라.

將心比心, 便是佛心.

해설_ 마음에 사사로움이 없고 텅 빌 때에 세상 모든 것이 그 속에 들어온다. 당연히 남의 마음을 아는 것도 어렵지 않으리라. 남의 마음을 아니, 어찌 자비롭지 않을 수 있겠는가? 그게 바로 불심이로다.

7.8. 자신의 마음으로 남의 마음을 헤아려라.

以己之心, 度人之心.

·度(탁) : 헤아리다

7.9. 《소서》에 나온다.

"널리 배우고 간절하게 묻는 것이 앎을 넓히는 일이요, 절도 있게 행동하고 말하는 것이 몸을 닦는 일이다."

素書云: "博學切問, 所以廣知; 高行做言, 所以修身."

7.10. 공자가 말하였다.

"도탑게 믿고 배우기를 좋아하면서 목숨을 걸고 이치의 길을 가라."

子曰: "篤信好學, 守死善道."

·守死(수사) : 죽음을 각오하다 ·善(선) : 옳게 하다, 잘하다

해설_ 목숨을 거는 것은 인욕(忍辱)바라밀이요, 이치의 길을 거침없이 가는 것은 정진(精進)바라밀이라.

7.11. 공자가 말하였다.

"총명하고 생각이 지혜롭더라도 어리석은 듯이 갈무리하고, 이룬 공이 천하를 덮는다 하더라도 겸양으로 갈무리하고, 용맹이 세상을 놀라게 할 정도라도 겁쟁이처럼 갈무리하고, 온 세상을 다 가질 만큼 부유하더라도 겸손으로로써 갈무리하라."

子曰:"聰明思智, 守之以愚; 功被天下, 守之以讓; 勇力振世, 守之以怯; 富有四海, 守之以謙."

·被(피) : 이불, 덮다 ·怯(겁) : 겁내다, 비겁

7.12. 자공이 말하였다.

"가난하면서도 아첨하지 않고, 부유하면서도 교만하지 않는다."

子貢曰:"貧而無諂, 富而無驕."

7.13. 공자가 말하였다.

"가난하면서도 원망하지 않기는 어려우나, 부유하면서 교만하지 않기는 쉽다."

子曰:"貧而無怨, 難; 富而無驕, 易."

해설 천지의 이치, 인간사의 법칙을 깊이 알지 못하므로 원망하고 탓하는 마음이 있게 된다. 그러니 지혜를 갖추라.

7.14. 강절 소옹이 진희이에게 물었다.

"몸을 기르는 법을 가르쳐 주십시오."

진희이가 말하였다.

"뜻을 유쾌하게 하는 일은 억지로 할 수 없고, 편안하고 알맞은 것을 다시 똑같이 만들 수 없다."

邵康節問陳希夷：“求將身之術.” 希夷曰：“快意事不可做得, 便宜處不可再生.”

·求(구) : '청'(請)과 같다. ~해 주십시오　·將(장) : 기르다
·做得(주득) : 할 수 있다

역주─ 원본에서는 '재생'(再生)이 '재성'(再性)으로 되어 있는데, 뜻이 통하도록 바로잡았다.

해설─ 저절로 그러한[自然] 이치를 알면 저절로 유쾌해진다. 저절로 되기 때문에 유쾌하다. 억지로 하려는 것, 바로 이것이 괴로움이다. 모든 것은 머물지 않는다. 머물지 않는 것은 변한다. 이 변화의 이치를 알고 그에 따라 살기 때문에 순간마다 편안하고 알맞게 되는 것이다. 편안하고 알맞은 것이 따로 있어서 그것을 만들고 또 재생하는 것이 아니다.

7.15. 뜻을 얻은 곳에서는 얼른 뒤돌아보라.

得意處早廻頭.

·廻頭(회두) : '회두'(回頭)라고도 한다. 뒤돌아보다, 뉘우치다

해설─ 잘될 때 뒤돌아보고, 잘 안 될 때 앞을 보라.

7.16. 총명은 본시 남모르는 덕행이 돕는 것이니,

남모르는 덕행이 사람을 총명으로 이끈다네.

남모르는 덕행이 없이 총명을 부리면,

총명은 도리어 총명에게 속으리라.

聰明本是陰騭助, 陰騭引人聰明路.
不行陰騭使聰明, 聰明返被聰明悞.

·陰(음) : 몰래   ·騭(즐) : 정하다   ·悞(오) : 그릇하다, 속이다

7.17. 풍수란 게 인간 세상에 없을 수 없으나, 남모르는 덕행에
기대야만 도와준다네. 부귀를 풍수에 기대어 얻으려 한다면, 곽박
이 다시 태어나도 도모하기 어렵지.

風水人間不可無, 全憑陰騭兩相扶. 富貴若憑風水得, 在生郭
朴也難圖.

·憑(빙) : 기대다, 붙다   ·圖(도) : 꾀하다

해설 덕행을 쌓는다는 것은 그 자체로 천지의 이치를 안다는 것이다.
모른다면 어떻게 대부분의 사람들이 대단하게 여기지 않는 덕행을 쌓
으려 하겠는가? 덕행은 화려하지 않고 잘 드러나지도 않는다. 그것은
지극히 소박한 행동일 뿐이다. 그래서 덕행은 세속의 부귀를 얻는 데
에 아무 소용이 없다고 여겨진다. 그러나 그렇지 않다. 덕행을 쌓으려
면 천지의 이치를 알아야 하고, 덕행이 쌓이면 그 사람은 천지와 하나
가 된다. 천지와 하나가 되니, 당연히 풍수도 그와 하나다. 풍수가 이
미 그와 하나인데, 무얼 따로 구하겠는가? 무엇보다 덕행은 그 자체가
부귀다. 덕행을 떠나서 따로 부귀가 있는 것은 아니다.

7.18. 옛사람은, 모습은 짐승 같아도 마음에는 큰 성인의 덕이 있었는데, 지금 사람은, 겉은 사람이면서 어찌 짐승 같은 마음으로 기우는지.

古人形似獸, 心有大聖德; 今人表似人, 獸心安可側.

·安(안) : 어찌   ·側(측) : 기울다, 곁

7.19. 마음이 있으면 상이 없어도 상이 마음을 따라 생기지만, 상은 있어도 마음이 없으면 상은 마음을 따라 사라진다.

有心無相, 相逐心生; 有相無心, 相隨心滅.

·逐(축) : 쫓다

해설_ 마음을 텅 비우면 실상(實相)을 여실하게 보아서, 실상은 머물지 않고 끊임없이 변한다는 것을 알게 된다. 그러므로 형상에 매이지 않고 집착하지 않는다. 마음을 비우지 못하면 여실하게 보지 못하므로 고정된 형상이 있는 줄로 안다. 그래서 형상에 매달려서 망상(妄想)을 일으키고 번뇌에 사로잡힌다.

7.20. 세 점은 별의 모양과 같고,
    누운 갈고리는 기운 달과 같네.
    짐승도 이것을 좇아서 되고,
    부처가 되는 것도 그것에 말미암지.

三點如星象, 橫鉤似月斜. 披毛從此得, 作佛也由他.

·鉤(구) : 갈고리   ·斜(사) : 비끼다, 기울다

역주_ 피모(披毛)는 '털로 덮이다'는 뜻으로, 짐승을 가리킨다. 선가(禪家)에서 주로 쓰는 말이다.

해설 첫 두 구절을 잘 떠올려보라. 글자 하나가 보일 것이다. 한순간 짐승이 되는 것도, 영원히 부처가 되는 것도 오직 이 하나에 달렸다. 바로 마음[心]이다.

7.21. 《대학》에 나온다.

"이른바 그 뜻을 성스럽게 한다는 것은 자신을 속이지 않는 것이다. 삿됨을 나쁜 냄새를 싫어하는 것 같이 하고, 착함을 고운 빛깔을 좋아하듯 하라."

大學云: "所謂誠其意者, 毋自欺也. 如惡惡臭, 如好好色."

해설 성(誠)이 오늘날에는 '성실'(誠實)로 널리 쓰이는데, 의미가 매우 축소되었다. 본래 뜻은 결코 평범하지 않다. 《중용》이 이 '성'(誠)이라는 한 글자에서 시작되고 끝날 정도로 그 함의는 대단하다. 성(誠)은 곧 성(聖)이다. "성(誠)은 하늘의 도이고, 성(誠)스럽게 되려는 것은 사람의 도이다"라는 말에서 드러나듯이, 성(誠)스러운 사람이 바로 성인(聖人)이다. 따라서 여기서는 성(誠)을 '성스럽다'는 말로 풀었다. 아래 7.22.는 유가가 아니라 도가 계통의 말인데도, 성(誠)을 거의 같은 의미로 썼음을 알 수 있다.

7.22. 《도경》에 나온다.

"성스러우면 어리석은 것 같고, 말이 없으면 어눌한 것 같고, 부드러우면 서툰 듯하다."

道經云: "用誠似愚, 用黙似訥, 用柔似拙."

역주- 《도경》은 도가(道家)의 경전을 가리키는 것이지, 특정한 서책을 가리키는 것은 아닌 듯하다.

7.23. 사람들 모두 내가 못났다고 말하고,

나 역시 스스로 못났다고 말한다네.

귀가 있어도 늘 귀머거리 같고,

입이 있어도 말할 줄 모르지.

호걸인 양 우쭐거리는 눈빛은 버려라,

어쨌든 한 걸음도 나아가지 못했으니.

재빨리 그대로 하여금 생각하게 하노니,

도리어 나의 못남에 미치지 못하는도다.

人皆道我拙, 我亦自道拙. 有耳常如聾, 有口不會說.
休目逞豪傑, 橫竪有一趹. 喫趹教君思, 返不如我拙.

·橫(횡) : 가로 ·竪(수) : '수'(豎)와 같다. 서다, 세로 ·趹(갹) : 나아가지 못하다
·趹(결) : 달리다, 빠르다 ·教(교) : 하여금

7.24. 온갖 기교로 온갖 것 이루었으나, 하나의 서투름만 못하네.

百巧百成, 不如一拙.

해설_ 하늘과 땅은 기교가 없어서 때로는 햇볕을 너무 많이 주고, 때로는 비를 너무 많이 내리며, 때로는 먹을 것이 넘치게 하고, 때로는 턱없이 부족하게 한다. 이를 서툴다고 한다. 사람들은 그 서투름이 싫다고 온갖 기교를 부려서 제 뜻대로 하려고 한다. 그래서 문명을 이룩하기는 했지만, 과연 하늘과 땅이 주는 것보다 더 귀하고 좋은 것을 만들기나 했는가? 참으로 복된 삶을 누리고 있는가? 어떤 탁월한 기술로도 물을 만들지 못하고, 공기를 신선하게 만들지 못하며, 거친 땅을 기름지게 하지는 못한다. 하늘과 땅에서 몰래 훔쳐올 수 있을 뿐이다. 이를 언제 깨닫게 될까?

7.25. 아직 오지 않은 걸 미리 바라지 말고, 이미 지난 것은 다시
헤아리지 마라.

未來休指望, 過去莫思量.

해설_ 《금강경》에 "과거의 마음도 얻을 수 없고, 현재의 마음도 얻을
수 없고, 미래의 마음도 얻을 수 없다"는 구절이 나온다. 얻을 수 없는
마음을 얻었으니, 그것이 미련이요 근심이다. 과거도 현재도 미래도
따로 있는 게 아니다. 오로지 '지금 여기'에서 얽혀 있을 뿐이다. 그러
므로 바로 이 순간의 마음만 있다. 그 마음은 잠시도 머물지 않고 그
저 그렇게 흘러가는 물과 같은 것이다. 그러니 붙잡으려 해서도 안 되
고, 채우려고 해서도 안 된다. 그냥 그대로 사는 것, 그뿐이다.

7.26. 편안한 날에는 괴로울 날을 늘 생각하고, 괴로울 때에는 좋
은 때를 생각하지 말라.

常將有日思無日, 莫到無時思有時.

역주_ '유일'(有日)과 '유시'(有時)는 자유롭고 편안한 때를, '무일'(無日)과
'무시'(無時)는 괴로운 때를 뜻한다. 원본에는 '도'(到)가 '대'(待)로 되어
있는데, 뜻이 통하도록 바로잡았다.

해설_ 편안하고 즐거울 때에는 괴로운 때가 올 수 있음을 알고 미리 대
비해야 하지만, 괴로운 때에 좋은 때를 생각하는 것은 괴로움을 더해
줄 뿐이다.

7.27. 돈이 있는 날에는 돈이 없었던 날을 늘 기억하고, 편안하고
즐거울 때에는 몸이 아플 때를 늘 생각하라.

有錢常記無錢日, 安樂常思官病時.

·官(관): 신체 기관 ·官病(관병): 몸의 병

7.28. 《소서》에 나온다.

"적게 베풀고 후하게 바라는 사람에게는 보답이 없고, 귀하게
되어서 미천했던 때를 잊는 자는 오래가지 못한다."

　　素書云: "薄施厚望者, 不報; 貴而忘賤者, 不久."

7.29. 남에게 부탁하려거든 대장부에게 부탁하고, 도와주려거든
급한 일부터 도와서 없애주라.

　　求人須求大丈夫, 濟人須濟急用無.

·濟(제) : 건지다, 구제하다

해설_ 도움을 주고받는 것은 천지의 운행과 같은 일이다. 천지가 운행
하면서 무슨 생색을 내는가? 대장부라면 생색을 내지 않으리라. 또 힘
이 있다고 해서 도움을 줄 수 있는 것이 아니다. 지혜가 있어야 한다.
도움을 주어야 할 사람에게 주어야 할 때에 알맞게 도와주는 것, 이것
이 참된 도움이다.

7.30. 은혜를 베풀었다면 보답을 구하지 말고, 남에게 주었거든
후회하지 말라.

　　施恩, 勿求報; 與人, 勿追悔.

해설_ 베풀고서 베풀었다는 마음을 지니는 순간, 자비는 사라지고 동
정만 남는다. 주고서도 후회했다면, 그것은 주지 말아야 할 것을 주었
거나, 주지 않아도 될 사람에게 주었기 때문이니, 이는 내가 지혜롭지
못해서다. 지혜도 없이 베푸는 것은 '공덕'(功德)이 아니라 '공덕'(空德)
이다.

7.31. 한 치의 마음이 어둡지 않으면, 온갖 법이 다 밝게 드러난다.

　　寸心不昧, 萬法皆明.

7.32. 손사막이 말하였다.

　"담력은 크게 하되 마음은 섬세해지려고 하고, 지혜는 원만하되 행동은 반듯해지려고 하라."

　　孫思邈言：“膽欲大而心欲小, 知欲圓而行欲方.”

·膽(담) : 쓸개, 담력

역주- 손사막(孫思邈 ; 581?~682)은 중국 수당(隨唐)시대의 명의(名醫)다. 어려서 중풍을 앓아 가산을 탕진하는 바람에 의서(醫書)를 가까이하였다. 노장(老莊)과 불교의 전적을 즐겨 읽었고, 천문과 의학에도 뛰어났다. 당 태종이 벼슬을 주려 하였으나, 사양하고 태백산(太白山)에 은거하였다.

해설- 일이란, 담력으로 시작되고 섬세함으로 마무리되어야 한다. 원만한 지혜는 행동을 반듯하게 만들고, 치우친 견해는 멋대로 행동하게 한다.

7.33. 생각할 때마다 적을 마주한 날처럼 하고, 마음 쓸 때마다 늘 위험한 다리를 건널 때처럼 하라.

　　念念有如臨敵日, 心心常似過橋時.

7.34. 《경행록》에 나온다.

　"성스러우면 후회할 게 없고, 용서하면 원망들을 일이 없고, 함께 어울리면 원수질 일이 없고, 참으면 욕될 일이 없다."

　　景行錄云: "誠無悔, 恕無怨, 和無讎, 忍無辱."

　　·讎(수) : 원수, 갚다

7.35. 법을 두려워하면 매일 즐거울 것이나, 나랏일을 속이면 날마다 근심하리라.

　　懼法朝朝樂, 欺公日日憂.

해설　그릇된 생각, 속이는 마음에서 근심이 비롯되니, 근심이 곧 형벌이로다.

7.36. 마음을 섬세하게 쓰면서도 천하를 버릴 수 있고, 담력이 크면서도 한걸음을 옮기기 어렵도다.

　　小心天下去得, 大膽寸步難移.

해설　마음을 섬세하게 쓰면서 버릴 줄을 모르면 집착이 되고, 담력이 크면서 삼가는 마음이 없으면 일을 그르친다.

7.37. 공자가 말하였다.
　"생각에 삿됨이 없도다."

　　子曰: "思無邪."

해설　탁오(卓吾) 이지(李贄 ; 1527~1602)는 동심(童心)을 말하였다. "동심은 참된 마음[眞心]이다. 동심이란 거짓이 없고 순수한 것으로, 최초의 한순간의 본심(本心)이다. 동심을 잃으면 참된 마음을 잃는 것이며, 참된 마음을 잃으면 참된 사람[眞人]을 잃는 것이다. 사람이 참되지 않

으면 최초의 본심은 더 이상 없어진다. 아이는 사람의 처음이요, 동심
은 마음의 처음이다." 삿됨이 없다는 것은 이것과 저것, 옳고 그름, 이
로움과 해로움 따위로 나누거나 헤아리지 않고 있는 대로 보고 받아
들이는 마음이니, 그것이 아이의 마음이요 참된 마음이다.

7.38. 주문공이 말하였다.

"입은 병 주둥이를 막듯이 지키고, 뜻은 성을 지키듯 잡도리하라."

朱文公曰: "守口如瓶, 防意如城."

역주_ 주문공은 남송(南宋)의 사상가인 주희(朱熹 ; 1130~1200)다. 자는
원회(元晦) 또는 중회(仲晦)고, 호는 회암(晦庵)이며, 문공은 시호다. 정
호와 정이 형제의 학문을 계승하여 성리학을 집대성하였다. 그는 《주
역본의》(周易本義), 《시집전》(詩集傳), 《사서집주》(四書集註), 《사서혹
문》(四書或問) 같은 경전 해석, 《태극도설해》(太極圖說解), 《통서해》(通
書解), 《서명해》(西銘解), 《정씨유서외서》(程氏遺書外書) 등 북송 이래의
선학(先學)들의 저작 교정과 편찬, 선학들의 전기를 모은 《이락연원
록》(伊洛淵源錄)과 《명신언행록》(名臣言行錄), 또 왕조의 정통성을 문제
삼은 《자치통감강목》(資治通鑑綱目) 등을 정본(定本)이나 고본(稿本)으
로 만들었다. 이 가운데서도 주목할 것은 《사서집주》(四書集註)로, 죽
기 직전까지도 손에서 놓지 않았다고 한다.

7.39. 시비는 단지 입을 많이 열기 때문에 생기고, 번뇌는 모두
억지로 나서려는 데서 일어난다.

是非只爲多開口, 煩惱皆自强出頭.

해설_ 옳고 그름을 따지는 시비는 방편이다. 시비가 목적이 되면 분란
이 일어난다. 지혜로우면 억지로 하는 것이 없고, 어리석으면 억지로
하려 한다. 어리석으므로 번뇌로 괴로워한다.

7.40. 《소서》에 나온다.

"허물이 있어도 알지 못하는 것이 어두운 것이요, 말로써 원망을 사는 것이 재앙이다."

素書云: "有過不知者, 蔽; 以言取怨者, 禍."

·蔽(폐) : 가리다, 희미하다

7.41. 《경행록》에 나온다.

"탐하는 것은 밖으로 사물을 좇는 것이요, 바라는 것은 속에서 정이 움직이는 것이다."

景行錄云: "貪是逐物於外, 欲是情動於中."

7.42. 군자도 재물을 아끼지만, 취할 때에는 이치를 따른다.

君子愛財, 取之有道.

7.43. 군자는 이치를 근심하지 가난을 근심하지 않으며, 군자는 이치를 꾀하지 먹을 것을 꾀하지는 않는다.

君子憂道不憂貧, 君子謀道不謀食.

7.44. 공자가 말하였다.

"군자는 느긋하면서 막힘이 없고, 소인은 갈수록 근심하고 두려워한다.”

<blockquote>子曰: “君子坦蕩蕩, 小人長戚戚.”</blockquote>

·坦(탄) : 평평하다, 너그럽다   ·蕩蕩(탕탕) : 넓고 광대한 모양
·戚戚(척척) : 근심하는 모양

7.45. 도랑이 크면 복 또한 크고, 속임수가 깊으면 재앙 또한 깊다.

<blockquote>量大福亦大, 機深禍亦深.</blockquote>

·機(기) : 틀, 거짓

7.46. 복을 먼저 찾는 자 되지 말고, 재앙을 이끄는 자 되지 말라.

<blockquote>莫爲福首, 莫爲禍先.</blockquote>

해설 복이 오느냐 재앙이 닥치느냐에 먼저 관심을 가질 일이 아니다. 오로지 이치를 알고 이치대로 행하는 것에만 관심을 기울여야 한다. 복과 재앙은 그의 행위를 따를 뿐이므로.

7.47. 각자 제 문 앞의 눈을 쓸어낼 것이요, 남의 집 지붕의 서리는 간섭하지 말라.

<blockquote>各人自掃門頭雪, 莫管他家屋上霜.</blockquote>

·掃(소) : 쓸다   ·管(관) : 간섭하다

7.48. 오늘 이렇게 될 줄 일찌감치 알았더라면, 처음에 하지 않았어야 하는데 후회되는구나.

<blockquote>早知今日, 悔不當初.</blockquote>

7.49. 마음으로 사람을 저버리지 않으면, 얼굴에 부끄러운 기색이 없으리라.

心不負人, 面無慙色.

·慙(참) : 부끄러워하다

7.50. 장자가 말하였다.

"재물을 구할 때에는 많지 않다고 한탄하더니, 재물이 많아지자 남과 자신을 해치는구나."

莊子云: "求財恨不多, 財多害人己."

7.51. 공자께서 말씀하신 예의 삼분의 일만 있어도, 소하가 세운 여섯 가지 법률을 어기지 않을 텐데.

但存夫子三分禮, 不犯蕭何六律條.

7.52. 《설원》에 나온다.

"어진 이를 추천하여 기용할 수 있다면, 착함을 드높이고 사악함을 누를 수 있다."

說苑云: "推賢能擧, 能揚善抑惡."

《설원》은 한(漢)나라 때 유향(劉向)이 지은 책으로, 춘추시대부터 한나라 때까지의 선현(先賢)들의 일화를 기록한 것이다. 유향은 전한(前漢) 말기의 학자로, 자는 자정(子政), 이름은 갱생(更生)이다. 고조(高祖)의 이복동생인 유교(劉交 : 楚元王)의 4세손이다. 《설원》말고도 《신서》(新序), 《열녀전》(列女傳) 등을 저술하였다.

7.53. 《경행록》에 나온다.

"눈앞의 밭이 좁다고 한탄하지 말라. 한걸음만 물러서면 저절로 넓어지리라."

景行錄云: "休恨眼前田地窄. 退一步自然寬."

 사사로운 욕심이 있으면 집착을 하고, 집착을 하면 올바로 보지 못한다. 올바로 보지 못하니, 천하와 내가 하나인 줄을 어찌 알리오?

7.54. 백 살을 사는 사람은 없건만, 헛되이 천 년의 계획을 세우는도다.

人無百歲人, 枉作千年計.

·枉(왕) : 굽다, 헛되이

7.55. 자손에게는 자손의 복이 저절로 있으리니, 자손에게 주려다가 부질없는 근심을 하지 말라.

兒孫自有兒孫福, 莫與兒孫作遠憂.

7.56. 세상에는 어려운 일이 없으나, 모두 마음이 전일하지 않구나.

世上無難事, 都來心不專.

7.57. 차라리 천 사람과 뜻을 맺을지언정, 한 사람이라도 얽매일 인연은 맺지 말라.

寧結千人意, 莫結一人緣.

·寧(녕) : 차라리

7.58. 《경행록》에 나온다.

"남의 단점을 말하면서 '또'라고 덧붙이지 말고, 남의 나쁨을 바로잡아 주면서 '옳은 일을 했다'고 말하지 말라."

景行錄云: "語人之短, 不曰且; 濟人之惡, 不曰義."

7.59. 견디기 어려운 일은 참고, 밝지 못한 사람은 용서하라.

忍難耐事, 恕不明人.

 일이 어려운 것은 내 능력이 부족하기 때문이다. 그 일을 피한다고 해서 능력이 갖추어지는 것은 아니니, 참고 나아가면서 배워야 한다. 나를 괴롭히거나 해치는 사람이 밝은지 밝지 못한지 먼저 살펴라. 밝은 자라면 자신을 되돌아볼 것이요, 밝지 못한 자라면 몰라서 그리한 것이니 용서하라.

7.60. 《경행록》에 나온다.

"작은 절개를 구하는 자는 영예로운 이름을 이룰 수 없고, 작은 부끄러움을 싫어하는 자는 큰 공을 세울 수 없다."

景行錄云: "規少節者, 不能成榮名; 惡小耻者, 不能立大功."

·規(규) : 구하다, 본뜨다

7.61. 바라지 않는 것이 보시하는 것보다 낫고, 마음을 삼가 지키는 것이 오후 불식(不食)보다 낫다.

無求勝布施, 謹守勝持齊.

·勝(승) : 낫다 ·제(齊) : 재(齋)와 같다. 식사

 지재(持齋)는 정오가 지난 뒤에는 식사를 하지 않는다는, 불가의 계율이다.

 대가를 바라면서 주는 것은 보시가 아니다. 삼가는 마음이 없으면 이미 계율을 깨뜨린 것이다.

7.62. 하찮은 데를 지키더라도 시끄럽게 만들지 말고, 돈이 없어도 남에게 꾸지 말라.

守輕莫勸鬧, 無錢莫請人.

·鬧(뇨) : 시끄럽다

7.63. 구래공의 《육회명》(六悔銘 ; 여섯 가지 후회할 일)은 이러하다.

"관원이 사사로이 그릇된 일을 하면 벼슬을 잃을 때 후회하고, 부자가 아껴서 쓰지 않으면 가난해졌을 때 후회하고, 기술을 어렸을 때 배우지 않으면 시기가 지났을 때 후회하고, 일이 생겼을 때 배우지 않으면 써먹을 때 후회하고, 취해서 함부로 말하면 술이 깨었을 때 후회하고, 편안할 때 제대로 쉬지 않으면 병이 들었을 때 뉘우칠 것이다."

寇萊公六悔銘: "官行私曲失時悔, 富不儉用貧時悔, 藝不少學過時悔, 見事不學用時悔, 醉後狂言醒時悔, 安不將息病時悔."

·醒(성) : 술이 깨다

7.64. 손경초의 《안락법》에 나온다.

"거친 차와 담박한 밥도 배부르면 그만이고, 헤진 옷을 기워 추위를 막더라도 따뜻하면 그만이고, 이리 되었든 저리 되었든 지나면 그만이고, 탐내지 않고 거리끼지 않다가 늙으면 그만이라."

孫景初安樂法: "麤茶淡飯, 飽卽休; 補破遮寒, 暖則休; 三平二滿, 過卽休; 不貪不妨, 老卽休.”

·遮(차) : 막다 ·暖(난) : 따뜻하다 ·三平二滿(삼평이만) : 이러하든 저러하든

해설 편안하고 즐거운 것은 오직 내 마음에 달렸다. 마음을 비우기만 하면, 아무 것도 나를 괴롭히지 못하리라.

7.65. 《익지서》에 나온다.

“차라리 일 없이 집이 가난할지언정 일이 있으면서 집이 부유해서는 안 될 것이요, 차라리 일 없이 초가집에서 살지언정 일이 있으면서 화려한 집에서는 살지 말 것이요, 차라리 병이 없이 거친 밥을 먹을지언정 병이 있으면서 좋은 약을 먹지는 말 것이다.”

益智書云: “寧無事而家貧, 莫有事而家富; 寧無事而住茅屋, 不有事而住金屋; 寧無病而食麤飯, 不有病而服良藥.”

·茅屋(모옥) : 띠로 이은 집

해설 가난하면서도 도를 즐길 줄 아는 자는 한가롭고, 부유하면서도 도를 즐길 줄 모르면 바쁘기만 하다. 일 없는 자의 초가집은 궁궐이요, 일 있는 자의 궁궐은 움막이다. 건강하면 거친 밥도 맛있게 먹을 것이나, 병이 들면 진수성찬도 쓴 약 먹듯이 먹으리라.

7.66. 마음이 편안하면 초가집도 안온하고,
성정이 안정되면 나물국도 향기롭다.

세상사는 조용해지면 비로소 드러나고,

인정은 담박해지면 바야흐로 오래간다.

心安茅屋穩, 性定菜羹香. 世事靜方見, 人情淡始長.

·穩(온) : 평온하다 ·菜(채) : 나물, 푸성귀 ·羹(갱) : 국

7.67. 풍파 속에서는 한 몸 가누기 어려우니,

처신하는 규모가 크고 넓어야 하리라.

온갖 일이 다 서두르다가 어긋나니,

이 마음을 고요하고 편안하게 해야 하네.

길이 평탄하면 더욱 가기 편해지듯,

한결같은 성정이 있으면 오래 참는다네.

처음부터 끝까지 곧으면 후회가 없으나,

가지나 마디가 생기자마자 일이 많아지리라.

風波境界一身難, 處世規模要放寬.
萬事盡從忙裏錯, 此心須向靜中安.
路當平處更行穩, 人有常情耐久看.
直到始終無悔吝, 纔生枝節便多端.

·吝(린) : 주저하다, 한탄하다 ·纔(재) : 겨우, ~하자마자 ·端(단) : 끝, 일

7.68. 공자가 말하였다.

"서둘러 하지 말고, 작은 이익에 눈 돌리지 말라. 서둘러 하려 하면 이르지 못하고, 작은 이익에 눈 돌리면 큰일을 이루지 못하리라."

子曰: "無欲速, 無見小利. 欲速則不達, 見小利則大事不成."

해설_ 지혜로운 자는 마음을 비우고, 마음을 비우므로 한가롭고, 한가
로운데도 일은 이루어진다. 하늘이 그러하고 땅이 그러하지 않던가?

7.69. 공자가 말하였다.

"교묘한 말은 덕을 어지럽히고, 작은 일에서 참지 못하면 큰일
을 어지럽힌다."

子曰: "巧言亂德, 小不忍則亂大謀."

해설_ 덕이 있고 지혜로운 자의 말은 꾸밈이 없이 간결하고 소박하다.
작은 일을 참지 못하면서 어찌 큰일을 꾀할 수 있겠는가?

7.70. 《경행록》에 말하였다.

"남을 꾸짖는 자는 온전하게 사귀지 못하고, 자신을 용서하는
사람은 허물을 고치지 못한다."

景行錄云: "責人者, 不全交; 自恕者, 不改過."

7.71. 권세가 있을 때에는 바라지 않아도 받들려고 하더니, 몰락
하니 아이들도 어릴 적 이름을 불러대는구나.

有勢者不要當方承, 落得孩兒叫小名.

해설_ 사람 마음이란 참 간사하다. 재물이 있을 때에는 사귀려 들다가
재물이 없어지면 떠나간다. 권세가 있을 때에는 온갖 아첨을 떨다가
도 권세를 잃으면 동네 아이들도 업신여긴다. 허나 남을 탓할 것도 없
다. 더위와 추위에 따라 달라지는 게 사람 마음임을 모르고, 허망한
재물과 권세에 기대었던 나의 어리석음을 탓해야 하리라.

7.72. 공자는 네 가지를 끊었으니, 미리 헤아리는 게 없었고, 꼭 해야 한다는 게 없었고, 고집 부리는 일이 없었고, '나'라는 게 없었다.

子絶四, 毋意, 毋必, 毋固, 毋我.

 "가장 좋은 것은 물과 같다"[上善若水]고 노자는 말했다. 참으로 그러하도다. 물이 흐를 곳을 미리 헤아린 뒤에 흐르던가? 꼭 흘러야 한다면서 웅덩이에서 요동을 치던가? 바위가 막아섰다고 해서 바위를 밀쳐내려고 하던가? 그런 물에게 '나'라는 생각이 있겠는가?

7.73. 공자가 말하였다.

"군자는 남의 뛰어난 점을 이루게 해주지만, 남의 나쁜 점은 이루게 하지 않는다. 허나 소인은 거꾸로 한다."

子曰: "君子成人之美, 不成人之惡. 小人反是."

 태어날 때부터 성자가 아니었으니, 나에게도 좋은 점과 나쁜 점이 있었지. 좋은 점은 더욱 갈고 다듬고 나쁜 점은 고치면서 군자의 길로 갔지. 남도 나와 다르지 않으리니, 좋은 점은 이루고 나쁜 점은 버리도록 도와주리라.

7.74. 맹자가 말하였다.

"군자는 하늘을 원망하지 않고 사람을 탓하지 않으니, 이것도 한때요 저것도 한때이기 때문이다."

孟子曰: "君子不怨天, 不尤人, 此一時, 彼一時也.

 '우'(尤)가 원본에서는 '유'(由)로 되어 있는데, 바로잡았다.

7.75. 공자가 말하였다.

"군자에게는 세 가지 두려움이 있으니, 천명을 두려워하고 대인을 두려워하며 성인의 말씀을 두려워한다. 소인은 천명을 알지 못하므로 두려워하지 않는다. 또 대인을 희롱하고 성인의 말씀을 업신여긴다."

子曰: "君子有三畏, 畏天命, 畏大人, 畏聖人之言. 小人不知天命而不畏也. 狎大人, 侮聖人之言."

7.76. 《경행록》에 나온다.

"아침 일찍 일어나서 밤늦게 잠들 때까지 참된 마음과 효도를 생각하는 사람은 남이 알아주지 않아도 하늘은 반드시 알아준다. 배부르게 먹고 따뜻하게 입으면서 즐거이 제 한 몸만 지키려는 자는 제 몸이야 비록 편안하겠지만, 그 자손은 어떻게 되겠는가?"

景行錄云: "夙興夜寐, 所思忠孝者, 人不知, 天必知之. 飽食煖衣, 怡然自衛者, 身雖安, 其如子孫何?"

·夙(숙) : 일찍   ·寐(매) : 잠자다   ·怡(이) : 기쁘다, 편안하다   ·衛(위) : 지키다

7.77. 《경행록》에 나온다.

"아내와 자식을 아끼는 마음으로 어버이를 섬긴다면 효도를 다한 것이요, 부귀를 보전하려는 계책으로 임금을 받든다면 무엇이든 참된 마음 아닌 게 없을 것이요, 남을 꾸짖는 마음으로 자기를 꾸짖는다면 허물을 적게 할 것이요, 자기를 용서하는 마음으로 남을 용서한다면 사귐을 온전히 할 것이다."

景行錄云: "以愛妻子之心事親, 則曲盡其孝; 以保富貴之策
奉君, 則無性不忠; 以責人之心責己, 則寡過; 以恕己之心恕
人, 則全交."

·曲(곡) : 자세하다

7.78. 《경행록》에 나온다.

"너의 꾀가 좋지 못하니, 뉘우친들 어찌 미치겠는가? 너의 견해
가 뛰어나지 못하니, 가르친들 무엇이 이롭겠는가? 마음을 오로
지 이익에 둔다면 이치에 어그러지고, 사사로운 뜻을 확고히 하
면 공사(公事)를 그르친다."

景行錄云: "爾謀不臧, 悔之何及? 爾見不長, 敎之何益? 利心
專則背道, 私意確則滅公."

·臧(장) : 착하다, 좋다

해설 아무리 뛰어난 요리사라도 먹일 수는 없다. 억지로 먹였다 하더
라도 씹게 할 수는 없다. 씹게 하였더라도 딴생각을 하는 자에게 맛을
알게 할 수는 없다.

7.79. 쾌활할 줄 아는 사람은 무슨 일에도 말썽을 일으키지 않는
다. 쾌활할 줄 아는 사람은 일을 줄이지 일을 저지르지 않는다.

쾌활할 줄 아는 사람은 큰일을 작은 일로 바꾼다. 쾌활할 줄 아
는 사람은 작은 일을 없던 일로 만든다.

會做快活人, 凡事莫生事. 會做快活人, 省事莫惹事.
會做快活人, 大事化小事. 會做快活人, 小事化沒事.

7.80. 공자가 주나라를 구경하다 후직의 사당에 들어갔더니, 금으로 만든 사람이 있었다. 그런데 그 입이 세 겹이나 꿰매어져 있고 등에는 이런 글이 적혀 있었다.

"이 이는 옛날에 말을 삼갔던 사람이니, 경계할지어다! 말을 많이 하지 말지니, 말이 많으면 그르치는 것이 많고, 일을 많이 하지 말지니, 일이 많으면 근심도 많다. 편안하고 즐거운 때에도 반드시 경계해야 할 것이니, 그러면 뉘우칠 일이 없으리라.

어찌 상하겠느냐고 말하지 말라, 그로 말미암은 재앙이 오래갈 것이다. 어찌 해롭겠냐고 말하지 말라, 그로 말미암은 재앙이 커질 것이다. 듣지 못하리라 말하지 말라, 그 재앙이 남에게 미칠 것이다.

활활 타오르는 불꽃이 꺼지지 않으면, 그 기세가 어떠하겠는가? 시냇물이 졸졸 흘러 막히지 않으면 결국 강물이 되리라. 이어지고 이어져서 끊어지지 않으면 빠져나갈 수 없는 그물이 되리라. 터럭 끝이라도 일찍 뽑지 않으면 장차 도끼를 찾게 되리라. 그러하니 참으로 삼갈 수 있는 것이 복의 뿌리다. 입이 어찌 상하게 하느냐고? 입은 재앙의 문이다.

강하고 사나운 자는 올바르게 죽을 수 없고, 이기기를 좋아하는 자는 반드시 힘든 적을 만난다. 군자는 천하 사람들을 위에 둘 수 없다는 걸 알기 때문에 자신을 낮추고, 뭇사람들을 앞세울 수 없다는 걸 알기 때문에 자신을 뒤로 한다.

온화하고 공손하며 삼가고 덕을 쌓으면 사람들이 그를 사모한

다. 강과 바다가 비록 동쪽에 있으나 온갖 시내보다 오래가는 것
은 자신을 낮추기 때문이다. 하늘의 길은 친함이 없으면서 사람
보다 낮을 수 있나니, 경계할지어다.”

孔子觀周, 入后稷之廟, 有金人焉. 三緘其口而銘其背曰: “古
之愼言人也, 戒之哉! 無多言, 多言多敗; 無多事, 多事多患.
安樂必戒, 無所行悔. 勿謂何傷, 其禍將長; 勿謂何害, 其禍將
大; 勿謂不聞, 禍將及人. 焰焰不滅, 炎炎若何? 涓涓不壅, 終
爲江河. 綿綿不絶, 或成網羅. 毫末不札, 將尋斧柯. 誠能愼之,
福之根也. 口是何傷? 禍之門也. 彊梁者, 不得其死; 好勝者,
必遇其敵. 君子知天下之不可上者, 故下之; 知衆人之不可先
也, 故後之. 溫恭愼德, 使人慕之. 江海雖左, 長於百川, 以其
卑也. 天道無親而能下人, 戒之哉.”

·后稷(후직) : 주(周)나라의 시조.　·緘(함) : 봉하다　·焰(염) : 불꽃
·涓涓(연연) : 물이 졸졸 흐르는 모양　·壅(옹) : 막다
·綿綿(면면) : 연이어 끊이지 않는 모양　·札(찰) : 일찍 죽다　·梁(량) : 굳세다

역주_ 원본에는 ‘무다언’(無多言)이 ‘무다사’(無多事)로, ‘기화장장’(其禍將
長)이 ‘기과기장’(其過其長)으로, ‘기화장대’(其禍將大)가 ‘기위장대’(其謂
將大)로, ‘불가상’(不可上)이 ‘불가일’(不可一)로, ‘계지재’(戒之哉)가 ‘성지
재’(成之哉)로 되어 있는데,《공자가어》(孔子家語)에 나온 대로 바로잡
았다.

7.81. 일을 만들면 일이 생기고, 일을 덜면 일이 줄어든다.

生事事生, 省事事省.

해설_ 일이란 욕심에서 만들어진다. 욕심은 헛되이 가진 마음이니, 반
드시 채울 필요가 없고 또 채워지지도 않는다. 욕심을 줄이면 일은 준
다. 욕심을 버리면 일은 없다. 일이 없는 자, 그가 자유인이다.

7.82. 부드러움과 약함은 몸을 지키는 뿌리요, 굳셈과 강함은 재
앙을 부르는 원인이다.

柔弱護身之本, 剛强愆禍之因.

·愆(건) : 허물, 어그러지다

8. 성품이 그릇될까 경계하라 ··· 戒性篇

8.1. 《경행록》에 나온다.

"사람의 성품은 물과 같나니, 물은 한번 쏟으면 다시 담을 수
없고, 성품은 한번 풀어지면 되돌릴 수 없다. 물을 조절하는 것은
반드시 둑으로써 하고, 성품을 다스리는 것은 반드시 예법으로
해야 한다."

> 景行錄云: "人性如水, 水一傾則不可復, 性一縱則不可反. 制
> 水者, 必以隄防; 制性者, 必以禮法."

·傾(경) : 기울다   ·縱(종) : 풀다, 늘어지다   ·隄(제) : 둑

8.2. 한때의 기분을 참으면 백 날의 근심을 면하리라.

> 忍一時之氣, 免百日之憂.

8.3. 참을 수 있으면 또 참고, 경계할 수 있으면 또 경계하라. 참
지 않고 경계하지도 않으면 작은 일이 커져 버린다.

> 得忍且忍, 得戒且戒. 不忍不戒, 小事成大.

8.4. 일체의 모든 번뇌,

모두 참지 못하는 데서 생기지.

때가 닥치거나 대상을 대할 때에,

그 묘책은 미리 아는 지혜에 있도다.

부처는 말다툼하지 말라고 말씀하셨고,

유가에서는 다툼이 없음을 귀히 여겼네.

좋고도 쾌활한 이 길을,

가는 이, 세상에 드물구나!

一切諸煩惱, 皆從不忍生. 臨機與對境, 妙在先見明.
佛語在無諍, 儒書貴無爭. 好條快活路, 世上少人行.

·機(기) : 때, 조짐   ·諍(쟁) : 말로 다투다

역주─ '유서'(儒書)가 원본에는 '유서'(孺書)로 되어 있는데, 바로잡았다.

8.5. 참음은 마음의 보배이나,

참지 못함은 몸의 재앙이라네.

혀는 부드러워서 늘 입에 있으나,

이는 밖에서 그저 굳셀 뿐이라네.

저 참을 인(忍)자만 잘 헤아려라,

그게 좋고도 쾌활해지는 방도라네.

잠깐 동안도 참을 수 없으면,

번뇌는 날마다 달마다 늘어난다네.

忍是心之寶, 不忍身之殃. 舌柔常在口, 齒所只爲剛.
思量這忍字, 好箇快活方. 片時不能忍, 煩惱日月長.

·這(저) : '차'(此)와 같다. 이   ·片時(편시) : 잠깐

8.6. 어리석고 흐리멍덩하면 성을 내니,

모두 이치에 통달하지 못했기 때문이지.

마음에 불을 댕기지 말지니,

그저 귓가를 스치는 바람으로 여겨라.

뜻밖의 변고는 어느 집에나 있고,

세태 변화는 어디서나 같으니라.

옳고 그름에는 실상이 없으니, 결국엔 모두 헛것이 되리라.

愚濁生嗔怒, 皆因理不通. 休添心上焰, 只作耳邊風.
長短家家有, 炎凉處處同. 是非無實相, 究竟摠成空.

·嗔(진) : 성내다 ·凉(량) : 서늘하다   ·究竟(구경) : 결국   ·摠(총) : 모두

역주 - 장단(長短)은 일반적으로 좋고 나쁜 것을 뜻하지만, '뜻밖에 생긴 변고'를 의미하기도 한다. 염량(炎凉)은 흔히 염량세태(炎凉世態)라고도 하는데, 뜨겁고 찬 것이 아주 다른 것처럼, 인정이 세상의 변화에 따라 급격히 달라지는 것을 뜻한다.

8.7. 자장이 길을 떠나려고 스승께 인사를 올리면서, "한 말씀 해 주신다면, 몸을 닦는 지침으로 삼겠습니다" 하고 말하였다.

스승이 말하였다.

"온갖 행동의 근본으로는 참는 것이 으뜸이니라."

자장이 말하였다.

"참으면 어떠합니까?"

스승이 말하였다.

"천자가 참으면 나라에 해로움이 없고, 제후가 참으면 큰일을 이룩하고, 벼슬아치가 참으면 그 지위가 올라가고, 형제가 참으면

집안이 부귀해지고, 부부가 참으면 죽을 때까지 잘 지낼 수 있고, 벗끼리 참으면 명성이 사라지지 않고, 자신에게서 참으면 재앙이 없느니라."

자장이 말하였다.

"참지 않으면 어찌됩니까?"

스승이 말하였다.

"천자가 참지 않으면 나라가 텅 비게 되고, 제후가 참지 않으면 제 몸을 잃고, 벼슬아치가 참지 않으면 형벌을 받아 죽게 되고, 형제가 참지 않으면 각기 따로 살게 되고, 부부가 참지 않으면 자식을 외롭게 만들고, 벗끼리 참지 않으면 마음이 멀어지고, 자신에게서 참지 않으면 근심이 없어지지 않는다."

자장이 말하였다.

"좋고도 좋으신 말씀이십니다! 참는 건 어렵습니다, 참는 건 어렵습니다! 정말이지 사람이 아니면 참지 못하고, 참지 못하면 사람이 아닙니다."

> 子張欲行, 辭於夫子, 願賜一言爲修身之美.
> 夫子曰: "百行之本, 忍之爲上."
> 子張曰: "何爲忍之?"
> 夫子曰: "天子忍之, 國無害; 諸侯忍之, 成其大; 官吏忍之, 進其位; 兄弟忍之, 家富貴; 夫妻忍之, 終其世; 朋友忍之, 名不廢; 自身忍之, 無患禍."
> 子張曰: "不忍如何?"
> 夫子曰: "天子不忍, 國空虛; 諸侯不忍, 喪其軀; 官吏不忍, 刑法誅; 兄弟不忍, 各分居; 夫妻不忍, 令子孤; 朋友不忍, 情意疎; 自身不忍, 患不除."

子張曰: "善哉, 善哉! 難忍, 難忍! 非人不忍, 不忍非人."

8.8. 참고 견디면 산다.

忍耐在.

8.9. 《경행록》에 나온다.

"자기를 굽히는 자는 중요한 자리에 있을 수 있고, 이기기 좋아하는 사람은 반드시 적을 만난다."

景行錄云: "屈己者, 能處重; 好勝者, 必遇敵."

8.10. 장경부가 말하였다.

"작은 용기란 혈기로써 성내는 것이요, 큰 용기란 의리로써 성내는 것이다. 혈기로써 성내는 일은 있어서는 안 되고, 의리로써 성내는 일은 없어서는 안 된다. 이를 안다면, 성정의 바름을 볼 수가 있고, 하늘의 이치와 사람의 욕심이 어떻게 나누어지는지를 알 수 있다."

張敬夫曰: "小勇者, 血氣之怒也; 大勇者, 理義之怒也. 血氣
之怒, 不可有; 義理之怒, 不可無. 知此, 則可以見情性之正,
而識天理人欲之分矣."

역주— 장경부는 송나라 때 사람으로 이름은 식(栻)이고, 경부는 자다. 남
헌선생(南軒先生)이라 일컬어졌으며, 주희와 교분이 있었다. 저서에
《남헌역설》(南軒易說), 《계사논어해》(癸巳論語解) 등이 있다.

8.11. 나쁜 사람이 착한 사람을 욕하여도,

착한 사람은 전혀 대꾸하지 않도다.

착한 사람이 욕으로 되돌려준다면,

그나 나나 지혜가 없는 사람이리.

대꾸하지 않으니 마음이 청량한데,

욕하는 자는 입이 불처럼 끓는구나.

꼭 하늘에 침을 뱉는 것처럼,

도리어 제 몸에 떨어지리라.

惡人罵善人, 善人總不對. 善人若還罵, 彼此無智慧.
不對心淸凉, 罵者口熱沸. 正如人唾天, 還從己身墜.

·罵(매) : 욕하다   ·沸(비) : 끓다   ·唾(타) : 침 뱉다   ·墜(추) : 떨어지다

28.12. 남에게서 욕설을 듣더라도,

귀먹은 체하고 따지지 마라.

비유컨대 불이 허공을 태우는 것과 같아,

끄려 안 해도 저절로 꺼지리라.

불같이 성내는 것도 이와 같으니,

대상이 있으면 다시 타오르리라.

내 마음은 허공처럼 텅 비었는데,

너의 입술과 혀만 달싹거리는구나.

我若被人罵, 佯聾不分說. 譬如火燒空, 不救自然滅.
嗔火亦如是, 有物遭他熱. 我心等虛空, 听你翻脣舌.

·佯(양) : ~인 체하다   ·聾(롱) : 귀머거리   ·燒(소) : 불태우다
·遭(조) : 만나다   ·听(은) : 웃다, 입을 벌리다   ·翻(번) : 번드치다, 뒤집다
·脣(순) : '순'(脣)과 같다. 입술

8.13. 노자가 말하였다.

"뛰어난 자는 다툼이 없으나, 하치는 다투기를 좋아하지."

老子曰 : "上士無爭, 下士好爭."

 지혜로운 자는 물을 좋아한다고 했던가? 물은 다투지 않는다.
'나'라고 하는 것, 곧 아상(我相)이 없기 때문이다.

8.14. 무슨 일에서나 인정을 두면, 훗날에 좋게 만나리라.

凡事留人情, 後來好相見.

 이치를 따르는 것이 인정을 외면하는 것이라 여겨서는 안 된다.
아주 사소한 감정조차 귀한 것임을 아는 데에 이치가 있다. 이치를 따
르는 자는 지극한 마음으로 상대를 대하므로 상대의 감정을 무시하거
나 소홀히 하는 법이 없다. 그를 한때 오해하거나 원망하는 자가 있을
지라도, 훗날까지 그 감정의 찌꺼기가 남지는 않는다. 만약 지극한 사
람에게 감정의 찌꺼기를 갖는 사람이라면, 그는 소인배일 뿐이다.

8.15. 누군가가 회암 주희(朱憙 ; 1130~1200)에게 물었다.

"어떤 것이 천명입니까?"

선생이 말하였다.

"본성이니라. 무릇 본성이 틀에 매여 두루 통하지 못하고 인정에 가깝지 아니한 자는 명줄이 짧은 선비니라."

或問晦庵曰：“如何是命?”

先生曰：“性是也. 凡性格不通, 不近人情者, 薄命之士也.”

·如何(여하) : 어떠하랴　·格(격) : 격자, 틀 잡다

9. 배움에 힘쓰라 ··· 勤學篇

9.1. 공자가 말하였다.

"널리 배우고 뜻을 도탑게 하며, 간절하게 묻고 가까운 것부터 생각한다면, 어짊은 그 가운데 있느니라."

子曰：“博學而篤志, 切問而近思, 仁在其中矣.”

9.2. 《예기》에 나온다.

"널리 듣고 잘 기억하면서 겸양하고, 좋은 일을 두터이 행하면서 게으르지 않으니, 그를 군자라 한다."

禮記曰：“博聞强識而讓, 敦善行而不怠, 謂之君子.”

·識(식) : 알다, 기억하다　·敦(돈) : 도탑다　·怠(태) : 게으르다

9.3. 공자가 말하였다.

"재빠르게 힘쓰면서 배우기 좋아하고, 아랫사람에게 묻기를 부끄러워하지 않도다."

子曰：“敏而好學, 不恥下問.”

9.4. 《성리서》에 나온다.

"배움의 순서는 이러하니, 널리 배우고 자세히 묻고 신중하게 생각하고 밝게 분별하고 도탑게 행하는 것이다."

性理書云: "爲學之序, 博學之, 審問之, 謹思之, 明辨之, 篤行之."

·審(심) : 살피다, 자세히   ·謹(근) : 삼가다

9.5. 장자가 말하였다.

"사람이 배우지 않으면 재주도 없이 하늘에 오르려고 하는 것처럼 된다. 배워서 지혜가 뛰어나면 상서로운 구름을 헤치고 푸른 하늘을 엿보는 것과 같고, 높은 산에 올라 천하를 바라보는 것과 같다."

莊子云: "人之不學, 若登天而無術. 學而智遠, 若披祥雲而覩靑天, 如登高山而望四海."

·披(피) : 열다   ·祥(상) : 상서롭다, 좋다   ·覩(도) : 보다
·四海(사해) : 천하, 온 세상

9.6. 장자가 말하였다.

"높은 봉우리에 오르지 않으면 하늘이 높은 줄 알지 못하는구나. 까마득한 벼랑을 밟지 않으면, 어찌 땅의 두터움을 알리요? 사람이 성스러운 길에서 놀지 않는데, 어찌 현명하다고 하겠는가?"

莊子云: "不登峻嶺, 不知天高. 不履深崖, 豈知地厚? 人不遊於聖道, 焉可謂賢?"

·峻(준) : 높다 ·履(리) : 신다, 밟다 ·崖(애) : 벼랑 ·焉(언) : 어찌

9.7. 《예기》에 나온다.

"옥은 다듬지 않으면 그릇이 되지 못하고, 사람은 배우지 않으면 올바름을 알지 못한다."

　　禮記云 : "玉不琢, 不成器; 人不學, 不知義."

·琢(탁) : 쪼다, 닦다

9.8. 강태공이 말하였다.

"사람으로 태어나 배우지 않으면, 어둡고 어두워 밤길을 가는 것처럼 되리라."

　　太公曰 : "人生不學, 冥冥如夜行."

9.9. 문공 한유가 말하였다.

"사람이 고금의 일에 통달하지 못하면, 말이나 소에게 옷을 입힌 꼴이 되리라."

　　韓文公曰 : "人不通古今, 馬牛而襟裾."

·襟(금) : 옷깃 ·裾(거) : 옷자락

9.10. 사람이 배울 줄을 모르면 소나 양과 같다.

人不知學, 譬如牛羊.

9.11. 문공 주희가 말하였다.

"오늘 배우지 않아도 내일이 있다고 말하지 말라. 올해 배우지 않아도 내년이 있다고 말하지 말라. 해가 가고 달은 가 버리니, 세월은 내가 늘이지 못하느니. 오호라, 늙었구나! 이 누구의 허물인가?"

朱文公曰: "勿謂今日不學而有來日. 勿謂今年不學而有來年. 日月逝矣, 歲不我延. 嗚呼老矣! 是誰之愆?"

·逝(서) : 가다, 죽다 ·延(연) : 시간을 끌다, 늘이다 ·誰(수) : 누구 ·愆(건) : 허물

9.12. 문공 주희가 말하였다.

"집이 가난하더라도 가난 때문에 배우기를 그만두어서는 안 되고, 집이 부유하더라도 부유함을 믿고 배우기를 게을리 해서는 안 된다. 가난하더라도 부지런히 배우면 자신을 세울 수 있고, 부유하면서도 부지런히 배운다면 이름이 이내 빛날 것이다. 나는 배운 자가 크게 드러나는 것은 보았으나, 배운 자가 이루지 못한 것은 보지 못하였다. 배움이란 곧 나 자신의 보물이요, 배움이란 곧 세상의 보배다. 이런 까닭에 배우면 곧 군자가 되나, 배우지 않으면 소인이 될 것이다. 앞으로 배우는 자는 각자 힘써야 하리라."

朱文公曰: "家若貧, 不可因貧而廢學; 家若富, 不可恃富而怠學. 貧若勤學, 可以立身; 富若勤學, 名乃光榮. 惟見學者顯達, 不見學者無成. 學者, 乃身之寶; 學者, 乃世之珍. 是故, 學者乃爲君子, 不學則爲小人. 後之學者, 宜各勉之."

·廢(폐) : 그만두다   ·恃(시) : 믿다   ·顯(현) : 드러나다

9.13. 휘종 황제의 《근학문》(勤學文)에 나온다.

"배워도 좋고 배우지 않아도 좋다고 하지만, 배우면 모 같고 벼 같아질 것이나, 배우지 않으면 쑥대 같고 풀과 같으리라. 모 같고 벼 같음이여, 나라의 좋은 양식이요, 세상의 큰 보배로다! 쑥대 같고 풀 같음이여, 밭가는 자가 끔찍하게 미워하고 김매는 자가 번거로워하고 괴로워하도다! 훗날 담장을 대한 듯 깜깜할 때에는, 뉘우쳐도 이미 늦었도다."

> 徽宗皇帝勤學: "學也好, 不學也好, 學者, 如禾如稻; 不學者, 如蒿如草. 如禾如稻兮, 國之精糧, 世之大寶! 如蒿如草兮, 耕者憎嫌, 鋤者繁惱! 他日面墻, 悔之已老."

·蒿(호) : 쑥   ·稻(도) : 벼   ·糧(량) : 양식   ·憎(증) : 미워하다   ·嫌(혐) : 싫어하다
·鋤(서) : 호미, 김매다   ·繁(번) : 번거롭다   ·惱(뇌) : 괴로워하다   ·墻(장) : 담장

9.14. 《직언결》에 나온다.

"등촉을 만드는 건 밝음을 구함이요, 책을 읽음은 이치를 구함이라. 밝음으로는 어두운 방을 환하게 비추고, 이치로는 사람의 마음을 환하게 비추느니라."

> 直言訣曰: "造燭求明, 讀書求理. 明以照暗室, 理以照人心."

9.15. 유통이 말하였다.

"누에고치로 실을 만들려면 고치를 켤 때까지 기다려야 한다.
사람이 지혜를 지니려면 배워야만 한다."

劉通曰: "繭質合絲, 待繰方出. 人情懷知, 須學乃成."

·繭(견) : 누에고치 ·合絲(합사) : 실을 합하여 내다 ·質(질) : 바탕
·繰(조) : 고치를 켜다 ·懷(회) : 품다

9.16. 《예기》에 나온다.

"혼자 배우고 길벗이 없으면, 고집만 세고 견문은 얕아진다."

禮曰: "獨學無友, 則孤陋寡聞."

·陋(루) : 좁다 ·寡(과) : 적다

9.17. 책은 벼슬하는 근본이요, 재주는 국가의 보배다.

書是隨身本, 才是國家珍.

9.18. 《논어》에 나온다.

"배웠더라도 미치지 못한 듯이 하고, 오히려 잃을까 두려워해
야 한다."

論語云: "學如不及, 猶恐失之."

9.19. 배우다가 늙었으나, 늙는 줄을 몰랐구나.

學到老, 不會到老.

9.20. 《논어》에 나온다.

"어짊을 좋아하면서 배우기를 좋아하지 않으면, 모진 마음이
그를 가릴 것이요, 곧음을 좋아하면서 배우기를 좋아하지 않으면,
답답함이 그를 가릴 것이요, 미쁨을 좋아하면서 배우기를 좋아하
지 않으면, 호리는 마음이 그를 가릴 것이요, 용기를 좋아하면서
배우기를 좋아하지 않으면, 멋대로 구는 마음이 그를 가릴 것이
요, 굳셈을 좋아하면서 배우기를 좋아하지 않으면, 사나움이 그를
가릴 것이다."

論語云: "好仁不好學, 其蔽也賊; 好直不好學, 其蔽也絞; 好
信不好學, 其蔽也蕩; 好勇不好學, 其蔽也亂; 好剛不好學, 其
蔽也狂."

·蔽(폐) : 덮다, 막다 ·賊(적) : 모질게 하다, 해치다
·狡(교) : 교활하다, 비뚤어지다 ·蕩(탕) : 방자하다

9.21. 공자가 말하였다.

"배우는 자는 들어와서는 효도하고 나가서는 어른을 공경하며, 삼가고 미쁨 있게 행동하며, 뭇사람을 두루 아끼면서 어진 이를 가까이할 것이니, 그렇게 하고서도 남는 힘이 있다면 문화를 배우느니라."

子曰: "弟子, 入則孝, 出則弟, 謹而信, 汎愛衆而親仁, 行有餘力, 則以學文."

9.22. 무후 제갈량(諸葛亮)이 《계자서》(戒子書 ; 자식을 일깨우는 글)에서 말하였다.

"군자의 행동이란 고요하게 몸을 닦고 검소하면서 덕을 기르는 것이다. 담박하지 않으면 뜻을 밝힐 수 없고, 편안하고 고요하지 않으면 멀리까지 미칠 수 없다. 대저 배움이란 고요해야 하고, 재

주란 배워야 갖추어진다. 배움이 아니면 재주를 넓힐 수 없고, 고요함이 아니면 배움을 이룰 수 없다. 방자하고 교만하면 정기를 다듬을 수 없고, 거칠고 조급하면 성품을 다스릴 수 없다. 나이는 시간과 함께 내달리고, 뜻은 세월과 더불어 사라져간다. 드디어 시들고 볼품없게 되어 초라한 오두막에서 비탄에 잠기어 다시 되돌리려 하지만, 어찌 그리 되겠는가?"

諸葛武侯戒子書曰: "君子之行, 靜以修身, 儉以養德. 非澹泊無以明志, 非寧靜無以致遠. 夫學須靜也, 才須學也. 非學無以廣才, 非靜無以成學. 慆慢, 則不能硏精; 險躁, 則不能理性. 年與時馳, 意與歲去. 遂成枯落, 悲歎窮廬, 將復何及也?"

·澹(담) : 담박하다, 조용하다　·泊(박) : 배를 대다, 조용하다
·慆(도) : 방자하다　·慢(만) : 게으르다, 거만하다　·險(험) : 험하다, 음흉하다
·躁(조) : 성급하다, 조급하다　·馳(치) : 내달리다　·枯(고) : 마르다
·窮(궁) : 가난하다

10. 자식을 가르쳐라 ... 訓子篇

10.1. 온국공(溫國公) 사마광(司馬光 ; 1019~1086)이 말하였다.

"자식을 기르면서 가르치지 않는 건 아비의 허물이요, 일깨워 이끌면서 엄격하지 않는 건 스승의 게으름이다. 스승의 엄격함과 아비의 가르침 둘 다 소홀히 하지 않았는데도 학문이 이루어지지 않는 건 자식의 죄다. 이런 자는 따스하게 입고 배불리 먹으며, 사람들 속에 살면서 남이 나를 보고 웃으며 말해도 흙덩이처럼 무덤덤하고, 애써 높이 오르려다가 미치지 못하면 하치들과 휩쓸리며, 어질거나 재주 있는 이를 잠깐 만나도 함께 이야기를 나누지 못한다. 후학들에게 권하노니, 힘써 가르침을 구하라! 밝은 스승에게 자신을 맡겨, 스스로 어리석지 않도록 하라! 그리하면 참으로 하루아침에 높은 벼슬길에 오르고, 성명을 낮은 벼슬에 둔 자들이 선배라 부르리라. 아직 혼인을 맺지 아니하였다면, 저절로 아름다운 사람을 배필로 구하리라. 너희들 각자는 일찌감치 몸을 닦는 데 힘써야 할지니, 늘그막에 헛되이 뉘우치는 일이 생기지 않도록 하라."

司馬溫公曰: "養子不敎, 父之過; 訓導不嚴, 師之惰. 師嚴父

敎兩無外, 學問不成子之罪. 煖衣飽食居人倫, 視我笑談如土
塊, 攀高不及下品流, 稍遇賢材無與對. 勉後生, 力求誨! 投明
師, 莫自昧! 一朝雲路果然登, 姓名亞等呼先輩. 室中若未結
親姻, 自有佳人求匹配. 勉旃汝等各早修, 莫待老來空自悔."

·外(외) : 멀리하다 ·人倫(인륜) : 얽히고설킨 사람들의 관계 ·塊(괴) : 흙덩이
·攀(반) : 더위잡다, 매달리다 ·稍(초) : 적다, 잠깐 ·勉(면) : 힘쓰다, 권하다
·誨(회) : 가르침 ·昧(매) : 어둡다, 어리석다 ·雲路(운로) : 벼슬길
·亞等(아등) : 다음 자리, 낮은 벼슬 ·旃(전) : '지'(之)와 같다. 어조사

10.2. 둔전 유영이 배움을 권하면서 말하였다.

"어버이가 자식을 기르면서 가르치지 않는다면, 이는 자식을
아끼지 않는 것이다. 비록 가르치더라도 엄격하지 않다면, 이 또
한 자식을 아끼지 않는 것이다. 어버이가 가르치는데도 배우지
않는다면, 이는 자식이 제 몸을 아끼지 않는 것이다. 비록 배우더
라도 힘쓰지 않는다면, 이 또한 제 몸을 아끼지 않는 것이다. 이런
까닭에 자식을 기를 때에는 반드시 가르치고, 가르침은 반드시
엄격해야 하며, 엄격하면 자식은 반드시 힘쓰고, 힘쓰면 반드시
이룬다. 배우면 서민의 자식도 공경대부가 되고, 배우지 않으면
공경대부의 자식도 서민이 된다."

柳屯田勸學: "父母養其子而不敎, 是不愛其子也. 雖敎而不
嚴, 是亦不愛其子也. 父母敎而不學, 是子不愛其身也. 雖學而
不勤, 是亦不愛其身也. 是故, 養子必敎, 敎則必嚴, 嚴則必勤,
勤則必成. 學則庶人之子爲公卿, 不學則公卿之子爲庶人."

10.3. 시랑 백거이가 《면자문》(勉子文 ; 자식을 힘쓰게 하라)에서 말하였다.

"밭이 있어도 갈지 않으면 곳간은 비고, 책이 있어도 가르치지 않으면 자손은 어리석어진다. 곳간이 비었으니 세월이 흐르면서 궁핍해지고, 자손이 어리석으니 예의와는 멀어지도다. 생각해 보니 밭 갈지 않고 가르치지 않는다면, 이는 곧 부형의 허물이로다!"

白侍郞勉子文: "有田不耕, 倉廩虛; 有書不敎, 子孫愚. 倉廩虛兮歲月乏, 子孫愚兮禮義疎. 若惟不耕與不敎, 是乃父兄之過歟!"

·倉(창) : 곳집   ·廩(름) : 곳집   ·乏(핍) : 가난하다   ·惟(유) : 생각하다
·歟(여) : 어조사

10.4. 《경행록》에 나온다.

"손님이 오지 않으면 집안이 비속해지고, 시서를 가르치지 않으면 자손이 어리석어진다."

景行錄云: "賓客不來, 門戶俗; 詩書無敎, 子孫愚."

10.5. 장자가 말하였다.

"사소한 일이라도 하지 않으면 이루지 못하고, 어진 자식이라
도 가르치지 않으면 현명해지지 못한다."

莊子曰 : "事雖小, 不作不成; 子雖賢, 不敎不明."

10.6. 《한서》에 나온다.

"광주리에 가득한 황금도 자식에게 경전 한 권을 가르치는 것
만 못하고, 자식에게 천금을 물려주는 것도 재주 한 가지를 가르
치는 것만 못하다."

漢書云 : "黃金滿籯, 不如敎子一經; 賜子千金, 不如敎子一藝."

·籯(영) : 광주리   ·賜(사) : 주다

10.7. 지극한 즐거움으로는 글을 읽는 것만한 것이 없고, 지극히
요긴한 것으로는 자식을 가르치는 것만한 것이 없다.

至樂莫如讀書, 至要莫如敎子.

10.8. 공손추가 물었다.

"군자가 스스로 자식을 가르치지 않는 건, 무엇 때문입니까?"

맹자가 말하였다.

"상황이 그러하지 않기 때문이라네. 가르치는 자는 반드시 올바름으로써 가르쳐야 하네. 가르쳤는데도 올바름을 행하지 못하면 계속 화를 내게 되니, 그러면 도리어 상처를 주게 되지. 자식이 '스승께서 나를 올바름으로 가르치시나, 스승도 아직 올바름을 행하지 못하시는구나' 하고 생각한다면, 이는 아비와 자식이 서로 상처 주는 일이 된다네. 아비와 자식이 서로 상처를 주는 건 나쁜 일이지. 그래서 옛날에는 자식을 바꾸어서 가르쳤고, 아비와 자식 사이에서는 착해지도록 꾸짖지 않았다네. 착해지도록 꾸짖다 보면 서로 멀어지고, 멀어지면 이보다 좋지 못한 일이 없지."

公孫丑曰: "君子之不教子, 何也?"

孟子曰: "勢不行也. 教者必以正. 以正不行, 繼之以怒, 則反夷矣. '夫子教我以正, 夫子未出於正也,' 則是父子相夷也. 父子相夷則惡矣. 古者易子而教之, 父子之間不責善. 責善則離, 離則不祥莫大焉."

·繼(계) : 잇다, 이어 나가다 ·夷(이) : 다치다

역주- 공손추는 맹자의 제자로, 《맹자》에 그의 이름을 딴 편명이 있다. 부자(夫子)는 연장자나 스승을 가리키는 말인데, 여기서는 스승으로서의 부친을 가리킨다.

10.9. 형공 여희철이 말하였다.

"안으로 현명한 아비나 형이 없고, 밖으로 엄한 스승이나 벗이

없으면서 성공할 수 있는 자는 드물다."

　　呂滎公曰: "內無賢父兄, 外無嚴師友, 而能有成者鮮矣."

·鮮(선) : 드물다

10.10. 강태공이 말하였다.

"사내아이가 가르침을 받지 못하면 자라서 반드시 미련하고 어리석어지고, 계집아이가 가르침을 받지 못하면 자라서 반드시 거칠고 엉성해진다."

　　太公曰: "男子失敎, 長必頑愚; 女子失敎, 長必麤疎."

10.11. 태공이 말하였다.

"사내아이를 기르는 법은 누구의 말이든 함부로 듣지 않게 하는 것이고, 계집아이를 키우는 법은 어미를 떠나지 않도록 가르치는 것이다. 사내아이가 자라서 크면 풍악과 음주를 익히지 않도록 가르치고, 계집아이가 자라서 크면 나돌아 다니지 않도록 가르쳐라."

　　太公曰: "養男之法, 莫聽誰言; 育女之法, 莫敎離母. 男年長大, 莫習樂酒; 女年長大, 莫令遊走."

10.12. 엄한 아비는 효자를 내고, 엄한 어미는 솜씨 좋은 딸을 낸다.

嚴父出孝子, 嚴母出巧女.

해설_ 자식을 가르칠 때에는 말과 행동이 일치해야 한다. 아무리 좋은 말을 하더라도 행동이 그릇되면, 자식은 그 행동을 보고 배운다. 다행히 그 행동을 배우지 않더라도 어버이를 믿지 않을 것이니, 어찌 계속 가르칠 수 있겠는가?

10.13. 아이를 어여삐 여기거든 매를 많이 들고, 아이를 미워하거든 밥을 많이 주라.

憐兒多與棒, 憎兒多與食.

·憐(련) : 어여삐 여기다   ·棒(봉) : 몽둥이, 몽둥이로 때리다

10.14. 아이를 어여삐 여기기만 하면 성과가 없고, 아이를 적당하게 미워해야 효과가 있다.

憐兒無功, 憎兒得力.

역주_ 득력(得力)은 본래 무언가를 터득하여 힘을 얻는 것을 뜻하는데, 여기서는 효과가 있다는 의미로 쓰였다.

해설_ 참된 사랑은 지혜에서 나온다. 지혜로운 자만이 진실로 사랑할 수 있다. 지혜 없는 사랑은 맹목이 된다.

10.15. 뽕나무 가지는 어려서부터 무성하니, 자라서 크면 더 우거져서 구부릴 수 없다.

桑條從小鬱, 長大鬱不屈.

·鬱(울) : 우거지다   ·屈(굴) : 굽히다

10.16. 사람들은 구슬과 옥을 좋아하지만, 나는 자손이 어진 것을 좋아한다.

人皆愛珠玉, 我愛子孫賢.

10.17. 《내칙》에 나온다.

"무릇 자식을 낳으면, 여러 고모와 괜찮은 사람 가운데서 고르되, 반드시 너그럽고 자애롭고 온화하고 공경스러우며 삼가면서 말을 적게 하는 사람을 구하여, 자식의 스승으로 삼아야 한다. 자식이 밥을 먹을 수 있게 되면, 오른손으로 먹도록 가르쳐라. 말할 수 있게 되면, 사내아이는 '예!'라고 간결하게 말하고, 계집아이는 '알겠습니다' 하고 말하도록 가르쳐라. 사내아이는 가죽으로 띠를 하고, 계집아이는 실로 띠를 한다. 여섯 살이 되면, 숫자와 방위의 명칭을 가르친다. 일곱 살이 되면, 남자와 여자는 같이 앉지 않고 함께 먹지 않는다는 걸 가르친다. 여덟 살이 되면, 문을 드나들거나 자리에 앉거나 음식을 먹을 때에 반드시 어른보다 나중에 하게 하여 비로소 겸양을 가르친다. 아홉 살이 되면, 날짜 세는 법을 가르친다. 열 살이 되면, 밖의 스승에게 나아가 배우게 하고 밖에서 지내게 한다."

內則曰: "凡生子, 擇於諸母與可者, 必求其寬裕慈惠, 溫良恭敬, 愼而寡言者, 使爲子師. 子能食食, 敎以右手. 能言, 男唯女兪. 男鞶革, 女鞶絲. 六年, 敎之數與方名. 七年, 男女不同席, 不共食. 八年, 出入門戶及卽席飮食, 必後長者, 始敎之讓. 九年, 敎之數日. 十年, 出就外傅, 居宿於外."

·可者(가자) : 괜찮은 사람, 좋은 사람   ·裕(유) : 너그럽다
·食食(식사) : '식'(食)이 밥이라는 뜻으로 쓰일 때에는 음이 '사'다.
·鞶(반) : 큰 띠

11. 마음을 살펴라 ... 省心篇

11.1. 《자세통훈》에 나온다.

"저승의 법은 더디지만 빠뜨리지 않고, 이승의 법령은 빠르지만 피할 수 있다."

資世通訓: "陰法遲而不漏, 陽憲速而有逃."

11.2. 이승의 그물은 성글어서 빠뜨리기 쉬우나, 저승의 그물은 촘촘해서 피하기 어렵도다.

陽網疎而易漏, 陰網密以難逃.

11.3. 《경행록》에 나온다.

"티 없는 구슬은 나라의 구실로 삼을 수 있고, 효도하고 공경하는 자식은 집안의 보배라 할 수 있다."

景行錄云: "無瑕之玉, 可以爲國稅; 孝弟之子, 可以爲家寶."

·瑕(하) : 티, 흠　·稅(세) : 구실, 징수하다

11.4. 《경행록》에 나온다.
"재화와 보배는 쓰면 다함이 있으나, 참된 마음과 효성은 바쳐도 다함이 없다."

景行錄云: "寶貨, 用之有盡; 忠孝, 享之無窮."

·享(향) : 누리다, 드리다

11.5. 집안이 화목하면 가난해도 좋거니와,
올바르지 못하다면 부유한들 무엇하겠느냐?
자식이 하나라도 효성스럽기만 하면 되나니,
자손이 많다고 한들 어디에 쓰겠는가?

家和貧也好, 不義富如何? 但存一子孝, 何用子孫多?

11.6. 아비가 근심하지 않음은 자식이 효도하기 때문이요,
지아비에게 번뇌가 없음은 아내가 어질기 때문이라.
말이 많아지고 말실수를 하는 것은 모두 술 때문이요,
인연이 끊어지고 친한 이와 멀어지는 건 단지 돈 때문이라네.

父不憂心因子孝, 夫無煩惱是妻賢.
言多語失皆因酒, 義斷親疎只爲錢.

11.7. 《경행록》에 나온다.

"심상치 않은 즐거움을 얻은 뒤에는 헤아릴 수 없는 근심이 생기는 걸 막아야 한다."

景行錄云: "旣取非常樂, 須防不測憂."

 예상하지 않은 복이 찾아왔다면, 예상하지 않은 재앙도 찾아올 것이다. 그러니 삼가지 않을 수 없다. 복 가운데 최상의 복은 내가 일상에서 늘 누리는 것들이다.

11.8. 즐거움이 지극하면 슬픔이 생긴다.

樂極悲生.

 극과 극은 통한다. 뫼비우스의 띠와 같다.

11.9. 각별한 사랑을 받거든 욕될 수도 있음을 생각하고, 편안하게 살거든 위태로울 수도 있음을 생각하라.

得寵思辱, 居安慮危.

·寵(총) : 괴다, 총애

11.10. 《경행록》에 나온다.

"영달을 가벼이 여기면 욕됨이 적고, 이로움을 중하게 여기면 해로움이 깊다."

景行錄云: "榮輕辱淺, 利重害深."

11.11. 《경행록》에 나온다.

"큰 명성에는 반드시 무거운 책임이 따르고, 교묘한 재주에는
반드시 뜻밖의 어려움이 따른다."

　　景行錄云: "盛名必有重責, 大巧必有奇窮."

11.12. 《경행록》에 나온다.

"지나치게 사랑하면 반드시 많은 비용이 들고, 지나친 칭찬에
는 반드시 심한 헐뜯음이 있고, 지나치게 기뻐하면 반드시 심각
한 근심이 생기고, 재물을 너무 숨기면 반드시 없어진다."

　　景行錄云: "甚愛必甚費, 甚譽必甚毀, 甚喜必甚憂, 甚贓必甚亡."
　·毀(훼) : 헐다　·贓(장) : 장물, 숨기다

11.13. 은혜와 사랑이 번뇌를 일으켜도,
　기꺼이 대장부를 따라 좇으리라.
　정자 앞에 상서로운 풀이 나더라도,
　이런 좋은 일은 없느니만 못하도다.

　　恩愛生煩惱, 追隨大丈夫. 亭前生瑞草, 好事不如無.

11.14. 공자가 말하였다.

"깎아지른 벼랑을 보지 않고서 어찌 거꾸러져 떨어지는 근심을 알 것이며, 깊은 못을 가까이하지 않고서 어찌 빠져 죽는 근심을 알 것이며, 큰 바다를 보지 않고서 어찌 거센 풍파에 시달리는 근심을 알겠는가?"

子曰:"不觀高崖, 何以知顚墜之患; 不臨深泉, 何以知沒溺之患; 不觀巨海, 何以知風波之患?"

·顚(전) : 넘어지다, 뒤집히다　·沒(몰) : 가라앉다　·溺(닉) : 빠지다

11.15. 순자가 말하였다.

"높은 산에 오르지 않으면 하늘이 높은 줄 알지 못하고, 깊은 골짜기에 가 보지 않으면 땅이 두터운 줄을 알지 못하며, 선왕들이 남기신 말씀을 듣지 못하면 학문이 얼마나 대단한지를 알지 못한다."

荀子云:"不登高山, 不知天之高也; 不臨深谿, 不知地之厚也; 不聞先王之遺言, 不知學問之大也."

11.16. 《소서》에 나온다.

"옛 것을 미루어 알고 이제 겪어 보는 것은 미혹되지 않기 위해서다."

素書云:"推古驗今, 所以不惑."

11.17. 오지 않은 것을 알고자 한다면, 먼저 지나간 일을 살펴라.

欲知未來, 先察已往.

 지나간 일을 살피라고 해서 일을 살펴서는 안 된다. 그 일을 한 '나'를 살펴야 한다. 지나간 일도 내가 했고, 아직 오지 않은 일도 내가 할 것이므로. 나를 모르고서 어떻게 일을 할 것인가?

11.18. 공자가 말하였다.

"밝은 거울은 모습을 살피는 도구요, 지나간 일은 오늘을 아는 근거다."

子曰: "明鏡, 所以察形; 往古, 所以知今."

 지금 그 사람을 알려거든 이전에 그가 한 일을 보라. 앞으로 그가 어떻게 될지 알려거든 지금 그가 무엇을 어떻게 하는지를 보라.

11.19. 이미 지나간 일은 거울처럼 밝은데, 아직 오지 않은 일은 칠흑같이 어둡구나.

過去事, 明如鏡; 未來事, 暗似漆.

 지나간 일이 아무리 밝아도 지금에는 소용이 없고, 아직 오지 않은 일은 미리 걱정해도 소용이 없으니, 지금 여기 있는 나를 분명하게 보라.

11.20. 《경행록》에 나온다.

"내일 아침의 일을 오늘 해거름에 장담할 수 없고, 오늘 해거름의 일을 오후에 미리 장담할 수 없다."

景行錄云: "明旦之事, 薄暮不可必; 薄暮之事, 晡時不可必."

·明旦(명단) : '명조'(明朝)와 같다. 내일 아침   ·薄暮(박모) : 해질녘
·晡時(포시) : 신시(申時), 오후 세 시부터 다섯 시 사이
·必(필) : 반드시, 그렇게 되리라 믿다

11.21. 하늘에는 예측할 수 없는 바람과 구름이 있고, 사람에게는
아침저녁으로 바뀌는 재앙과 복이 있다.

天有不測風雲, 人有旦夕禍福.

해설_ 재앙과 복으로 사람이 바뀌는 것이 아니라, 사람이 바뀌면서 재
앙과 복이 달라진다.

11.22. 석 자 되는 흙더미 속으로 돌아가지 않고서는, 그 몸을 백
년 동안 보전하기 어렵다. 석 자 되는 흙더미 속으로 돌아간 뒤에
는, 그 무덤을 백 년 동안 보전하기 어렵다.

未歸三尺土, 難保百年身. 己歸三尺土, 難保百年墳.

·墳(분) : 무덤, 언덕

11.23. 재주 있는 자는 수고로움을 싫어하고 서투른 자는 한가로
움을 싫어하며,
　착한 자는 나약한 자를 꺼리고 나쁜 자는 고집 센 자를 꺼리네.
　부유하면 시샘하는 자를 만나고 가난하면 욕됨을 만나며,
　부지런히 힘쓰면 욕심낸다 하고 검소하면 쩨쩨하다 한다네.
　눈으로 보고도 분간하지 못하면 모두들 어리석다고 비웃고,
　조짐을 알아서 무언가를 하면 또 간사하다고 의심하지.

이런 것을 잘 헤아려서 분명하게 해야 할 것이나,
그래도 남들 때문에 하기 어렵고, 하면 남들이 비난한다네.

巧厭多勞拙厭閑, 善嫌懦弱惡嫌頑.
富遭嫉妬貧遭辱, 勤曰貪圖儉曰慳.
觸目不分皆笑蠢, 見機而作又疑奸.
思量那件當敎做, 爲人難做做人難.

·厭(염) : 싫어하다　·懦(나) : 무기력하다　·遭(조) : 만나다
·嫉(질) : 시기하다　·妬(투) : 시새우다　·慳(간) : 아끼다, 쩨쩨하게 굴다
·蠢(준) : 어리석다, 꿈틀거리다　·奸(간) : 어지럽히다, 간악하다
·那件(나건) : 이것, 이런 것　·敎(교) : '교'(較)와 같다. 분명하다, 대략

해설_ 재주가 있으면 일이 많아 고달프고, 서투르면 일이 없어 괴롭다. 일이란 적당하게 있어야 하는 거지만, 그게 어디 뜻대로 되는가? 뜻대로 하려면 지혜를 갖추고 때에 맞게 행하여야 한다. 그리하여 남을 의식하는 일이 없어야 비로소 자유로워지리라.

11.24. 글을 베끼느라 종이도 다 쓰고 붓도 말랐는데, 몇 글자 더 썼다가 사람들에게 비난받았다네.

寫得紙盡筆頭乾, 更寫幾箇爲人難.

해설_ 쓸 만하면 쓰고, 그칠 때가 되면 그쳐야 한다. 미련을 두어서는 안 된다. 미련을 가지면 부질없는 짓을 일삼게 된다. 부질없는 짓을 했다가는 오히려 욕될 뿐이다.

11.25. 노자가 말하였다.

"뛰어난 자는 이치를 들으면 힘써 행하고, 중간치는 이치를 들으면 긴가민가하고, 하치는 이치를 들으면 깔깔깔 웃는다. 웃지

말라!"

老子曰: "上士聞道, 謹而行之; 中士聞道, 若存若亡; 下士聞
道, 大笑之. 不笑!"

11.26. 공자가 말하였다.

"아침에 이치를 듣고 (이를 행하였다면) 저녁에 죽어도 좋다."

子曰: "朝聞道, 夕死可矣."

11.27. 《경행록》에 나온다.

"나무를 잘 기르면 뿌리가 튼튼해지고 가지와 잎이 무성해져
마룻대와 들보로 쓰일 재목이 될 것이고, 물을 잘 기르면 샘물이
세차게 솟고 여러 갈래로 길이 흘러서 논밭에 끌어댈 물이 넉넉
하게 될 것이고, 사람을 잘 기르면 의지와 기운이 커지고 식견이
밝아져서 참되고 올바른 선비가 나올 것이니, 기르지 않을 수 있
겠는가?"

景行錄云: "木有所養則根本固而枝葉茂, 棟樑之材成; 水有
所養則泉源壯而流派長, 灌漑之利博; 人有所養則志氣大而識
見明, 忠義之士出, 可不養哉!"
·茂(무) : 우거지다 ·棟(동) : 마룻대, 용마루 ·樑(량) : 들보
·灌(관) : 물대다 ·漑(개) : 물대다

11.28. 《직언결》에 나온다.

"거울로 얼굴을 비추고, 지혜로 마음을 비춘다. 거울이 밝으면 티끌이나 먼지가 달라붙지 않고, 지혜가 밝으면 삿된 일과 나쁜 일이 일어나지 않는다. 사람에게 도가 없으니, 수레에 바퀴가 없어 몰 수 없는 것과 같도다. 사람에게 도가 없다면, 행할 수가 없으리라."

直言訣曰: "鏡以照面, 智以照心. 鏡明則塵埃不住, 智明則邪惡不生. 人之無道也, 如車無輪, 不可駕也. 人而無道, 不可行也."

·塵埃(진애) : 티끌, 먼지　·駕(가) : 타다, 부리다

11.29. 《경행록》에 나온다.

"자신을 믿으면 남도 나를 믿어 줄 것이니, 오나라와 월나라 같은 원수지간도 모두 형제가 될 것이다. 자신을 의심하면 남도 나를 의심할 것이니, 그러면 나 말고는 모두가 적이 될 것이다."

景行錄云: "自信者, 人亦信之, 吳越皆兄弟. 自疑者, 人亦疑之, 身外皆敵國."

11.30. 《좌전》에 나온다.

"뜻이 맞으면 오나라와 월나라도 서로 친해지고, 뜻이 맞지 않으면 부모 형제라도 원수나 적이 된다."

左傳曰: "意合則吳越相親, 意不合則骨肉爲讎敵."

11.31. 《소서》에 나온다.

"자신을 의심하면 남들 믿지 못하고, 자신을 믿으면 남을 의심하지 않는다."

素書云: "自疑, 不信人; 自信, 不疑人."

11.32. 사람을 의심하거든 쓰지 말고, 사람을 썼거든 의심하지 말라.

疑人莫用, 用人勿疑.

11.33. 속담에 이런 게 있다.

"사물은 지극하면 되돌아가니, 즐거움이 지극하면 근심이 된다. 천지 사방 모든 것은 반드시 떨어지고, 기세는 왕성하면 반드시 약해진다."

語云: "物極則反, 樂極則憂. 六合必離, 勢盛必衰."

·六合(육합) : 천지와 사방을 아울러 일컫는 말

는 말이 나온다. 꽃이 피면 지고, 달이 차면 기울고, 여름이 가면 가을이 오고 또 겨울이 뒤따른다. 이처럼 돌고 도는 것이 우주의 섭리고, 끊임없이 바뀌는 것이 자연의 이치다.

11.34. 사물은 지극하면 되돌아가고, 꽉 막히면 트일 때가 온다.

物極則反, 否極泰來.

 否(비)는 비괘(否卦)다. 64괘의 하나로, 음양이 고르지 못하여 일이 잘되지 않는 상(象)이다. 泰(태)는 태괘다. 음양이 조화되어 사물이 고루 통하여 이로운 상이다.

 잘 된다고 해서 지나치게 기뻐할 것도 없고, 안 된다고 해서 너무 슬퍼할 것도 없다.

11.35. 《공자가어》(孔子家語)에 나온다.

"편안할 때에도 위태로워질 수 있음을 잊지 말고, 다스려질 때에도 어지러워질 수 있음을 잊지 말라."

家語云: "安不可忘危, 治不可忘亂."

 《공자가어》는 공자의 언행 및 공자와 문인들이 나눈 문답을 모은 책이다. 《한서》〈예문지〉(藝文志)에 《공자가어》 27권이 있었던 것으로 기록되어 있으나, 그것은 전하지 않는다. 지금 전하는 것은 10권으로 되어 있는데, 위작으로 알려져 있다.

11.36. 《서경》(書經)에 나온다.

"아직 어지러워지지 않았을 때 잘 다스리고, 아직 위태로워지지 않았을 때 나라를 지키는 것이 근심을 미리 막는 것이다."

書云: "制治於未亂, 保邦於未危, 豫防其患也."

·豫(예) : 미리, 미리 하다

11.37. 《풍간》에 나온다.

"물 밑의 고기와 하늘가의 기러기는, 높이 떠 있어도 쏘아 잡을 수 있고, 물속 깊이 있어도 낚을 수 있다. 아, 오직 사람의 마음은 지척에 있으나, 지척에 있는 사람 마음을 헤아릴 수 없구나."

諷諫云: "水底魚天邊雁, 高可射兮低可釣. 惟有人心咫尺間, 咫尺人心不可料."

·雁(안) : 기러기   ·釣(조) : 낚시, 낚다   ·料(료) : 헤아리다

역주_《풍간》은 풍자하는 말이나 글을 모은 책으로 여겨지는데, 자세한 것은 알 수 없다.

11.38. 하늘도 잴 수가 있고 땅도 헤아릴 수 있으나, 오직 사람의 마음은 헤아릴 수가 없구나!

天可度而地可量, 惟有人心不可料!

역주_'료'(料)가 원본에는 '방'(防)으로 되어 있는데, 뜻이 통하도록 바로 잡았다.

11.39. 범을 그릴 때 가죽은 그려도 뼈는 그리기 어렵고, 사람을 안다 한들 얼굴은 알아도 마음은 알지 못하리.

畫虎畫皮難畫骨, 知人知面不知心.

11.40. 얼굴 맞대고 함께 말은 하지만, 마음은 천 개의 산이 막고
있구나!

對面共語, 心隔千山!

 동상이몽(同床異夢)! 서로 뜻이 통하지 않는다면, 함께 밥 먹고 술
을 마신들 무슨 즐거움이 있겠는가?

11.41. 바다도 마르면 마침내 바닥을 드러내는데, 사람은 죽어도
그 마음을 알 수 없구나!

海枯終見底, 人死不知心!

11.42. 태공이 말하였다.

"무릇 사람에 대해서는 미리 판단할 수 없고, 바닷물은 말로 될
수 없다."

太公曰: "凡人不可逆相, 海水不可斗量."

·逆(역) : 미리, 미리 헤아리다　·相(상) : 보다

해설 사람에 대해서는 결코 미리 판단해서는 안 된다. 사람의 마음이
란 비 온 뒤의 물웅덩이처럼 얕을 수도 있으나, 또한 바다처럼 깊고
넓기도 하다. 그의 공부가 깊으냐 얕으냐에 따라 달라질 뿐이다. 그의
마음, 그의 성품을 단정 지어 버리면, 못난 자는 더 나아지지 않고 잘
난 자는 교만해지기 쉽다. 미리 판단하지 말자. 오늘의 중생이 내일
붓다가 될지 어찌 알겠는가?

11.43. 권하노니, 원한을 맺지 말라.
　원한이 깊으면 풀기 어려우니라.

하루 동안 맺은 원한이라도,

천 날 동안 풀려 해도 풀리지 않느니라.

은혜로써 원한을 갚는다면,

끓는 물에 눈을 뿌리는 것과 같으리.

원한을 원한으로 갚는다면,

이리에 또 전갈을 보는 것과 같도다.

원한을 품은 사람을 보았더니,

다 원한으로 닳고 꺾이어지더라.

勸君莫結冤, 冤深難解結. 一日結成冤, 千日解不徹.
若將恩報冤, 如湯去潑雪. 若將冤報冤, 如狼重見蝎.
我見結冤人, 盡被冤磨折.

·潑(발) : 뿌리다　·狼(랑) : 이리

11.44. 《경행록》에 나온다.

"남과 원한 맺는 것을 두고 재앙의 씨를 심는다고 하고, 좋은
일을 버려두고 하지 않는 것을 자신을 해친다고 한다."

景行錄云: "結怨於人, 謂之種禍; 捨善不爲, 謂之自賊."

11.45. 곧이곧대로 믿지 말고, 어진지 어질지 않은지 경계하라.

莫信直中直, 提防仁不仁.

·提(제) : 끌다, 걸다

역주_ '제'(提)가 원본에는 '제'(隄)로 되어 있는데, 뜻이 통하도록 바로잡
았다.

11.46. 늘 도적질하려는 마음을 막아서 남의 물건을 훔치지 않도록 하라.

常防賊心, 莫偸他物.

11.47. 만약 한쪽의 말만 들으면, 곧바로 서로 헤어지게 되리라.

若聽一面說, 便見相離別.

 옳기만한 쪽도 없고, 그르기만한 쪽도 없다. 잘 되거나 못 되거나, 양쪽이 함께 만든 것이다. 성자에게라면 옳고 그름이 없겠지만.

11.48. 예의와 올바름은 부유하고 넉넉한 데서 나오고, 도적은 배고프고 추운 데서 일어난다.

禮義生於富足, 盜賊起於饑寒.

·饑(기) : 주리다

 배고픔과 추위를 견디지 못해 남의 것을 훔친 자를 비난해서는 안 된다. 오히려 그들을 보살피지 못한 우리들을 탓해야 한다. 배고픔과 추위는 생존의 문제다. 어떤 윤리도 종교도 배고픔과 추위보다 중요할 수 없다. 윤리와 종교가 사람을 위한 것이라면 먼저 주위의 사람들을 돌아보고 그들의 삶이 어떠한지를 살펴야 한다.

11.49. 가난과 곤궁은 비천함과 함께 하는 것이 아니니, 비천함은 제 스스로 생기는 것이고, 부유함과 귀함은 교만이나 사치와 함께 하는 것이 아니니, 교만과 사치는 따로 오는 것이다.

貧窮不與下賤, 下賤而自生; 富貴不與驕奢, 驕奢而自至.

해설_ 가난하고 곤궁해졌다고 비천해지는 건 아니다. 가난과 곤궁을 한탄하고 남을 탓하는 마음을 지닐 때 비천해진다. 마찬가지로 부유하고 귀해졌다고 교만하고 사치해지는 건 아니다. 자신을 낮출 줄 알면 교만과 사치는 얼씬거리지 못한다.

11.50. 배부르고 따뜻하면 음탕한 욕심을 품고, 배고프고 추우면 이치를 따르려는 마음을 낸다.

飽煖思淫慾, 飢寒發道心.

해설_ 일부러 배고픔과 추위를 겪으라는 말은 아니다. 고행이 득도를 보장해 주는 것은 아니다. 다만 어려움 속에서 참된 마음을 일으킬 때, 그 마음은 편안할 때 먹은 마음보다 훨씬 굳건하다.

11.51. 가난과 어려움과 위태로움과 곤란을 오래도록 생각하면 저절로 교만해지지 않게 되고, 몸이 병들고 마음이 졸아드는 걸 매양 상상하면 시름과 번민이 한꺼번에 없어진다.

長思貧難危困, 自然不驕; 每想官病熬煎, 幷無愁悶.

11.52. 태공이 말하였다.

"군자에게는 형벌을 가하지 말고, 소인을 예의로써 꾸짖지 말라."

太公曰: "法不加於君子, 禮不責於小人."

11.53. 환범이 말하였다.

"초헌과 면류관으로 군자를 높이고, 오랏줄로 소인을 벌준다."

> 桓範曰: "軒冕以重君子, 縲絏以罰小人."

·軒冕(헌면) : 대부(大夫) 이상이 타는 수레와 그가 쓰는 관
·縲絏(유설) : 포승으로 잡아 묶음

역주 - 환범은 중국 삼국시대 위(魏)나라 문장가로, 자는 원칙(元則)이다. 조상(曹爽)에게 존경을 받았으나, 조상과 권력을 다투던 사마의(司馬懿)에게 함께 죽음을 당하였다.

11.54. 《주역》에 나온다.

"예의는 군자를 잡도리하고, 법률은 소인을 잡도리한다."

> 易曰: "禮防君子, 律防小人."

11.55. 《경행록》에 나온다.

"먹는 것과 미색, 재물과 이익을 좋아하는 자는 기운이 반드시 다랍고, 공명과 사업을 좋아하는 자는 기운이 반드시 교만하다."

> 景行錄云: "好食色貨利者氣必吝, 好功名事業者氣必驕."

11.56. 공자가 말하였다.

"군자는 올바름에 밝고, 소인은 이로움에 밝다."

> 子曰: "君子喻於義, 小人喻於利."

11.57. 《설원》에 나온다.

"재물은 군자가 가벼이 여기는 것이고, 죽음은 소인이 두려워
하는 바다."

說苑云: "財者君子之所輕, 死者小人之所畏."

11.58. 소무가 말하였다.

"현명한 사람도 재물이 많아지면 그 뜻을 잃고, 어리석은 사람
은 재물이 많아지면 허물을 더한다."

蘇武曰: "賢人多財, 損其志; 愚人多財, 益其過."

11.59. 노자가 말하였다.

"재물이 많으면 지키던 참된 마음을 잃고, 많이 배우면 들은 것
을 의심한다."

老子曰: "多財失其守眞, 多學惑於所聞."

11.60. 사람이 요임금이나 순임금이 아닌데, 어찌 일마다 착함을 다할 수 있겠는가?

人非堯舜, 焉能每事盡善?

11.61. 자공이 말하였다.

"사람이 생겨난 이래로 공자보다 훌륭한 이는 없었다."

子貢曰: "自生民以來, 未有盛於孔子也."

11.62. 사람이 가난하면 지혜가 짧아지고, 복이 이르면 마음이 신령스러워진다.

人貧智短, 福至心靈.

해설_ 재물이란 결코 무시할 수 없으나, 그렇다고 그것에만 매달려서도 안 된다. 있어도 집착한다면 없느니만 못하다.

11.63. 한 가지 일을 겪지 않으면, 한 가지 지혜가 늘지 않는다.

不經一事, 不長一智.

해설_ 하찮은 경험은 없다. 어떠한 경험이든 거기에는 이치가 담겨 있다. 일의 성패에 매달리지 않는다면, 이치를 알게 되리라.

11.64. 이루면 오묘한 작용이요, 그르치면 할 줄 모르는 것이라.

成則妙用, 敗則不能.

 일이 이루어지려면 나와 나를 에워싼 온갖 것이 서로 절묘하게
어우러져야 한다. 그래서 오묘한 작용이라 한다. 털끝만치라도 빈틈
이 있으면, 일을 그르치게 된다. 그 빈틈은 나의 부족함에서 비롯되었
으니, 자신을 돌아보아야 하리라.

11.65. 옳고 그름을 종일 따지더라도, 듣지 않으면 저절로 없어진다.

是非終日有, 不聽自然無.

11.66. 나에게 와서 남의 잘잘못을 말하는 이, 바로 그가 나의 잘
잘못을 남에게 말하는 이다.

來說是非者, 便是是非人.

 시비를 일삼기 좋아하는 자는 어디서든 시비를 일삼고, 누구든
시비의 대상으로 삼는다. 그런 자 앞에서는 삼가고 삼가야 하리라.

11.67. 《격양시》에 나온다.

"평생 눈썹 찡그리게 할 짓을 하지 않았으니, 세상에는 나에게
이를 갈 사람이 없도다."

擊壤詩云: "平生不作皺眉事, 世上應無切齒人."

·皺(추) : 주름, 주름 잡히다

 가는 만큼 오고, 오는 만큼 가는 것, 이것이 이치다. 가는 것 없이
오거나, 오는 것 없이 가는 것은 없다. 무엇이 가고 오는지를 내가 모
를 뿐이다.

11.68. 너는 남을 해치고도 오히려 스스로 괜찮다고 하니, 남이 너를 해칠 때에는 도대체 어찌하려느냐?

你害別人猶自可, 別人害你却如何?

 남이 겪는 작은 아픔을 크게 느낄 줄 알고, 내가 겪는 큰 아픔을 작게 여길 줄 안다면, 누가 나를 해치려 하겠는가?

11.69. 어린 풀은 서리를 두려워하고 서리는 해를 두려워하나니, 나쁜 사람에게는 그를 괴롭히는 더 나쁜 사람이 있느니라.

嫩草怕霜霜怕日, 惡人自有惡人磨.

·嫩(눈) : 어리다   ·怕(파) : 두려워하다

11.70. 이름이 난들 어찌 막돌에 새기겠는가? 길 가는 행인의 입이 비석보다 나으리라.

有名豈在鐫頑石? 路上行人口勝碑.

·鐫(전) : 새기다   ·頑石(완석) : 쓸모없는 돌. 막돌

11.71. 사향이 있으면 저절로 향기로운데, 어찌 꼭 바람을 향해 서는가?

有麝自然香, 何必當風立?

·麝(사) : 사향, 사향노루

11.72. 자신의 뜻으로 기세를 얻으면, 바람이 없어도 흔들 수 있다.

自意得其勢, 無風可動搖.

11.73. 길을 얻어야 뽐내며 다스릴 수 있고, 때가 무르익어야 밭에 씨뿌리기 좋다.

得道誇經紀, 時熟好種田.

·誇(과) : 자랑하다　·經(경) : 다스리다　·紀(기) : 다스리다

11.74. 맹자가 말하였다.

"길을 얻으면 도움을 많이 받고, 길을 잃으면 도움을 적게 받는다."

孟子云: "得道者多助, 失道者寡助."

11.75. 장무진이 말하였다.

"일이란 완전히 다 시킬 수 없고, 위세란 끝까지 기댈 수 없고, 말이란 남김없이 다 할 수 없고, 복이란 있는 대로 다 누릴 수 없다."

張無盡曰: "事不可使盡, 勢不可倚盡, 言不可道盡, 福不可享盡."

11.76. 복이 있어도 다 누리지 말 것이니,

복이 다하면 몸이 빈궁해지리라.

권세가 있어도 다 부리지 말 것이니,

권세가 다하면 원수와 만나게 되리라.

복 받은 자여, 항상 스스로 아끼고

권세 있는 자여, 늘 스스로 공손하라!

사람으로 태어나 교만하게 분수를 넘으면,

시작은 있어도 끝이 없는 일이 많더라.

有福莫享盡, 福盡身貧窮. 有勢莫使盡, 勢盡寃相逢.
福兮常自惜, 勢兮常自恭! 人生驕與侈, 有始多無終.

·侈(치) : 분수에 넘다

11.77. 태공이 말하였다.

"가난해도 속여서는 안 되고, 부유해도 위세를 부려서는 안 된다. 음과 양은 차례로 바뀌니, 두루 돌다가 다시 시작된다."

太公曰 : "貧不可欺, 富不可勢. 陰陽相推, 周而復始."

11.78. 참정 왕단의 《사류명》(四留銘 ; 네 가지 남겨 두어야 할 것)에

나온다.

"다 쓰지 않은 재주는 남겨 두었다가 조화옹(造化翁)에게 돌려주고, 다 쓰지 않은 녹봉은 남겨 두었다가 조정에 돌려주고, 다 쓰지 않은 재물은 남겨 두었다가 백성에게 돌려주고, 다 쓰지 않은 복은 남겨 두었다가 자손에게 돌려주라."

王參政四留銘: "留有餘不盡之巧, 以還造化; 留有餘不盡之祿, 以還朝廷; 留有餘不盡之財, 以還百姓; 留有餘不盡之福, 以還子孫."

역주_ 왕단(王旦)은 북송 때의 정치가다. 자는 자명(子明)이고, 시호는 문정(文正)이다. 참정은 그의 벼슬 이름이고, 죽은 후에는 위국공(魏國公)에 추봉되었다.

해설_ 모든 걸 남김없이 다 쓸 수는 없다. 쓴 만큼이 제 몫이다. 다 쓰려고 하다가는 몸이 위태롭게 되리라.

11.79. 《한서》에 나온다.

"권세를 보고 사귀는 자는 가까이 지내다가 그 권세가 다하면 떠나고, 재물을 보고 사귀는 자는 바싹 달라붙었다가 그 재물이 다하면 멀어지고, 아름다움을 보고 사귀는 자는 친하게 지내다가 그 아름다움이 시들해지면 의리를 끊는다."

漢書云: "勢交者近, 勢竭而亡; 財交者密, 財盡而疎; 色交者親, 色衰義絶."

·竭(갈) : 다하다, 물이 마르다

11.80. 자유가 말하였다.

"임금을 섬기면서 자주 간언하면 욕보게 될 것이요, 벗을 사귀면서 자주 충고하면 멀어질 것이다."

子游曰: "事君數, 斯辱矣; 朋友數, 斯疎矣."

·數(삭) : 자주 하다, 책망하다

11.81. 황금 천 냥은 귀한 게 아니니, 남에게서 좋은 말을 한마디 듣는 것이 천금보다 나으니라.

黃金千兩未爲貴, 得人一語勝千金.

11.82. 천금은 얻기 쉬우나, 좋은 말은 구하기 어렵도다.

千金易得, 好語難求.

해설_ 재물은 내가 참되지 않아도 찾아올 수 있으나, 좋은 말은 내가 참되지 않으면 들을 수 없다.

11.83. 좋은 말은 얻기 어려운데, 나쁜 말 하기는 쉽구나!

好言難得, 惡語易施!

11.84. 남에게서 구하는 건 자기에게서 구하는 것만 못하고, 제가 맡아서 하는 것은 남을 잘 천거하는 것만 못하다.

求人不如求己, 能管不如能推.

·管(관) : 맡다 ·推(추) : 천거하다

11.85. 마음만 쓰고 일처리를 게을리 하면 시비가 많이 일어난다.

用心閑管是非多.

11.86. 능숙하게 하는 자는 서투른 자의 종이다.

能者, 拙之奴.

11.87. 맡은 일이 적을 때에는 괴로움도 적고, 아는 사람이 많으
면 시비도 많다.

知事少時煩惱少, 識人多處是非多.

11.88. 작은 배는 무거운 짐을 견디지 못하고, 으슥한 길은 혼자

다니기에 적절하지 못하다.

小船不堪重載, 深逕不宜獨行.

·堪(감) : 견디다 ·載(재) : 싣다, 짐 ·逕(경) : 좁은 길

11.89. 실제로 해 보면 괴로움은 없다.

踏實地, 無煩惱.

·踏(답) : 밟다 ·實地(실지) : 실제

11.90. 황금이 귀한 것이 아니니, 편안과 즐거움이 값어치가 많이 나간다.

黃金未是貴, 安樂直錢多.

11.91. 병드는 게 괴로움이고, 편안한 게 즐거움이다.

是病是苦, 是安是樂.

11.92. 그릇된 재물은 자신을 해치고, 나쁜 말은 남을 상하게 한다.

非財害己, 惡語傷人.

11.93. 사람은 재물 때문에 죽고, 새는 먹이 때문에 죽는다.

人爲財死, 鳥爲食亡.

 이익을 따지는 것은 이익에 사로잡혀 있기 때문이다. 이익에 사로잡히면 자신을 망치는 줄도 모르고 내달린다. 아, 어리석도다! 결국 이익을 얻으려다 자신을 잃게 되니, 이보다 큰 손해가 어디 있는가?

11.94. 《경행록》에 나온다.

"이익은 함께 가지는 게 좋고 혼자 차지하는 것은 좋지 않으며, 일을 꾀할 때에는 사람이 적은 게 좋고 많으면 좋지 않다. 혼자 이익을 차지하면 그르치고, 많은 사람이 꾀하면 새어 나간다."

景行錄云: "利可共而不可獨, 謀可寡而不可衆. 獨利則敗, 衆謀則泄."

11.95. 주요한 일을 엄밀하게 하지 않으면 근심거리가 먼저 일어난다.

機不密, 禍先發.

11.96. 불효한 자는 어버이를 원망하고, 가난에 시달리는 자는 재물 가진 자를 탓한다.

不孝怨父母, 貧苦恨財主.

11.97. 욕심이 많으면 잘게 씹지 아니하고, 집이 가난하면 이웃이

가진 것을 원망한다.

貪多嚼不細, 家貧怨隣有.

·嚼(작) : 씹다

해설 욕심이 많으면 지금 여기에 있는 것을 소홀히 한다. 가난이 한때
인 줄을 모르면 괜히 이웃이 가진 것을 탓한다.

11.98. 집에 있을 때에는 손님을 맞이할 줄 모르다가, 나가서야
비로소 저를 맞아줄 주인이 적은 줄 안다.

在家不會邀賓客, 出外方知少主人.

·邀(요) : 맞다, 맞이하다

11.99. 돈이 있어서 손님을 붙잡아 두고 취하게 하려는 것이, 말
타고 남의 집을 뽐내며 지나는 것보다 나으리라.

但願有錢留客醉, 勝如騎馬傍人門.

해설 사람이란 남보다 나은 게 있으면 자랑하고 싶어진다. 그런데 재
물을 자랑하는 것만큼 추하고 어리석어 보이는 게 없다. 정말 재물이
있다는 걸 자랑하고 싶다면, 차라리 집으로 손님을 맞아서 대접하라.
그게 나가서 뽐내는 것보다는 그래도 낫다.

11.100. 가난하게 살면 시끄러운 시장에서도 아는 체하는 사람이
없고, 부유하게 살면 깊은 산 속에 있어도 먼 데서 찾아오는 친척
이 있다.

貧居鬧市無相識, 富住深山有遠親.

·鬧(뇨) : 시끄럽다

11.101. 세상의 인정이란 차냐 따뜻하냐를 살피고, 상대의 낯빛은 내 지위의 높고 낮음을 따른다.

世情看冷煖, 人面逐高低.

11.102. 사람의 의리란 다 가난한 데서 끊어지고, 세상의 인정은 돈 있는 집으로 기운다.

人義盡從貧處斷, 世情偏向有錢家.

·偏(편) : 치우치다

11.103. 온갖 것 다 먹을 때에는 알아주는 이 없더니, 옷이 남루해지자 남에게 속임을 당하는구나.

喫盡千般無人知, 衣衫藍縷被人欺.

·千般(천반) : 여러 가지, 각양각색　·衫(삼) : 적삼, 옷
·藍(람) : '람'(襤)과 통용. 누더기　縷(루) : 실

11.104. 차라리 밑 빠진 항아리는 막을 수 있어도, 코 아래 가로 놓인 입은 막기 어렵다.

寧塞無底缸, 難塞鼻下橫.

·寧(녕) : 차라리, 오히려　·缸(항) : 항아리, 질그릇　·塞(색) : 막다

11.105. 말의 걸음이 느린 것은 모두 야위었기 때문이요, 사람이 총명하지 못한 것은 다만 곤궁하기 때문이다.

馬行步慢皆因瘦, 人不聰明只爲窮.

·慢(만) : 게으르다   ·瘦(수) : 야위다

11.106. 사람의 정이란 군색한 가운데서는 다 멀어진다.

人情皆爲窘中疎.

·窘(군) : 막히다, 궁해지다

11.107. 《악기》에 나온다.

"돼지를 기르고 술을 빚는 것은 재앙을 일으키려는 것이 아니었다. 허나 송사가 더욱 많아지는 것은 술을 마구 마셔서 생긴 재앙이다. 이런 까닭에 선왕이 술 마시는 예법을 만들었으니, 한 번 술을 권할 때에 주인과 손님이 백 번 절하게 하자, 종일토록 술을 마셔도 취하지 않게 되었다. 이는 선왕이 술로 말미암은 재앙을 미리 막은 것이다."

樂記曰: "豢豕爲酒, 非以爲禍也. 而獄訟益繁, 則酒之流生禍也. 是故, 先王因爲酒禮, 一獻之禮, 主賓百拜, 終日飲酒而不得醉焉. 此先王之所以備酒禍也."

·豢(환) : 기르다   ·豕(시) : 돼지   ·獄(옥) : 감옥   ·訟(송) : 송사
·繁(번) : 많다, 번거롭다   ·獻(헌) : 바치다

11.108. 《논어》에 나온다.

"(공자는) 술을 마심에 정해진 양이 없었으나, 언행이 어지러워
지는 데에 이르지 않았다."

論語云: "惟酒無量, 不及亂."

11.109. 《사기》에 나온다.

"하늘에 제사 지내고 사당에 예를 올릴 때에 술이 아니면 흠향
하지 않고, 임금과 신하 그리고 벗과 벗 사이에 술이 아니면 의리
가 두터워지지 않고, 다투고 난 뒤 서로 화해할 때에 술이 아니면
화해를 권하지 못한다. 그러므로 술에 성공과 실패가 달려 있으
니, 함부로 마셔서는 안 된다."

史記曰: "郊天禮廟, 非酒不享; 君臣朋友, 非酒不義; 鬪爭相
和, 非酒不勸. 故酒有成敗而不可泛飮之."

·郊(교) : 제사 지내다   ·泛(범) : 넘치다, 함부로

역주- 《사기》는 전한(前漢)의 역사가 사마천(司馬遷)의 저서다. 상고의
황제(黃帝)로부터 전한의 무제(武帝)까지 2천 수백 년에 걸친 통사며,
본기 12권, 연표 20권, 서(書) 8권, 세가(世家) 30권과 열전 70권으로 구
성되어 있다. 사마천은 부친 사마담(司馬談)의 유언을 받아 기원전 104
년 전후부터 편찬에 착수하였다. 도중에 이릉(李陵)의 사건에 연루되
어 궁형을 받았지만, 그 굴욕을 극복하며 집필을 계속하여 기원전 91
년 무렵에 초고를 완성하였다. 《사기》는 최초의 기전체(紀傳體) 역사
서다.

11.110. 공자가 말하였다.

"인귀와 천신을 공경하되 멀리하면 지혜롭다고 할 수 있다."

　　子曰: "敬鬼神而遠之, 可謂智矣."

11.111. 공자가 말하였다.

"제가 모실 귀신이 아닌데도 제사 지내는 것은 아첨이다. 올바름을 보고도 힘써 하지 않는 것은 용기가 없는 것이다."

　　子曰: "非其鬼而祭之, 諂也. 見義不爲, 無勇也."

11.112. 예불이란 부처의 덕을 공경하는 것이요, 염불이란 부처의 은혜를 느끼는 것이요, 불경을 보는 것이란 부처가 가르친 이치를 밝게 아는 것이요, 좌선이란 부처의 경지를 밟는 것이요, 깨달음을 얻는 것이란 부처의 길을 바르게 하는 것이다.

　　禮佛者敬佛之德, 念佛者感佛之恩, 看經者明佛之理, 坐禪者踏佛之境, 得悟者正佛之道.

11.113. 경전은 보는 것으로는 아직 착함을 행한 게 아니고,
　　복덕을 지은 것으로는 아직 서원을 이룬 게 아니다.
　　순간순간 바뀌는 때에 알맞게 되도록,
　　남들에게 방편을 쓰는 것만 못하도다.

看經未爲善, 作福未爲願. 莫若當權時, 與人行方便.

·權時(권시) : '임시'(臨時)와 같다. 때에 따라

 경전을 보고 복덕을 짓는 것으로는 깨달음을 얻을 수 없다. 언제 어디서든 걸림이 없고 막힘이 없이 자유자재하려면 깨달아야 한다. 깨달음으로써 상황에 알맞은 방편을 써서 남들을 깨달음으로 이끌 수 있다.

11.114. 제전 화상이 《경세시》(警世詩 ; 세상을 일깨우는 시)에서 말하였다.

"아미타경을 남김없이 보았고, 대비심다라니도 끝까지 외웠네. 외를 심으면 외를 얻고, 콩을 심으면 콩을 얻는 법.

경전과 다라니는 본래 자비일 뿐이니, 원한을 맺으면 어떻게 구제할고? 본래의 마음을 잘 비추어 보라. 지은 자 그가 그대로 받느니라."

濟顚和尚警世: "看盡彌陀經, 念徹大悲呪. 種瓜還得瓜, 種豆還得豆. 經呪本慈悲, 冤結如何救? 照見本來心, 做者還他受."

·徹(철) : 통하다, 뚫다

 제전(濟顚 ; 1150~1209) 화상은 송나라의 고승으로, 이름은 도제(道濟)고, 자는 호은(湖隱)이다. 출가하였음에도 술과 고기를 미친 듯이 좋아하였으므로 사람들이 제전이라 불렀다. 저서로 어록이 1권 있다. 아미타경(阿彌陀經)은 부처가 사리불을 상대로 아미타불과 그 국토인 극락세계의 장엄을 설한 경전이다. 대비심다라니(大悲心陀羅尼)는 흔히 《천수경》(天手經)이라고도 하는데, 관세음보살이 다라니를 설하고 그 공덕과 지송법(持誦法)을 설한 경전이다.

11.115. 자신이 지은 건 자신이 받으리라.

　　自作還自受.

11.116. 공자가 말하였다.

"지조 있는 선비나 어진 사람은 제가 살겠다고 어짊을 해치는 법은 없지만, 제 몸을 죽여서 어짊을 이루는 일은 있다."

　　子曰: "志士仁人, 無求生以害仁, 有殺身以成仁."

11.117. 공자가 말하였다.

"선비가 되어 이치의 길에 뜻을 두면서도 거친 옷과 거친 음식을 부끄러워하는 자라면, 함께 이야기를 나누기에는 부족하다."

　　子曰: "士志於道, 而恥惡衣惡食者, 未足與議也."

11.118. 순자가 말하였다.

"공정하면 밝아지고 치우치면 어두워지며, 바르고 성실하면 두루 통하고 거짓되면 막히며, 성스럽고 미쁨 있으면 신통해지고, 자랑하고 허풍 떨면 의심을 낳는다."

　　荀子云: "公生明, 偏生闇, 端慤生通, 作僞生塞, 誠信生神, 誇誕生惑."

·偏(편) : 치우치다　·闇(암) : 어둡다　·慤(각) : 성실하다
·誕(탄) : 허망한 소리를 하다

11.119. 《서경》에 나온다.

"남에게 거만하게 굴고 어진 이를 업신여기며, 이치를 거스르고 덕성을 그르치는 것, 이는 소인이 하는 짓이다."

書云: "侮慢人賢, 反道敗德, 其小人之爲也."

·侮(모) : 업신여기다

11.120. 순자가 말하였다.

"선비에게 질투하는 벗이 있으면 어진 이가 가까이하지 않고, 임금에게 질투하는 신하가 있으면 어진 사람이 오지 않는다."

荀子曰: "士有妬友, 則賢交不親; 君有妬臣, 則賢人不至."

11.121. 태공이 말하였다.

"나라를 다스릴 때에는 아첨하는 신하를 쓰지 말고, 집안을 다스릴 때에는 아첨하는 지어미를 들이지 말라. 좋은 신하는 한 나라의 보배요, 좋은 지어미는 한 집안의 보물이다."

太公曰: "治國不用佞臣, 治家不用佞婦. 好臣是一國之寶, 好婦是一家之珍."

·佞(녕) : 아첨하다

11.122. 헐뜯는 신하는 나라를 어지럽히고, 시기하는 지어미는 집안을 어지럽힌다.

　　讒臣亂國, 妬婦亂家.

11.123. 태공이 말하였다.

　"비뚤어지게 갈면 좋은 밭을 망치고, 헐뜯는 말을 하면 착한 사람을 그르친다."

　　太公曰: "斜耕敗於良田, 讒言敗於善人."

11.124. 《한서》에 나온다.

　"굴뚝을 밖으로 휘어 놓고 땔나무를 옮겨 놓아 (불을 미리 막은 자에게는) 아무런 혜택이 없고, 머리를 태우고 이마를 데며 불을 끈 자는 상객으로 대접 받는다."

　　漢書云: "曲突徙薪無恩澤, 燋頭爛額爲上客."

　·突(돌) : 굴뚝, 내밀다　·徙(사) : 옮기다　·薪(신) : 땔나무　·燋(초) : 그을다
·爛(란) : 불에 데다

11.125. 온종일 빗질하고 꾸미고서는, 정작 얼굴을 맞대자 졸고 있구나.

　　整日梳粧合面睡.

·整日(정일) : 하루 종일 ·梳(소) : 빗, 빗다 ·粧(장) : 단장하다 ·睡(수) : 자다

11.126. 들보와 두공에 칠한 게 아직 마르지 않았는데, 법당 앞에서도 그걸 보지 못하는 미련한 손님.

畵梁拱斗猶未乾, 堂前不見癡心客.

·拱斗(공두) : '두공'(枓栱)과 같다. 기둥 위에 받쳐 들보·마룻대를 괴는 목재
·乾(건) : 마르다

해설_ 가장 귀한 것은 바로 지금 눈앞에 있는 것이다. 주린 자에게는 바로 앞에 있는 거친 밥이 진수성찬이다.

11.127. 세 치 정도의 기운만 있어도 온갖 일을 할 수 있으나, 어느 날 죽어버리면 만 가지 일이 다 그만이다.

三寸氣在千般用, 一日無常萬事休.

역주_ 무상(無常)은 본래 인생의 덧없음을 뜻하지만, 여기서는 그 결과로서의 허망한 끝 또는 죽음을 뜻한다.

11.128. 온갖 것에는 다 끝이 있다.

萬物有無常.

11.129. 온갖 것은 정해진 운수에서 달아나지 못한다.

萬物莫逃乎數.

해설_ 여기서 말하는 정해진 운수란 죽어야 할 운명을 이른다. 살아 있는 어떤 것도 죽음에서 벗어날 수는 없다는 말이다.

11.130. 온갖 일이 상서롭다 하더라도 없느니만 못하다.

萬般祥瑞不如無.

11.131. 하늘에는 사람에게 줄 온갖 것이 있으나, 사람에게는 하늘에 줄 게 하나도 없도다.

天有萬物於人, 人無一物於天.

11.132. 하늘은 녹봉 없는 사람을 낳지 않고, 땅은 이름 없는 풀을 기르지 않는다.

天不生無祿之人, 地不長無名之草.

11.133. 큰 부자는 하늘에 달려 있고, 작은 부자는 부지런함에 달려 있다.

大富由天, 小富由勤.

 나 혼자 잘해서 되는 게 아니다. 나를 에워싼 모든 것과 어울려야 한다.

11.134. 《시경》에 나온다.

"아주 부유하면 교만해지고, 너무 가난하면 걱정한다. 걱정하다 보면 도둑이 되고, 교만하게 굴다 보면 포학해진다."

詩云: "大富則驕, 大貧則憂. 憂則爲盜, 驕則爲暴."

11.135. 일가를 아직 이루지 못했다고 (상심해서) 말하지 말라, 일가를 이룰 자식이 아직 태어나지 않았으니.

집안이 아직 망하지 않았다고 (좋아서) 말하지 말라, 집안을 망칠 자식이 아직 크지 않았으니.

莫道家未成, 成家子未生. 莫道家未破, 破家子未大.

11.136. 일가를 이룰 아이는 똥을 황금 같이 아끼고, 집안을 망칠 아이는 돈을 똥처럼 내버린다.

成家之兒, 惜糞如金; 敗家之兒, 用金如糞.

11.137. 문정공 호안국(胡安國)이 말하였다.

"무릇 사람은 집에서 늘 가르쳐야 할 것이니, 부족한 것이 있어도 매우 흡족하게 여긴다면 좋지 않은 일이 생기는 걸 막을 수 있다고."

> 胡文定公曰: "大抵人家須常敎, 有不足處, 若十分快意, 隄防
> 有不恰好事出."

·十分(십분) : 아주 참, 충분   ·快意(쾌의) : 마음이 상쾌하다, 기분이 좋다
·恰好(흡호) : 꼭 알맞다, 꼭 좋다

11.138. 강절 소옹 선생이 말하였다.

"한가로울 때도 삼가서 괜찮다고 말하지 말지니, 괜찮다고 말
하자마자 바로 지장을 주리라. 맛있는 것도 많이 먹으면 끝내 병
이 되고, 마음을 기쁘게 하는 일도 반드시 재앙이 되느니라.

지름길을 먼저 가려고 다투면 계책은 나빠지고, 가까워진 뒤에
얘기를 나누면 재미가 좋으니라. 병이 생긴 뒤에도 약은 먹을 수
있으나, 병나기 전에 스스로 막는 것보다는 못하지."

> 康節邵先生曰: "閑居愼勿說無妨, 纔說無妨便有妨. 爽口物
> 多終作疾, 快心之事必有殃. 爭先徑路機關惡, 近後語言滋味
> 長. 端其病後能服藥, 不若病前能自防."

·無妨(무방) : 지장이 없다   ·纔(재) : ~하자마자   ·爽(상) : 시원하다
·徑路(경로) : 지름길   ·機關(기관) : 장치, 계책   ·滋味(자미) : 재미
·端(단) : 처음, 시작되다

11.139. 남에게 양보하는 것은 어리석은 게 아니니, 지난 뒤에는
편하고 이로운 때를 만나리라.

> 饒人不是癡, 過後得便宜.

·饒(요) : 너그럽다

11.140. 사람을 쫓더라도 몰아붙여서는 안 되니, 도둑을 잡으려는 건 도둑을 쫓아버리는 것만 못하다.

趕人不要趕上, 捉賊不如趕賊.

·趕(간) : 뒤를 쫓다   ·捉(착) : 잡다

11.141. 《재동제군수훈》에 나온다.

"신묘한 약이라도 원한으로 생긴 병은 치료하기 어렵고, 뜻밖의 재물로는 운수가 다한 사람을 부유하게 만들지 못하지.

마음을 잘못 먹으면 평생의 복을 다 차버리고, 행운이 부족한 건 하늘이 일생을 가난하게 만든 것이다.

일을 만들어서 일이 생긴 것이니 원망하지 말고, 남을 해치므로 남도 너를 해치니 성내지 말라.

하늘과 땅은 저절로 그러하여 모든 일에서 갚아주나니, 멀리는 자손에게 미치고 가까이는 내 몸에 미친다."

梓潼帝君垂訓曰 : "妙藥難醫冤債病, 橫財不富命窮人. 虧心折盡平生福, 幸短天敎一世貧. 生事事生君莫怨, 害人人害汝休嗔. 天地自然皆有報, 遠在兒孫近在身."

·虧(휴) : 어그러지다   ·敎(교) : 하게 하다   ·嗔(진) : 성내다

11.142. 약은 죽지 않을 병을 고치고, 부처는 인연 있는 사람을
제도(濟度)한다.

藥醫不死病, 佛度有緣人.

11.143. 오진인이 말하였다.

"행운이 부족하고 마음을 잘못 먹는 것 자체가 가난이니, 교묘
하게 꾀를 내어 정기와 신명을 희롱하지 말라.

편안함과 마땅함을 얻으면 기쁘고도 기쁘나니, 멀리는 자손에
게 가까이로는 나에게 미치느니라."

吳眞人曰: "幸短虧心只是貧, 莫生巧計弄精神. 得便宜處休
歡喜, 遠在兒孫近在身."

11.144. 열 푼의 똑똑함을 얻었더라도 다섯 푼만 쓰고,
다섯 푼은 남겨 두었다가 자손에게 물려주라.
열 푼의 똑똑함을 얻었다고 모조리 써 버리면,
후대 자손들이 남보다 못하게 되리라.

十分惺惺使五分, 留取五分與兒孫.
十分惺惺都使盡, 後代兒孫不如人.

·惺惺(성성) : 영리한 모양, 스스로 깨달은 모양

11.145. 지나치게 간사하고 교활하면 아주 곤궁해질 것이니,
간사하고 교활한 건 원래 하늘이 용서하지 않느니라.
부유함과 귀함을 간사함과 교활함으로 얻을 수 있다면,
세상에 멍청한 놈조차 재물을 가져다주는 바람을 마시리라.

越奸越狡越教窮, 奸狡原來天不容.
富貴若從奸狡得, 世間呆漢吸西風.

·越(월) : 지나치다, 넘다 ·狡(교) : 교활하다 ·呆(매) : 어리석다, 미련하다

역주_ 서풍은 만물을 이루게 하고 풍부하게 한다고 한다.

11.146. 꽃이 지고 꽃이 피고 피었다 또 지듯이,
비단옷도 베옷도 번갈아 입는다네.
호화로운 집이라고 언제나 부귀한 것 아니요,
가난한 집이라 해서 늘 적막한 건 아니라네.
붙들어준다고 꼭 하늘에 오르는 것 아니요,
밀친다고 해서 반드시 구덩이에 떨어지진 않는다네.
권하노니, 무슨 일에서든 하늘을 원망하지 말라,
하늘은 사람에게 뜻을 두되 두텁고 얇음이 없노라.

花落花開開又落, 錦衣布衣更換着.
豪家未必常富貴, 貧家未必常寂寞.
扶人未必上靑霄, 推人未必塡溝壑.
勸君凡事莫怨天, 天意於人無厚薄.

·換(환) : 바꾸다 ·扶(부) : 떠받치다, 붙들다 ·霄(소) : 하늘
·塡(전) : 메우다, 떨어뜨리다 ·溝壑(구학) : 도랑, 구덩이

11.147. 주나 현의 관청에 드나들지 말 것이며,

권하노니 부지런하고 삼가면서 생활하라.

못에 가둬 둔 물은 반드시 가뭄을 막고,

밭을 부지런히 갈면 가족을 먹여 살리리라.

아들과 손자를 가르치되 기술을 가르치고,

뽕나무 산뽕나무를 심되 꽃은 적게 심어라.

시비를 일삼는 건 쓸데없는 짓, 다 그만두고,

목마르면 맑은 샘물 마시고 울적할 땐 차나 마셔라.

　　莫入州衙與縣衙, 勸君勤謹作生涯.
　　池塘積水須防旱, 田地勤耕足養家.
　　教子教孫幷教藝, 栽桑栽柘少栽花.
　　聞非閑是俱休管, 渴飮淸泉悶煮茶.

·衙(아) : 관청　·塘(당) : 못, 둑　·旱(한) : 가뭄　·栽(재) : 심다　·柘(자) : 산뽕나무
·休管(휴관) : 간여하지 말라　·煮(자) : 삶다, 끓이다

11.148. 탄식할 만한 것은 사람 마음이라 독하기가 독사 같으나,

하늘의 눈이 수레처럼 두루 돌며 볼 줄 누가 알았으리오?

지난해에 함부로 동쪽 이웃의 물건을 가졌더니,

오늘은 북쪽 이웃에게 돌아가는구나.

올바르지 않은 돈과 재물은 끓는 물에 뿌려진 눈이요,

뜻밖에 생긴 전답은 물에 쓸려간 모래로다.

교활하게 속여서 생계를 이어간다면,

아침에 피었다 저녁에 지는 꽃과 같으리.

　　堪歎人心毒似蛇, 誰知天眼轉如車?

去年妄取東隣物, 今日還歸北舍家.

無義錢財湯潑雪, 倘來田地水推沙.

若將狡譎爲生計, 恰似朝開暮落花.

·妄(망) : 함부로　·潑(발) : 뿌리다　·倘(당) : 갑자기　·譎(휼) : 속이다

11.149. 얻고 잃음, 번영과 쇠퇴는 모두 하늘에 달렸으니,

가진 꾀를 다 쓰더라도 아무 소용없도다.

사람 마음은 뱀이 코끼리를 삼키듯 만족하지 않는데,

세상일이란 결국 사마귀가 매미를 잡으려는 짓이지.

어떠한 약으로도 재상의 목숨을 건질 수는 없고,

돈이 있어도 자손의 현명함을 사기는 어렵도다.

집에서 늘 분수를 지키며 인연 따라 지내는 자,

그가 바로 한가로이 거닐며 매인 데 없는 신선이라네.

得失榮枯總是天, 機關用盡也徒然.

人心不足蛇呑象, 世事到頭螳捕蟬.

無藥可醫卿相壽, 有錢難買子孫賢.

家常守分隨緣過, 便是逍遙自在仙.

·徒然(도연) : 부질없다, 헛되다　·螳(당) : 사마귀　·蟬(선) : 매미

11.150. 너그러운 성품과 너그러운 마음으로 몇 년을 살았는가?

사람이 죽고 사람이 태어나는 게 바로 눈앞에 있는데.

높으면 높은 대로, 낮으면 낮은 대로 인연 따라 지낼 일이요,

좋기도 하고 나쁘기도 한 것이니 원한을 품지 말라.
저절로 생겼다가 저절로 없어지니 탄식하지 말라,
집이 가난하고 집이 부유한 건 다 하늘의 뜻이니라.
평생의 의복과 녹봉은 인연 따라오는 것이니,
하루 맑고 한가로우면 하루 신선이라네.

寬性寬懷過幾年? 人死人生在眼前.
隨高隨下隨緣過, 或長或短莫埋冤.
自有自無休嘆息, 家貧家富總由天.
平生衣祿隨緣度, 一日淸閑一日仙.

·埋(매) : 묻다, 메우다

11.151. 꽃은 필 때에 가난한 집도 가리지 아니하고,
달은 산과 강을 비추고 곳곳에서 환하구나.
세간에서는 그저 사람의 마음이 나쁠 뿐이니,
무슨 일에서든 하늘이 사람을 기르도록 하라.

花開不擇貧家地, 月照山河到處明.
世間只有人心惡, 凡事須還天養人.

11.152. 진종 황제가 지은 글에 나온다.

"위태로움과 위험을 알면 결코 그물에 걸려드는 일이 없을 것
이요, 착한 이나 어진 이를 천거하면 몸을 편안하게 하는 길이 저
절로 생기리라. 은혜를 베풀고 쌓은 덕을 펴면 대대로 영화롭고
번영할 것이나, 시기하고 원한을 갚으려 하면 자손에게 위태로움
과 근심을 주게 되리라. 남을 해치고 자기를 이롭게 하다가는 끝

내 현달하는 자손이 없을 것인데, 뭇사람을 해치고 제 집안을 잘
되게 하려는데 어찌 오래도록 부귀를 누리겠는가? 이름을 바꾸거
나 모습을 달리하는 것은 모두 교묘한 말로 말미암아 생기는 일
이고, 재앙이 일어나 제 몸을 상하게 하는 것은 대개 어질지 못함
이 부른 일이다.”

眞宗皇帝御製: “知危識險, 終無羅網之門; 擧善薦賢, 自有安
身之路. 施恩布德, 乃世代之榮昌; 懷妬報冤, 與子孫之危患.
損人利己, 終無顯達雲仍; 害衆成家, 豈有久長富貴? 改名異
體, 皆因巧語而生; 禍起傷身, 皆是不仁之召.

·薦(천) : 천거하다   ·雲仍(운잉) : 먼 자손

역주 진종(997~1022 재위)은 송나라 세 번째 황제로, 이름은 항(恒)이
다. ‘위환’(危患)이 원본에서는 ‘위환’(爲患)으로 되어 있는데, 뜻이 통하
도록 바로잡았다.

해설 이름을 바꾸거나 모습을 달리하는 것은 곧 자신의 처지가 달라
진다는 것을 의미한다. 물론 여기에서는 잘못되는 경우를 이르는 것
인데, 그게 모두 소박하고 정직한 말이 아닌 교묘한 말재주 때문에 비
롯된다는 것이다. 교묘한 말재주로도 처지가 바뀌는데, 하물며 어질
지 못하다면 그 결과는 어떻게 되겠는가?

11.153. 인종 황제가 지은 글에 나온다.

　“하늘과 땅이 지극히 크지만 해와 달은 아주 환하게 비추고, 우
주가 지극히 너르지만 하늘과 땅은 간사한 무리를 용납하지 않으
며, 마음을 잘못 써서 발끈 성내면 그 대가를 이번 생에서 치르리
라. 잘 베풀되 적게 바라고, 복을 얻더라도 말하지 말라. 후세를
위해 갖가지 교묘한 꾀를 내어도 본분을 지키는 것만 못하나니,

남을 위해 억지로 오만 가지 계책을 꾸미는 게 어찌 인연을 따르는 것만 하리오? 검소한 마음으로 자선을 행하는데, 어찌 쇠뇌를 당기는 큰 힘이 필요하리오? 경전을 보면서도 남을 해치려는 뜻을 품는다면, 여래의 가르침을 헛되이 읽은 것이라.”

仁宗皇帝御製: “乾坤宏大, 日月照鑑分明; 宇宙寬洪, 天地不容姦黨; 使心用悖, 果報只在今生. 善布淺求, 獲福休言. 後世千般巧計, 不如本分; 爲人萬種强圖, 爭似隨緣? 卽儉心行慈善, 何須弩力? 看經意欲損人, 空讀如來一藏.”

·宏(굉): 크다　·悖(행): 성내다　·爭(쟁): 어찌　·弩(노): 쇠뇌

11.154. 신종 황제가 지은 글에 나온다.

“합당하지 않은 재물은 멀리하고, 술을 지나치게 마시는 건 경계하라. 살 곳을 정할 때에는 반드시 이웃을 가리고, 사귈 때에는 반드시 벗을 가려라. 질투 따위는 마음에서 일으키지 말고, 헐뜯는 말은 입에서 내지 말라. 부모 형제 사이에는 가난하더라도 멀리하지 말 것이요, 다른 사람이 부유하다고 해서 도탑게 대하지는 말라. 자기를 이기는 데에는 부지런하고 검소한 것이 제일이요, 뭇사람을 아끼는 데에는 자신을 낮추고 어울리는 것이 으뜸이라. 항상 이전에 지은 잘못을 생각하고, 매양 앞으로 지을 허물을 생각하라. 짐의 이 말을 따른다면, 나라와 집안을 잘 다스려 오래도록 이어갈 수 있으리라.”

神宗皇帝御製: “遠非道之財, 戒過度之酒. 居必擇隣, 交必擇友. 嫉妬, 勿起於心; 讒言, 勿宣於口. 骨肉貧者, 莫疎; 他人富者, 莫厚. 克己, 以勤儉爲先; 愛衆, 以謙和爲首. 常思已往之非, 每念未來之咎. 若依朕之斯言, 治國家而可久."

·咎(구) : 허물　·朕(짐) : 천자가 자신을 일컫는 말

11.155. 고종 황제가 지은 글에 나온다.

"한 점 작은 불씨도 만 이랑의 섶을 태울 수 있고, 반 마디 그릇된 말로도 평생토록 닦은 덕을 그르칠 수 있느니라. 몸에 한 오라기의 실을 걸치더라도 늘 베 짜는 여인의 노고를 생각하고, 하루세 번 밥 먹을 때마다 농부의 수고를 생각하라. 구차하게 탐내고 남을 시기하여 해치면, 10년의 평안과 건강은 결코 없을 것이요, 착함을 쌓고 어질게 살면 반드시 후손들에게 영화가 있으리라. 복된 인연과 경사스런 일은 대부분 덕행을 쌓음으로써 생기고, 성인의 경지에 들어 범속함을 뛰어넘는 것은 모두 참되고 알차게 함으로써 이루어진다."

高宗皇帝御製: "一星之火, 能燒萬頃之薪; 半句非言, 誤損平生之德. 身被一縷, 常思織女之勞; 日食三飡, 每念農夫之苦. 苟貪妬損, 終無十載安康; 積善存仁, 必有榮華後裔. 福緣善慶, 多因積行而生; 入聖超凡, 盡是眞實而得."

·損(손) : 덜다, 잃다, 상하게 하다　·飡(손) : 밥　·載(재) : 햇수

11.156. 노자가 공자를 보내며 말하였다.

"내 들으니, 부유하고 귀한 자는 사람을 보낼 때에 재물을 준다 하고, 어진 사람은 사람을 보낼 때에 말 한마디를 준다고 하오. 내 비록 남들보다 부유하거나 신분이 높지는 않으나, 지극히 어진 자가 호령하는 법이니, 그대를 말로써 전송하리다."

그리고 이렇게 말하였다.

"총명하게 굴거나 깊이 살피다가는 도리어 죽음을 가까이하고, 두루 변론하며 실상과는 먼 것을 익히다가는 그 몸이 위태로워진다오."

老子送孔子曰: "吾聞, 富貴者送人以財, 仁人者送人以言. 吾雖不能富貴於人, 切仁者號令, 送子以言也." 曰: "聰明深察, 反近於死, 博辯閑遠, 而危其身."

11.157. 왕량이 말하였다.

"그 임금을 알고자 한다면 먼저 그 신하를 살펴보고, 그 사람을 알고자 한다면 먼저 그 벗을 살펴보고, 그 아비를 알고자 한다면 먼저 그 자식을 살펴보라. 임금이 거룩하면 그 신하가 참되고, 아비가 자애로우면 자식이 효도한다."

王良曰: "欲知其君, 先視其臣; 欲識其人, 先視其友; 欲知其父, 先視其子. 君聖臣忠, 父慈子孝."

11.158. 집이 가난하면 효자가 드러나게 되고, 세상이 어지러우면 충신을 알아본다.

家貧顯孝子, 世亂識忠臣.

11.159. 《공자가어》에 나온다.

"물이 너무 맑으면 물고기가 없고, 사람이 너무 살피면 함께 할 사람이 없다."

家語云: "水至淸則無魚, 人至察則無徒."

·徒(도) : 같은 무리

11.160. 공자가 말하였다.

"삼군에서 그 장수를 빼앗을 수는 있다, 허나 필부에게서 그 뜻을 빼앗을 수는 없다."

子曰: "三軍可奪帥也, 匹夫不可奪志也."

·奪(탈) : 빼앗다   ·帥(수) : 장수

역주- 삼군(三軍)은 상군(上軍), 중군(中軍), 하군(下軍)을 아울러 일컫는 말이며, 각 군은 1만 2500명이었다. 여기서는 다수의 군대를 뜻한다.

11.161. 공자가 말하였다.

"나면서부터 아는 자가 최상이고, 배워서 아는 자는 그 다음이며, 답답해야 배우는 자는 또 그 다음이다. 답답한데도 배우지 않는 자는 백성이니, 이들이 가장 아래다."

子曰: "生而知之者, 上也; 學而知之者, 次也; 困而學之, 又其
次也. 困而不學, 民, 斯爲下矣."

11.162. 공자가 말하였다.

"군자에게는 세 가지 생각할 것이 있으니, 생각하지 않을 수 없
는 것이다. 어려서 배우지 아니하면 어른이 되어도 능력이 없다
는 것, 늙도록 가르치지 아니하면 죽은 뒤에 생각해 주는 이가 없
다는 것, 있으면서 베풀지 아니하면 곤궁해졌을 때에 나누어 줄
이가 없다는 것. 이런 까닭에 군자는, 어려서는 어른이 될 때를 생
각하여 배우기에 힘쓰고, 늙어가면서는 죽음을 생각하여 가르치
기에 힘쓰며, 있을 때에는 곤궁해질 것을 생각하여 베풀기에 힘
쓴다."

子曰: "君子有三思, 而不可不思也. 少而不學, 長無能也; 老
而不教, 死無思也; 有而無施, 窮無與也. 是故君子, 少思其長
則務學, 老思其死則務教, 有思其窮則務施."

11.163. 《경행록》에 나온다.

"자신만 아낄 줄 아는 자는 아직 남을 이루게 할 수 없고, 자신
을 속이는 자는 반드시 남을 옭아맨다. 자신에게 변변치 못한 자
는 아직 남에게 두루 잘해 줄 수 없고, 자신에게 모진 자는 반드
시 남을 해친다. 이는 다른 게 아니라, 착해지기는 어렵고 나쁘게

되기는 쉽기 때문이다."

景行錄云: "能自愛者, 未必能成人; 自欺者, 必網人. 能自儉
者, 未必能周人; 自忍者, 必害人. 此無他, 爲善難, 爲惡易."

·網(망) : 그물질하다　·周(주) : 두루 미치다, 지극하다

11.164. 《경행록》에 나온다.

"부유하고 귀해지는 건 착해지는 것보다 쉬운데, 나쁘게 되는
것도 역시 어렵지 않다."

景行錄云: "富貴易於爲善, 其爲惡也亦不難."

11.165. 공자가 말하였다.

"부유함을 구한다고 해서 얻을 수 있다면, 비록 채찍을 잡고 말
을 부리는 일이라도 나는 하겠다. 허나 구하여도 얻을 수 없다면,
내가 좋아하는 것을 하리라."

子曰: "富而可求也, 雖執鞭之士, 吾亦爲之. 如不可求, 從吾
所好."

·鞭(편) : 채찍

11.166. 천 권의 시서는 얻기 어려운데도 쉽게 내버려두고, 평범
한 옷과 음식은 쉽게 얻는 것이지만 물리치기 어렵다.

千卷詩書難却易, 一般衣飯易却難.

해설　몸뚱이 하나를 편안하게 하는 데는 열심이지만, 마음을 비우는
일에는 통 관심이 없다. 몸매는 관리하면서 마음은 관리하지 않는다.

11.167. 하늘이 사람의 녹봉을 끊는 일은 없다.

天無絶人之祿.

 사람의 녹봉을 끊는 것은 사람 그 자신이지 하늘이 아니다. 하늘은 그저 응답을 할 뿐이다.

11.168. 한 몸에는 또 한 몸의 근심이 있다.

一身還有一身愁.

 인생은 괴로움[苦]이다. 이 괴로움으로부터 완전하게 자유로워지지 않는 한, 근심이 없을 수 없다.

11.169. 공자가 말하였다.

"사람이 멀리 생각하지 않으면 반드시 가까운 근심이 생긴다."

子曰: "人無遠慮, 必有近憂."

 원려(遠慮)란 보이지 않는 것, 내밀한 것, 지극한 것에 대한 깊은 생각이다. 천지와 하나가 되려는 생각이다. 이익을 구하기 위해 미래를 예측하라는 말이 아니다. 나를 넘어서 우리, 그리고 후손을 위해서 지극하게 하라는 말이다.

11.170. 가벼이 허락하는 자는 반드시 믿음이 적고, 앞에서 칭찬하는 자는 돌아서면 반드시 비난한다.

輕諾者信必寡, 面譽者背必非.

·諾(락) : 대답하다, 끄덕이다 ·背(배) : 등, 등을 돌리다

11.171. 허경종이 말하였다.

"봄비는 땅을 기름지게 해 주나 길가는 사람은 진창길이 되었다고 싫어하고, 가을달은 휘영청 밝으나 도둑은 환하게 비춘다고 미워한다."

許敬宗曰: "春雨如膏, 行人惡其泥濘; 秋月揚輝, 盜者憎其照鑑"

·膏(고) : 기름지다　·泥(니) : 진흙, 진창　·濘(녕) : 진창
·揚(양) : 떠오르다, 나타나다　·輝(휘) : 빛나다　·鑑(감) : 비추다

역주_ 허경종은 당나라 때의 정치가로, 자는 연족(延族)이다. 고종실록과 태종실록을 개편하였다.

11.172. 《경행록》에 나온다.

"대장부는 착함을 보는 게 밝기 때문에 명분과 절의를 태산보다 무겁게 여기고, 마음 씀이 굳세기 때문에 죽살이를 기러기 털보다 가볍게 여긴다."

景行錄云: "大丈夫, 見善明, 故重名節於泰山; 用心剛, 故輕死生如鴻毛."

역주_ '죽살이'는 죽고 사는 것의 의미로, 사생(死生)의 순 우리말이다.

해설_ 이런 말도 있다. "죽음이란 태산보다 무거울 수도 있고, 때로는 기러기 털보다 가벼울 수도 있다."(死或重於泰山, 或輕於鴻毛)

11.173. 《경행록》에 나온다.

"밖의 일에는 작고 큰 것이 없고, 속의 욕심에는 얕고 깊음이 없으니, 과단성이 있으면 살고, 과단성이 없으면 죽는다. 대장부

는 이 과단성을 우선으로 한다."

景行錄云: "外事無小大, 中慾無淺深, 有斷則生, 無斷則死.
大丈夫以斷爲先."

11.174. 공자가 말하였다.

"알면서도 하지 않는 것은 모르는 것만 못하고, 가까우면서도
믿지 않는 것은 가까이하지 않는 것만 못하다. 즐거워할 일이 찾
아오면 즐거워하되 교만하지 말고, 근심거리가 이르러도 생각은
하되 걱정은 하지 말라."

子曰: "知而不爲, 莫如勿知; 親而弗信, 莫如勿親. 樂之方至,
樂而勿驕; 患之所至, 思而勿憂."

·弗(불): '불'(不)과 같다. 아니다

11.175. 맹자가 말하였다.

"비록 지혜가 있어도 형세를 잘 이용하는 것만 못하고, 비록 좋
은 쟁기가 있어도 때를 기다리는 것만은 못하다."

孟子云: "雖有智慧, 不如乘勢; 雖有鎡基, 不如待時."

·鎡基(자기) : 김을 매는 농구, 괭이

11.176. 《여씨향약》에 나온다.

"품성을 닦는 일은 서로 권하고, 허물은 서로 바로잡아 주며,
예에 합당한 풍속은 함께 이루어 가고, 환난을 만나면 서로 돌봐
준다."

呂氏鄉約云: "德業相勸, 過失相規, 禮俗相成, 患難相恤."

·規(규) : 바로잡다   ·恤(휼) : 동정하다, 돌봐 주다

역주_《여씨향약》은 송나라 때 여대충(呂大忠)의 저작으로, 주희는 이를 첨삭하고 주석하여 《주자증손여씨향약》으로 펴냈다. 후대에 향약의 모범이 되었다.

11.177. 남이 못 된 것을 보면 안타까워하고, 남이 잘 된 것을 보면 즐거워하며, 남이 위급할 때에는 도와주고, 남이 위태로울 때에는 구해주라.

悶人之凶, 樂人之善, 濟人之急, 求人之危.

11.178. 눈으로 본 일도 오히려 참이 아닐 수 있는데, 등 뒤에서 하는 말을 어찌 깊이 믿을 수 있으리오?

經目之事, 猶恐未眞, 背後之言, 豈足深信?

·經(경) : 지나다, 겪다

11.179. 사람은 제 허물 알지 못하고, 소는 제 힘이 센 줄 모른다.

人不知己過, 牛不知力大.

11.180. 자기 집 두레박의 끈이 짧은 것은 한탄하지 않으면서, 그저 남의 집 우물이 깊은 것만 안타까워하는도다.

不恨自家蒲繩短, 只恨他家苦井深.

·蒲繩(포승) : 두레박 끈 ·苦井(고정) : 물맛이 쓴 우물 또는 맑은 우물

11.181. 운이 좋아서 벗어나기도 하고, 죄가 없이도 괴로움을 당하기도 한다.

僥倖脫, 無辜報.

·僥倖(요행) : 뜻밖에 얻은 복 ·辜(고) : 허물

11.182. 부정한 재물을 취하는 사람이 온. 세상에 넘쳐나지만, 박복한 사람만 죄에 걸린다.

贓濫滿天下, 罪拘薄福人.

·贓(장) : 장물 ·濫(람) : 넘치다

11.183. 사람의 욕심은 쇠와 같고, 공공의 법은 용광로와 같다.

人心似鐵, 官法如爐.

11.184. 태공이 말하였다.

"사람의 욕심을 채우기가 어렵지, 골짜기를 채우기는 쉽다."

太公曰: "人心難滿, 谿壑易盛."

·壑(학) : 골짜기, 도랑 ·盛(성) : 담다, 채우다

11.185. 하늘이 늘 그러했던 길을 바꾸면, 바람이 불지 않아도 비가 오고, 사람이 늘 가던 길을 바꾸면, 병이 나지 않아도 죽는다.

天若改常, 不風卽雨; 人若改常, 不病卽死.

11.186. 《장원시》에 나온다.

"나라가 바르게 굴러가면 하늘도 따라주고, 벼슬아치가 청렴하
면 백성은 저절로 편안하다. 지어미가 슬기로우면 지아비의 허물
이 적어지고, 자식이 효도하면 아버지의 마음이 너그러워진다."

壯元詩云: "國正天心順, 官淸民自安. 妻賢夫禍少, 子孝父心寬."

11.187. 맹자가 말하였다.

"하·은·주 세 나라가 천하를 얻은 것은 어짊 덕분이었고, 천하
를 잃은 것은 어질지 못하였기 때문이다. 나라가 쇠퇴하거나 일
어나거나 지속하거나 망하는 것 또한 그러하다. 천자가 어질지
못하면 천하를 지키지 못하고, 제후가 어질지 못하면 사직을 지
키지 못하고, 경대부가 어질지 못하면 조상의 사당을 지키지 못
하고, 일반 백성이 어질지 못하면 제 몸을 지키지 못한다. 이제 죽
거나 망하는 것을 싫어하면서도 어질지 못한 짓을 즐겨하는데,
이는 취하는 걸 싫어하면서도 억지로 술을 마시는 것과 같다."

孟子曰: "三代之得天下也, 以仁; 其失天下也, 以不仁. 國之
所以廢興存亡者, 亦然. 天子不仁, 不保四海; 諸侯不仁, 不保

社稷; 卿大夫不仁, 不保宗廟; 庶人不仁, 不保四體. 今惡死亡
而樂不仁, 是猶惡醉而强酒."

11.188. 공자가 말하였다.

"처음 나무 인형을 만든 자는 후손이 없을 것이로다!"

子曰: "始作俑者, 其無後乎!"

11.189. 공자가 말하였다.

"나무가 먹줄을 좇으면 곧아지고, 사람이 간언을 받아들이면
거룩해진다."

子曰: "木受繩則直, 人受諫則聖."

11.190. 불교 경전에 나온다.

"모든 짓는 법이란 꿈과 같고 허깨비 같고 물거품 같고 그림자
같고 이슬 같고 번개 같나니, 마땅히 이와 같이 보아야 하느니라."

佛經云: "一切有爲法, 如夢幻泡影, 如露亦如電, 應作如是觀."

·幻(환) : 허깨비   ·泡(포) : 물거품   ·影(영) : 그림자

11.191. 한 줄기 푸른 산 그 빛깔 그윽한데,

앞사람이 밭 갈고 뒷사람이 거두네.

뒷사람아, 거둔다고 기뻐하지 말라,

다시 거둘 사람이 네 뒤에 있느니라.

一派靑山景色幽, 前人田土後人收.
後人收得莫歡喜, 更有收人在後頭.

해설_ 내가 뿌렸다고 내가 다 거두는 것은 아니다. 더구나 마음의 밭에 뿌린 것은 나뿐만 아니라 수많은 사람이 두고두고 거둘 수 있다. 예수를 보고, 붓다를 보고, 마호메트를 보고, 공자를 보라. 그들이 뿌린 것을 아직도 사람들이 거두고 있지 않은가? 그러니 짧은 식견으로 혼자 기뻐하지 말라.

11.192. 소동파가 말하였다.

"까닭 없이 천금을 얻는다면 큰 복이 있는 것이 아니라 반드시 큰 재앙이 있으리라."

蘇東坡云: "無故而得千金, 不有大福, 必有大禍."

역주_ 소동파(蘇東坡 ; 1036~1101)는 북송 때의 대문장가다. 이름은 식(軾)이고, 자는 자첨(子瞻)이다. 부친인 소순(蘇洵)과 아우인 소철(蘇轍) 등과 함께 당송팔대가의 한 사람이다. 이지적인 학자면서 섬세한 시인이기도 한 그는 선(禪)에도 깊이 파고들었다. 〈적벽부〉(赤壁賦)는 그의 걸작이며, 수많은 시와 글을 남겼다.
해설_ 그래서 옛사람들은 요행(僥倖)을 바라지 않았다. 요행은 한때는 복인 듯이 보이지만, 곧 돌변하여 재앙이 되기 때문이다. 그러니 요행을 바라지 말라.

11.193. 《경행록》에 나온다.

"큰 잔치를 자주 열어서는 안 되고, 금석문자를 가벼이 여겨서는 안 되니, 모두 화를 부르는 시초다."

景行錄云: "大筵宴不可屢集, 金石文字不可輕爲, 皆禍之端."

·筵(연) : 자리   ·宴(연) : 잔치   ·屢(루) : 여러, 자주

 금석문자는 문자 그대로 쇠나 돌에 새긴 글자인데, 이는 후세에도 두고두고 남는 것이다. 그러니 함부로 다루어서는 큰 허물을 저지를 수 있으므로 신중하게 다루어야 한다는 말이다.

11.194. 공자가 말하였다.

"장인이 제 일을 잘하려고 한다면, 반드시 연장을 먼저 날카롭게 해야 한다."

子曰: "工欲善其事, 必先利其器."

11.195. 어찌 오지도 않고 가지도 않는 것과 같으리?

기쁨도 즐거움도 없고 근심도 없도다.

爭似不來還不往? 也無歡樂也無愁.

 가는 게 있으므로 오는 게 있고, 오는 게 있으므로 가는 게 있다. 모든 건 양면성을 띠고 있고 또 동시적이다. 기쁨이나 즐거움만 있을 수는 없다. 근심이 있으므로 기쁨도 즐거움도 있다. 기쁨을 떠올리는 순간, 이미 거기에는 근심이 자리하고 있다. 있는 그대로 보면, 둘이 아니다. 주관이든 객관이든 보려고 애쓰는 순간, 모든 건 둘로 나누어진다. 그러고는 가려내고 하나를 택한다. 거기서 인생의 괴로움은 시작된다. 있는 그대로 보라!

11.196. 강절 소옹 선생이 말하였다.

 "어떤 사람이 와서 점괘를 묻되, 어떠한 것이 재앙이고 복입니까? 내가 남을 못살게 구는 게 재앙이요, 남이 나를 못살게 구는 건 복이니라."

　康節邵先生曰: "有人來問卜, 如何是禍福? 我虧人是禍, 人虧我是福."

11.197. 천 칸짜리 큰 집이라도 밤이면 여덟 자 방에 눕고, 만 이랑의 좋은 밭이 있어도 하루에 먹는 건 두 되뿐.

　大廈千間, 夜臥八尺; 良田萬頃, 日食二升.

　·廈(하) : 큰 집　·頃(경) : 밭 넓이 단위

11.198. 불효하는 자는 거짓으로 천 묶음의 종이돈을 태우고,
　마음이 이지러진 자는 굽은 마음으로 만 개 화로에 향을 사른다.
　신명이란 본시 정직하게 작용하는 것인데,
　어찌 법을 어긴 자의 뇌물을 좋아하리오?

　不孝謾燒千束紙, 虧心枉爇萬爐香.
　神明本是正直做, 豈愛人間枉法贓?

　·謾(만) : 속이다　·枉(왕) : 굽다, 헛되이　·爇(설) : 불사르다　·爐(로) : 화로

11.199. 오래 머물면 사람을 하찮게 만들고,
　자주 오면 친하던 사이도 멀어진다.
　그저 사흘이나 닷새 만에 보아서,

만나도 처음 같지 않게만 하라.

久住令人賤, 頻來親也疎. 但看三五日, 相見不如初.

·頻(빈) : 자주

11.200. 목이 마를 때 한 방울의 물은 달디 단 이슬과 같으나, 취한 뒤에 한 잔 더하는 것은 마시지 않느니만 못하지.

渴時一滴如甘露, 醉後添盃不如無.

·渴(갈) : 목이 마르다　·滴(적) : 물방울　·添(첨) : 더하다

11.201. 술이 사람을 취하게 하는 것이 아니라 사람이 스스로 취하는 것이요, 미인이 사람을 호리는 것이 아니라 사람이 스스로 홀리는 것이다.

酒不醉人人自醉, 色不迷人人自迷.

11.202. 맹자가 말하였다.

"어질게 되려 하면 부유해지지 못하고, 부유해지려 하면 어질지 않게 된다."

孟子云: "爲仁不富矣, 爲富不仁矣."

11.203. 공자가 말하였다.

"아, 끝났구나! 여색을 좋아하듯 덕을 좋아하는 자를 아직도 보지 못하였으니."

子曰: "已矣乎! 未見好德如好色者也."

11.204. 공명정대한 마음을 사사로운 마음으로 여긴다면, 무슨 일인들 분명하게 가려내지 못하겠는가? 깨달으려는 마음을 정에 치우친 마음과 같이 여긴다면, 부처가 된 지 오래되었으리라.

公心若比私心, 何事不辨? 道念若同情念, 成佛多時.

·比(비) : 견주다, 나란히 하다   ·多時(다시) : 오래되다

11.205. 노자가 말하였다.

"집착하는 자는 이치와 덕에 대해 말하지 않는다."

老子云: "執着之者, 不名道德."

11.206. 지난 뒤에야 비로소 이전의 일이 그릇되었음을 알게 되

고, 늙어서야 비로소 젊었을 때에 넉넉하였음을 알아채는구나.

過後方知前事錯, 老來方覺少時餘.

11.207. 양웅이 말하였다.

"군자는 제 몸을 닦으면서 이치와 덕을 즐기고, 소인은 절도가 없으면서 칭찬 듣는 것을 좋아한다. 덕을 닦는 일이 날마다 더해지면, 지혜로운 생각은 날로 가득해지리라."

楊雄曰: "君子修身, 樂其道德; 小人無度, 樂聞其譽. 修德日益, 智慮日滿."

11.208. 공자가 말하였다.

"군자는 지위가 높아지면 자신을 낮추면서 더욱 겸손해지고, 소인은 총애를 받으면 권세를 믿고 교만과 사치를 다한다. 소인은 소견이 좁으면서 쉽게 채우려 하고, 군자는 식견이 깊어서 잘 넘치지 않는다. 그러므로 병풍은 찢어지더라도 그 틀은 여전히 남고, 군자는 가난하더라도 예의와 올바름이 늘 남아 있다."

子曰: "君子高則卑而益謙, 小人寵則倚勢驕奢. 小人見短易盈, 君子見深難溢. 故屏風雖破, 骨格猶存, 君子雖貧, 禮義常在."

·寵(총) : 괴다, 사랑받다   ·溢(일) : 넘치다   ·骨格(골격) : 뼈대, 틀

11.209. 《공자가어》에 나온다.

"나라가 흥하려고 할 때에는 진실로 임금에게 직언하는 신하가 있고, 집안이 잘 되려고 할 때에는 반드시 어버이의 잘못을 간언하는 자식이 있다."

家語云: "國之將興, 實在諫臣; 家之將榮, 必有爭子."

11.210. 공자가 말하였다.

"천명을 알지 못하면 군자라 할 수 없고, 예의를 알지 못하면 자신을 바로 세울 수 없고, 말을 알지 못하면 남을 알 수 없다."

子曰: "不知命, 無以爲君子也; 不知禮, 無以立也; 不知言, 無以知人也."

해설 - 천명을 안다는 것은 천지의 이치를 아는 것이다. 천지의 이치를 알기 위해서는 먼저 나를 알아야 한다. 자각(自覺)해야 한다. 자각의 길을 가는 자가 군자다. 군자가 자각하는 순간, 저절로 천명을 알게 된다. 예의를 아는 것은 곧 맺고 끊음이 분명하다는 말이다. 맺고 끊음이 불분명하면 자신을 세울 근거를 찾지 못하고, 그러면 자립(自立)할 수 없다. 말을 안다는 것은 말 자체를 안다는 것이 아니다. 말하는 사람과 말이 이루어지는 미묘한 상황을 안다는 것이다. 그러기 위해서는 말을 귀로 들어서는 안 된다. 말을 텅 빈 마음으로 들을 줄 알아야 한다. 마음을 비운 사람은 모든 것을 있는 그대로 보고 들으므로 참으로 알게 된다.

11.211. 《논어》에 나온다.

"덕이 있는 자는 반드시 그에 걸맞은 말을 하지만, 말을 한다고 해서 반드시 덕이 있는 것은 아니다."

論語云: "有德者必有言, 有言者不必有德."

 《논어》〈헌문〉(憲問)편에 나오는데, 다음의 한 구절이 더 있다. "어진 자는 반드시 용기가 있으나, 용기가 있다고 해서 반드시 어진 것은 아니다."(仁者必有勇, 勇者不必有仁.) 지혜와 어짊과 용기는 하나다. 지혜 없는 어짊은 동정이 되고, 지혜 없는 용기는 혼란을 일으키며, 어짊이 없는 지혜는 각박하고, 어짊이 없는 용기는 폭력이 되며, 용기 없는 지혜는 교만이 되고, 용기 없는 어짊은 순응한다.

11.212. 염계 주돈이 선생이 말하였다.

"솜씨 있는 자는 말을 잘하고 서투른 자는 침묵하며, 솜씨 있는 자는 수고롭고 서투른 자는 한가하며, 솜씨 있는 자는 남을 해치고 서투른 자는 덕을 갖추며, 솜씨 있는 자는 잘 못 되고 서툰 자는 잘 된다. 오호라! 천하 사람들이 서툴게 되면 형벌로 다스리는 정치가 그치고 위는 편안하고 아래는 잘 따르며 풍속은 맑고 폐단은 없어지리라."

濂溪先生曰: "巧者言, 拙者黙; 巧者勞, 拙者逸; 巧者賊, 拙者德; 巧者凶, 拙者吉. 嗚呼! 天下拙, 刑政撤, 上安下順, 風淸弊絶."

·撤(철) : 거두다, 그만두다   ·弊(폐) : 해지다, 폐단

 주돈이(周惇頤 ; 1017~1073)는 송나라 때의 유학자로, 자는 무숙(茂叔)이다. 살아 있을 때에는 널리 알려지지 않았으나, 주희(朱熹)가 맹자(孟子) 이래의 절학(絶學)을 전한 사람이라는 평가를 함으로써 존중받기 시작하였다. 저서에는 《태극도》(太極圖), 《태극도설》(太極圖說), 《통서》(通書) 등이 있다. '철'(撤)이 원본에서는 '철'(徹)로 되어 있는데,

바로잡았다.

11.213. 《설원》에 나온다.

"산이 지극히 높으면 구름과 비가 일고, 물이 지극히 깊으면 이무기와 용이 생겨나며, 군자가 이치를 지극하게 행하면 복록이 저절로 있으리라."

說苑云: "山致其高, 雲雨起焉; 水致其深, 蛟龍生焉; 君子致其道, 福祿存焉."

11.214. 《주역》에 나온다.

"덕은 미미하면서 지위는 높고 지혜는 작으면서 꾀하는 것이 큰데도 화를 당하지 않는 자는 드물다."

易曰: "德微而位尊, 智小而謀大, 無禍者鮮矣."

11.215. 순자가 말하였다.

"지위가 높으면 위태로워질 것을 대비하고, 맡은 일이 중하면 그만두게 될 것을 대비하고, 멋대로 할 만큼 총애를 얻었을 때에는 욕볼 것을 대비하라."

荀子云: "位尊則防危, 任重則防廢, 擅寵則防辱."

·擅(천) : 멋대로, 멋대로 하다

해설_ 《순자》〈중니〉(仲尼)편에는 다음과 같이 나온다. "지위가 높으면 반드시 위태로워지고, 맡은 일이 중하면 반드시 쫓겨나고, 총애를 차지하면 반드시 욕보게 된다."(位尊則必危, 任重則必廢, 擅寵則必辱) 다음과 같은 구절도 있다. "충만할 때에는 모자랄 것을 생각하고, 평탄할 때에는 험준해질 것을 생각하고, 편안하면 위태로워질 것을 생각하라."(滿則慮嗛, 平則慮險, 安則慮危)

11.216. 공자가 말하였다.

"무릇 사람의 경우는 반드시 자신을 스스로 업신여긴 뒤에야 남이 그를 업신여기고, 집안의 경우도 반드시 자기 집안을 업신여긴 뒤에야 남들이 그 집안을 업신여기며, 나라의 경우도 반드시 제 나라를 스스로 친 뒤에야 남들이 그 나라를 친다."

子曰: "夫人必自侮, 然後人侮之; 家必自侮, 然後人侮之; 國必自伐, 然後人伐之."

해설_ 잘나고 못난 것은 모두 나 자신에서 비롯된다. 남이 나를 어떻게 대하는가는 내가 나 자신을 어떻게 대하는가에 달려 있다. '자존심이 상한다'고 말하는데, 자존심은 남이 상하게 할 수 없다. 자존심은 스스로 높이는 마음이기 때문이다. 따라서 그런 말을 하는 것 자체가 자존심이 없는 것이고, 자존할 줄 모름을 드러내는 것이다.

11.217. 《설원》에 나온다.

"벼슬아치는 벼슬을 얻으면 게을러지고, 병은 조금 나아진 데서 더 심해지며, 재앙은 게으름에서 생기고, 효도는 아내와 자식으로 말미암아 시들해지니, 이 네 가지를 잘 살펴서 끝까지 처음처럼 삼가라."

說苑云: "官怠於宦成, 病加於少愈, 禍生於懈惰, 孝衰於妻子, 察此四者, 愼終如始."

·宦(환) : 벼슬   ·愈(유) : 낫다   ·懈(해) : 게으르다   ·惰(타) : 게으르다

 초심(初心)이 곧 선심(禪心)이라는 말이 있다. 깨닫겠다고 했던 처음의 그 순수한 마음, 바로 그것이 선의 마음이요 선의 본령이라는 말이다. 발보리심(發菩提心)이야말로 바로 불성(佛性)이다. 문제는 그것을 순간순간 그대로 간직하지 못한다는 데에 있다. 그러다가 세월이 흐르면 어느새 처음의 그 마음, 그 발보리심은 온데간데없고, 허망한 육신과 망령된 생각만 남아서 세속의 명리만을 탐하게 된다. 아, 얼마나 슬픈 일인가! 그러니 처음의 마음을 잊지 않도록 늘 삼가고 삼가야 하리라.

11.218. 공자가 말하였다.

"윗자리에 있으면서 너그럽지 못하고, 예를 행하면서 공경을 다하지 않고, 상을 당해서는 슬퍼하지 아니하는데, 내 무엇으로 그를 더 살피겠는가?"

子曰: "居上不寬, 爲禮不敬, 臨喪不哀, 吾何以觀之哉?"

 예의란 형식을 차리는 데에 있지 않다. 예의는 마음을 다하여 행하는 것이다. 마음을 다하지 않는 행동, 그것은 예의가 아니라 허례(虛禮)다.

11.219. 맹자가 말하였다.

"군자가 없다면 촌사람을 다스릴 수 없고, 촌사람이 없으면 군자를 기를 수 없다."

孟子曰: "無君子莫治野人, 無野人莫養君子."

11.220. 《직언결》에 나온다.

"임금과 아비를 섬기는 일은 참된 마음과 효도로써 하고, 임금과 아비 노릇은 은혜와 사랑으로 한다. 집안과 나라가 다를 게 없고, 임금과 아비는 서로 같다. 덕이 나를 드러내주고 이름을 드날리게 해 준다. 오로지 마음이 참되고 효도한다면, 영화와 부귀는 부르지 않아도 저절로 오고, 욕됨은 쫓아내지 않아도 저절로 간다."

直言訣曰: "事君父者, 以忠孝; 爲君父者, 以慈愛. 家與國無異, 君與父相同. 德顯己揚名. 惟忠與孝, 榮貴不招而自來, 辱不逐而自去."

11.221. 노자가 말하였다.

"부모와 형제와 처자가 화목하지 않은 건 은혜롭지 못하고 효도하지 않기 때문이요, 나라와 집안이 어지러운 건 참된 신하가 없기 때문이다."

老子曰: "六親不和, 不慈孝; 國家昏亂, 無忠臣."

11.222. 《공자가어》에 나온다.

"자애로운 아비라도 효도하지 않는 자식은 아끼지 않고, 총명한 임금이라도 이롭지 않은 신하는 받아들이지 않는다."

家語云: "慈父不愛不孝之子, 明君不納無益之臣."

11.223. 노비는 돈을 써야 살 수 있고, 자식은 배를 찢는 고통을

겪고서야 낳는다.

奴須用錢買, 子須破腹生.

11.224. 입어서 해지는 건 그대 옷이건만, 깁느라 죽도록 고생하는 건 그대 아내로다.

着破是君衣, 死了是君妻.

·君(군) : 그대

11.225. 남이 가난하다고 비웃지 말라,
돌고 도는 것이 공평한 이치니.
남이 늙었다고 비웃지 말라,
결국은 늙음이 나에게도 오느니.

莫笑他家貧, 輪回事公道. 莫笑他人老, 終須還到我.

해설 _ 열흘 붉은 꽃이 없다고 했던가? 가난도 부유함도 크게 보면 모두 한때의 일. 아첨할 것도 없지만, 교만하게 굴 것은 더욱 없다. 태어난 것은 모두 늙고 죽는다. 거지도 부자도 마찬가지다. 이 때문에 붓다가 출가를 하지 않았던가. 늙음과 죽음은 피할 수 없다. 다만 조금 늦출 수 있을 뿐이다. 돌고 도는 것이 세상의 법칙이요 도리인 줄 알아서, 언제나 겸허해야 하리라.

11.226. 이 날이 지나면 목숨 또한 따라서 줄어드나니, 얕은 물의 물고기와 같은데 어이 즐거워하리오?

是日以過, 命亦隨減, 如少水魚, 於斯何樂?

해설 _ 삶은 곧 죽음이다. 그 둘은 따로 있지 않다. 삶의 뒷모습이 죽음이요, 죽음의 앞모습이 삶이다. 인생 100년이란 것도 따지고 보면, 한 여름 소나기에 생긴 물웅덩이에서 펄떡이는 물고기와 다를 바 없는 데. 살아 있다고 날뛸 것도 없고, 괴롭다고 앓는 소리를 할 것도 없다. 삶과 죽음, 그 둘은 늘 함께 있다는 것을 알고 평심(平心)하게 살면 되리라.

11.227. 《경행록》에 나온다.

"그릇이 가득 차면 넘치고, 사람이 많으면 다스림을 잃는다."

景行錄云: "器滿則溢, 人滿則喪."

해설 사공이 많으면 배가 산으로 가는 법. 다스리는 사람이 적다고 다스려지지 않고, 다스리는 사람이 많다고 잘 다스려지는가? 역사에 그 답이 있다. 역사가 아무리 인간의 작위로 이루어진다고 하지만, 역시 자연의 섭리에서 벗어날 수는 없다. "지나침은 그 자체로 허물이다!"

11.228. 양고기국이 맛 좋다 하나, 뭇사람의 입에 다 맞기는 어렵다.

羊羹雖美, 衆口難調.

·羹(갱) : 국   ·調(조) : 조절하다

11.229. 한 자나 되는 구슬이 보배는 아니니, 짧은 시간이야말로 다투어 써야 할 보배다.

尺璧非寶, 寸陰是競.

해설 시간은 돈이 아니다. 시간은 삶이요 자연이요 우주다. 시간은 값을 매길 수 있는 게 아니다. 그러니 한순간도 헛되이 써서는 안 된다. 헛되이 보낸 시간은 그대로 주검이다. 산 자가 지나간 자리에 그윽한 향기가 남지 않고 썩은 냄새를 풍기는 주검이 남는다면, 이 얼마나 끔찍한가?

11.230. 《한서》에 나온다.

"금이나 옥은 배고플 때 먹을 수 없고 추울 때 입을 수 없다. 그래서 예로부터 곡식과 비단을 귀하게 여겼다."

漢書云: "金玉者, 飢不可食, 寒不可衣. 自古以穀帛爲貴也."

11.231. 《익지서》에 나온다.

"흰 옥을 진흙탕에 던져도 그 빛을 더럽게 물들일 수 없고, 군자는 혼탁한 곳을 다니더라도 그 마음을 더럽히거나 어지럽히지 않는다. 그러므로 소나무와 잣나무는 눈과 서리를 견디어 내고, 현명하고 지혜로운 사람은 곤란과 위험을 거뜬히 헤쳐 나간다."

益智書云: "白玉投於泥塗, 不能汚涅其色; 君子行於濁地, 不能染亂其心. 故松柏可以耐雪霜, 明智可以涉艱危."

·泥(니) : 진흙   ·塗(도) : 진흙, 길   ·汚(오) : 더럽다
·涅(녈) : 개흙, 검은 물을 들이다   ·耐(내) : 견디다   ·涉(섭) : 건너다

11.232. 공자가 말하였다.

"어질지 못한 자는 간소함에 오래 머물지 못하고, 즐거움에 길

이 머물지 못한다.”

子曰: “不仁者, 不可以久處約, 不可以長處樂.”

·約(약) : 간소함, 소박함

해설 《논어》〈이인〉(里仁)편에 나오는 말인데, 〈팔일〉(八佾)편에 나오는 다음 구절도 함께 새겨보라. 공자가 말하였다. “사람이 어질지 못한데, 예의를 차려서 무엇하겠는가? 사람이 어질지 못한데, 음악을 갖춘들 무엇하겠는가?”(子曰: “人而不仁, 如禮何? 人而不仁, 如樂何?”) 예의의 본질은 간결함과 간소함에 있다. 어질지 못한 자나 지혜롭지 못한 자는 간결하거나 간소하면 대단하게 여기지 않는다. 해도 한 것처럼 느끼지 못한다. 무언가 그럴 듯해 보이는 것이 있어야 한다고 생각한다. 그래서 일을 자꾸 복잡하게 만들고, 자극적으로 꾸민다. 예의란 보거나 듣거나 행하는 것이 이치에 맞는 것을 의미한다. 이치가 어디 복잡한가? 평상심(平常心)이 바로 도(道)라고 했다. 그런 평상심으로 사는 것이 바로 예의에 알맞는 것이다. 우리는 평생을 일상 속에서 산다. 그러니 일상이 오래가는 것, 무미건조하고 따분하게 여겨질 것 같은 일상이 오래간다. 바로 그 일상에서 즐거움을 누리는 자가 바로 어진 자요 성인이요 붓다다.

11.233. 어디에서나 인정이 좋기를 바라지 말며, 남 따라서 비싼 술을 마시지는 말라.

無求到處人情好, 不飮從他酒價高.

해설 선가에서 늘 하는 말로 ‘수처작주’(隨處作主)가 있다. 어디를 가든 주인이 되라는 말이다. 제 집에 있으면서도 주인 노릇을 하지 못하고 손님처럼 구는 사람이 있다. 그 얼마나 불행한가? 남에게 대접 받기를 바라거나 남을 따라서 하려고 해서는 안 된다. 먼저 대접하고 나의 본분에 맞게 살아야 하리라.

11.234. 산에 들어가 호랑이를 잡기는 쉬워도, 입을 열어 남에게
일러바치기는 어렵다.

入山擒虎易, 開口告人難.

·擒(금) : 사로잡다

 누구든지 떳떳하지 못한 일에서는 찐덥지 않은, 무언가 걸리는
것이 있으므로 하기 어렵다는 말이다. 아무리 어렵고 힘들어도 떳떳
하다고 자부할 때에는 전혀 걸림이 없는 법이다.

11.235. 맹자가 말하였다.

"하늘의 때는 땅의 이로움만 못하고, 땅의 이로움은 사람들의
화합보다 못하다."

孟子云: "天時不如地利, 地利不如人和."

11.236. 멀리 있는 물로는 가까운 불을 끄지 못하듯, 멀리 있는
친척은 가까운 이웃만 못하다.

遠水不救近火, 遠親不如近隣.

11.237. 태공이 말하였다.

"해와 달이 비록 밝으나 엎어놓은 대야 밑은 비추지 못하고, 칼
날이 비록 잘 들더라도 죄 없는 사람은 베지 못하며, 그릇된 재앙
과 뜻밖의 불행도 삼가는 집안에는 들어가지 않는다."

太公曰: "日月雖明, 不照覆盆之下; 刀劍雖快, 不斬無罪之人, 非災橫禍, 不入愼家之門."

·覆(복) : 뒤집히다, 엎다   ·盆(분) : 동이, 그릇   ·斬(참) : 베다

11.238. 칭찬하고 감탄하면 복이 생기고, 생각을 하면 불행이 찾아오고, 번뇌에 시달리면 병이 생긴다.

讚嘆福生, 作念禍生, 煩惱病生.

해설 여기서 생각을 한다는 것은 분별심(分別心)으로 헤아린다는 말이다. 분별심은 나라고 하는, 또는 나를 위한다고 하는 아상(我相)이나 이기심에서 득실을 따지거나 시비를 일삼거나, 이것과 저것을 가르는 따위의 짓을 하므로, 결국 나와 남이 어울리지 못하게 하고, 갈등을 일으키거나 다투도록 이끈다. 이런 게 불행이 아니겠는가?

11.239. 나라가 깨끗하면 재주 있는 자가 귀하게 대접 받고, 집안이 부유하면 어린 아이가 교만하게 군다.

國淸才子貴, 家富小兒驕.

11.240. 복을 얻었는지는 잘 몰라도 불행이 오면 곧바로 안다.

得福不知, 禍來便覽.

해설 사사로운 욕심이 있으면 만족할 줄을 모른다. 만족할 줄 모르면 복을 누려도 누리는 줄을 모른다. 오히려 더 많은 걸 바란다. 욕심은 결코 채워지지 않는다. 욕심은 끊임없이 불만을 낳기 때문이다. 참된 복은 바로 자족(自足)할 줄 아는 것이다. 자족을 모르는 것, 그것이 불행이다.

11.241. 태공이 말하였다.

"좋은 밭 만 이랑이 있어도 하찮은 기예라도 몸에 익힌 것만은 못하다."

太公曰：“良田萬頃, 不如薄藝隨身.”

11.242. 《주례》에 나온다.

"깨끗한 가난뱅이는 늘 즐거우나, 더러운 부자는 근심이 많다."

周禮云：“淸貧常樂, 濁富多憂.”

11.243. 방이나 집이 높고 화려해야 하는 건 아니니, 비가 새지 않으면 좋다.

옷은 비단으로 지어 입어야 하는 건 아니니, 어울리고 따뜻하면 좋다.

음식은 진수성찬이어야 하는 건 아니니, 배만 부르면 좋다.

아내를 얻을 때엔 예쁜 얼굴을 고를 게 아니니, 현명하고 덕이 있으면 좋다.

아이를 기를 적엔 아들이냐 딸이냐 따질 게 아니니, 효성으로 따르면 좋다.

형제란 많고 적음이 중요치 않으니, 서로 뜻 맞고 잘 따르면 좋다.

친척은 새 사람 묵은 사람 가릴 게 아니니, 자주 오고 가면 좋다.

이웃은 지위의 높낮음을 따질 게 아니니, 화목하게 지내면 좋다.

벗이란 술 마시고 밥 먹는 것으로 되는 게 아니니, 도우며 돌봐 주면 좋다.

벼슬아치는 벼슬의 높고 낮음으로 따지는 게 아니니, 청렴하고 공정하면 좋다.

房屋不在高堂, 不漏便好. 衣服不在綾羅, 和煖便好.
飮食不在珍羞, 一飽便好. 娶妻不在顔色, 賢德便好.
養兒不問男女, 孝順便好. 弟兄不在多少, 和順便好.
親眷不擇新舊, 來往便好. 隣里不在高低, 和睦便好.
朋友不在酒食, 扶持便好. 官吏不在大小, 淸正便好.

·綾(릉) : 무늬 있는 비단 ·羞(수) : 음식, 드리다 ·娶(취) : 아내를 맞다
·眷(권) : 겨레붙이 ·睦(목) : 화목하다

11.244. 도청화상의 《경세》(警世 ; 세상을 일깨움)에 나온다.

좋은 일은 하기 쉽다 해도 할 마음이 없으면 가까이할 수 없지.

네가 만약 좋은 일을 한다고 하더라도 남이 분별할 수 없지.

경전을 산처럼 쌓아 두더라도 인연이 없으면 볼 수가 없지.

오역에다 효성으로 따르지 않는다면 하늘과 땅도 용납하지 않지.

왕법이 하늘과 땅을 지키더라도 범죄를 그치게 할 수 없지.

좋은 밭이 천 이랑 만 이랑 있어도 죽으면 쓸 수가 없지.

혼령 앞에 좋은 음식을 올린들 일어나서 드실 수가 없지.

돈과 재물이 아무리 쌓여 있어도 죽을 때에 가져갈 수 없지.

천명과 운수가 도와주지 않는데 오히려 억지를 부릴 수야 없지.

아들과 손자 집안에 가득 있어도 죽음이 오면 대신할 수 없지.

道淸和尙警世:

善事雖好做, 無心近不得. 你若做好事, 別人分不得.

經典積如山, 無緣看不得. 五逆不孝順, 天地容不得.

王法鎭乾坤, 犯了休不得. 良田千萬頃, 死來用不得.

靈前好供養, 起來喫不得. 錢財過壁堆, 臨終將不得.

命運不相助, 却也强不得. 兒孫雖滿堂, 死來替不得.

11.245. 신선이 되는 길을 닦고 싶다면 먼저 사람의 길을 닦아라.

사람의 길을 닦지 못하면, 신선이 되는 길은 저절로 멀어지리라.

欲修仙道, 先修人道. 人道不能修, 仙道遠矣.

해설- 신선이 되는 길은 따로 있는 게 아니다. 사람의 길이 바로 신선이 되는 길이다. 이치대로 사는 사람이 신선이다. 신선은 무릉도원에 살지 않는다. 바로 여기 이 시끌벅적한 곳에서 살고 있다. 바로 내가 그리고 그대가, 우리 모두가 신선이다.

11.246. 효우 주인궤 선생이 말하였다.

"평생 길을 양보하더라도 백 걸음도 둘러서 가지 않으며, 평생 밭두둑을 양보하더라도 한 조각도 잃지 않으리라."

孝友朱先生曰: "終身讓路, 不枉百步; 終身讓畔, 不失一段."

역주_ 주인궤(朱仁軌)는 당나라 때 사람으로, 자는 덕용(德容)이다. 효자로 널리 알려졌으며, 사사롭게 붙인 시호가 절효선생이다.

11.247. 안자가 말하였다.

"새는 막다른 데에 이르면 쪼고, 짐승은 막다른 데에 이르면 움켜쥐고, 사람은 막다른 데에 이르면 속이고, 말은 막다른 데에 이르면 머뭇거린다."

顔子曰: "鳥窮則啄, 獸窮則攫, 人窮則詐, 馬窮則足去."

·啄(탁): 쪼다   ·攫(확): 움키다   ·詐(사): 속이다   ·足去(걱): 나아가지 못하다

역주_ 안자는 중국 남조(南朝) 때 송(宋)의 주속지(周續之)를 가리키는 듯하다.

11.248. 신경을 써서 꽃을 심어도 살지 않더니, 무심하게 버들을 꽂았는데 숲을 이루는구나.

着意栽花栽不活, 無心揷柳揷成林.

·栽(재): 심다   ·揷(삽): 꽂다

역주_ '착의'(着意)는 '착의'(著意)로도 쓰는데, '유의하다, 주의하다'는 뜻이다.

해설_ 집착하면 있는 그대로 볼 수 없다. 내가 보고 싶은 대로 보게 된

다. 그러니 상대를 적절하면서도 유연하게 대하지 못하고 억지스럽게
대하게 된다. 그래서야 어디 상대를 살릴 수 있겠는가? 서로 어울릴
수 있겠는가? '나'라고 하는 걸 버려라[無心]! 그러면 아무 것도 하지
않는데도 이루어지리라.

11.249. 《경행록》에 나온다.

"재물을 널리 쌓아두는 건 자식을 가르치는 것만 못하고, 재앙
을 피하는 건 그릇됨을 깨닫는 것만 못하다."

景行錄云: "廣積不如教子, 避禍不如省非."

해설 제대로 가르치면 재물이 있든 없든 잘 산다. 재앙에게도 보는 눈
이 있다. 아무나 찾아가지 않는다. 허물이 있는 자를 재앙은 좋아한다.
허물이 있음을 알고서도 고치지 않는 자, 그런 자는 재앙의 총애를 입
으리라.

11.250. 병에는 다스리는 솜씨가 있어야 하고, 급할 때에는 돈이
있어야 한다.

病有工夫, 急有錢.

해설 공부는 재주나 솜씨, 노력, 또는 수단을 강구하는 것을 뜻한다.
병이 들거나 급한 일이 생겨도 마음이 흔들리지 않고 평심(平心)할 수
있으면 좋으련만, 그게 어디 쉬운 일인가? 그런데 진작 마음이 흔들리
지 않고 평심할 수 있었다면, 병이 들거나 급한 일이 생기는 일은 없
었을 것이고, 또 그런 일이 생기더라도 크게 개의치 않을 것이다. 마
음을 그렇게 지닐 수 없다면, 솜씨를 갖추거나 돈이라도 벌어두어야
한다. 최상의 방책은 아니지만, 그래도 구차하지 않으면서 덜 괴로울
테니까.

11.251. 쉽게 얻으면 쉽게 잃는다.

得之易, 失之易.

 쉽게 얻으면 마음에 빈틈이 생긴다. 그래서 실수를 한다. 실수를 하니, 잃는다. 그러면 어렵게 얻어야 하는가? 아니다. 쉽게 얻으면 쉽게 잃지만, 어렵게 얻으면 힘들고 괴롭다. 어느 쪽이나 마음이 쓰인다. 그러니 있는 그대로 보아야 한다. 얻고 잃는 것 자체가 애초부터 없다. 무얼 얻는다는 말인가? 얻었다고 여기지만, 얻은 것은 없다. 그저 잠시 쓸 수 있는 시간을 가졌을 뿐이다. 인생이 나그네라면, 나 또한 나그네다. 내가 나그네라면, 세상의 모든 것도 나그네다. 세상 모든 것이 나그네라면, 나는 그 나그네가 잠시 머무는 주막이 된다. 주막이 나그네를 떠나보내지 않는다면, 다른 나그네가 와도 묵을 수 없다.

11.252. 빙그레 웃으면서 멀건 국을 먹을지언정, 눈살을 찌푸리며 양고기를 먹지는 말라.

寧喫開眉湯, 莫喫皺眉羊.

·開(개) : 펴다   ·皺(추) : 주름잡히다

 "마음이 맑으니 국에 하늘이 비치고, 마음이 흐리니 국에 구름이 끼었도다!"

11.253. 환범이 말하였다.

"한 올의 실을 걸치더라도 베 짜는 여인의 노고를 기억하고, 한 톨의 쌀을 먹더라도 농부의 수고를 생각하라. 배우면서 부지런하지 못하면 이치의 길을 알지 못하고, 밭을 갈면서 부지런하지 못하면 먹을거리를 얻지 못한다. 공경하면 멀었던 사이도 가까워지게 되리라."

桓範曰: "若服一縷, 憶織女之勞; 若食一粒, 思農夫之苦. 學而不勤, 不知道; 耕而不勤, 不得食. 敬則疎者成親矣."

11.254. 《성리서》에 나온다.

"만물을 대하는 요체란, 자기가 바라지 않는 것을 남에게 하지 않고, 행하여 되지 않는 일이 있을 때에 돌이켜 자신에게서 구하는 것이다."

性理書云: "接物之要, 己所不欲, 勿施於人, 行有不得, 反求諸己."

11.255. 술과 미색과 재물과 세력, 이 넷으로 담장을 두른 곳
그 안 행랑채에 부자와 가난뱅이, 현명한 자와 어리석은 자.
이런 세상에서 뛰쳐나올 수 있는 사람이라면
그가 바로 죽지 않는 비방을 지닌 신선이리라.

酒色財氣四堵墻, 多少賢愚在內廂.
若有世人跳得出, 便是神仙不死方.

·氣(기) : 기세, 세력　·堵(도) : 담　·多少(다소) : 여기서는 가진 것이 많은 자와
적은 자를 가리키므로 부자와 가난뱅이를 뜻한다　·廂(상) : 행랑

해설　사람을 호리는 것으로 가득한 세상에서 뛰쳐나간다고 하는 것은
어디 다른 데로 간다는 것이 아니라, 그 속에 있으면서 자유자재하다
는 것을 뜻한다. 연꽃이 진흙탕에서 피듯이.

11.256. 살아갈 때에는 지혜가 생기지 않더니,

지혜가 생기자 쉬이 늙는구나.

마음에 모든 지혜 다 생겼으나,

모르는 새에 죽음이 이르렀구나.

　人生智未生, 智生人易老. 心智一切生, 不覺無常到.

12. 가르침을 바르게 하라 ••• 立敎篇

12.1. 공자가 말하였다.

"자신을 세우는 데에는 올바름이 있으니 효도가 그 근본이요, 장사 지내고 제사 지내는 데에는 예의가 있으니 슬퍼함이 그 근본이요, 싸움터에서 진을 펴는 데에는 행렬이 있으니 용맹이 그 근본이요, 나라를 다스리는 데에는 이치가 있으니 농사가 그 근본이요, 나랏일을 하는 데에는 길이 있으니 이어감이 그 근본이요, 재화를 생산하는 데에는 때가 있으니 힘씀이 그 근본이니라."

> 子曰: "立身有義, 而孝爲本; 喪祀有禮, 而哀爲本; 戰陣有列, 而勇爲本; 治政有理, 而農爲本; 居國有道, 而嗣爲本; 生財有時, 而力爲本."

·陣(진) : 진, 진을 치다　·嗣(사) : 잇다

12.2. 《경행록》에 나온다.

"정치를 하는 요체는 공명정대함과 청렴이요, 집을 이루는 길은 검약과 부지런함이다."

> 景行錄云: "爲政之要, 曰公與淸; 成家之道, 曰儉與勤."

12.3. 책읽기는 집안을 일으키는 근본이요, 이치를 따름은 집안을
지키는 근본이요, 부지런함과 검약은 집안을 다스리는 근본이요,
온화함과 따름은 집안을 가지런히 하는 근본이다.

讀書, 起家之本; 循理, 保家之本; 勤儉, 治家之本; 和順, 齊家
之本.

12.4. 《경행록》에 나온다.

"부지런함은 부유함의 근본이요, 검약은 부유함의 근원이다."

景行錄云: "勤者富之本, 儉者富之源."

12.5. 《공자삼계도》에 나온다.

"일생의 계획은 어린 시절에 달렸고, 일 년의 계획은 봄에 달렸
으며, 하루의 계획은 새벽에 달렸다. 어려서 배우지 않으면 늙어
도 아는 것이 없고, 봄에 밭을 갈지 않으면 가을에 기대할 게 없
으며, 새벽에 일어나지 않으면 그날에 해낼 것이 없으리라."

孔子三計圖云: "一生之計, 在於幼; 一年之計, 在於春; 一日
之計, 在於寅. 幼而不學, 老無所知; 春若不耕, 秋無所望; 寅
若不起, 日無所辦."

·寅(인) : 오전 세 시에서 다섯 시까지의 인시(寅時)   ·辦(판) : 힘쓰다, 갖추다

역주─《공자삼계도》는 누군가가 공자의 이름을 빌려서 쓴 글이라 여겨
질 뿐, 자세한 것은 알 수 없다. '재어유'(在於幼)가 원본에서는 '재어
근'(在於勤)으로 되어 있으나, 뜻과 문맥이 통하도록 바로잡았다.

해설─ 한나절을 잘 보내려면 밥을 잘 먹고, 하루를 잘 지내려면 잠을
잘 자고, 한 해를 잘 보내려면 겨울에 운동하라.

12.6. 《성리서》에 나온다.

"다섯 가지 가르쳐야 할 조목은 다음과 같으니, 아비와 자식은 서로 가까워야 하고, 임금과 신하는 서로 올발라야 하며, 지아비와 지어미는 서로 달라야 하며, 어른과 아이는 순서가 있어야 하며, 벗끼리는 믿음이 있어야 한다."

性理書云: "五敎之目, 父子有親, 君臣有義, 夫婦有別, 長幼有序, 朋友有信."

12.7. 고령 진양 선생이 선거 땅 수령이 되었을 때, 그 백성에게 가르쳤다.

"나의 백성이 된 자는 이러해야 할 것이니, 아비는 올바르고 어미는 자애로우며, 형은 사랑하고 아우는 공경하며, 자식은 효도하여야 한다. 가시버시는 서로 은혜로워야 하고, 남자와 여자는 서로 달라야 하며, 젊은 사람들은 배워야 하고, 마을 사람들끼리는 예의가 있어야 한다. 가난하거나 곤궁하거나 근심이 있거나 어려움이 있으면 친척들이 서로 구제해 주어야 하고, 혼인이 있거나 장사를 지낼 때에는 이웃이 서로 도와야 한다. 농사짓는 일을 게을리 하지 말고, 도적질을 일삼지 말고, 도박을 익히지 말고, 소송하는 일을 좋아하지 말고, 저는 못하면서 남이 잘하는 걸 깔보지 말고, 부유하면서 가난한 자의 것을 가로채지 말라. 다닐 때에는 길을 양보하고, 밭갈 때에는 밭두둑을 양보하고, 늙은이가 길에서 짐을 지거나 이고 다니지 않게 하라. 그러면 예의에 맞고 올바른 풍속이 이루어지리라."

古靈陳先生爲仙居令, 敎其民曰: "爲吾民者, 父義母慈, 兄友
弟恭, 子孝. 夫婦有恩, 男女有別, 子弟有學, 鄕閭有禮. 貧窮
患難, 親戚相救; 婚姻死喪, 隣保相助. 毋惰農業, 毋作盜賊,
毋學賭博, 毋好爭訟, 毋以惡陵善, 毋以富吞貧. 行者讓路, 耕
者讓畔, 班白者不負戴於道路, 則爲禮義之俗矣."

·閭(려) : 마을의 문　·陵(릉) : 업신여기다　·吞(탄) : 삼키다　·畔(반) : 밭두둑
·班白(반백) : 검은 머리와 흰 머리가 반씩 섞임　·戴(대) : 이다

12.8. 《성리서》에 나온다.

"남을 가르친다는 것은 그 착한 마음을 길러 주어 나쁜 점이 저
절로 사라지도록 하는 것이며, 백성을 다스린다는 것은 공경과
겸양으로 인도하여 다툼이 저절로 그치게 하는 것이다."

性理書云: "敎人者, 養其善心而惡自消; 治民者, 導之敬讓而
爭自息."

12.9. 《예기》에 나온다.

"임금 된 자는 공경에 머물고, 아비 된 자는 자애로움에 머물
고, 자식 된 자는 효도에 머물고, 벗 되는 자는 미쁨에 머문다. 이
러한 도리를 행한다면, 정치의 도리를 행할 수 있으리라!"

禮云: "爲君止於敬, 爲父止於慈, 爲子止於孝, 爲朋止於信.
若爲斯理, 可以爲政理乎!"

12.10. 왕촉이 말하였다.

"참된 신하는 두 임금을 섬기지 않고, 지조 있는 여인은 지아비를 바꾸지 않는다."

王蠋曰: "忠臣不事二君, 烈女不更二夫."

12.11. 충자가 말하였다.

"공사(公事)를 처리할 때에는 공평한 것만한 게 없고, 재물을 다룰 때에는 청렴한 것만한 게 없다."

忠子曰: "治官莫若平, 臨財莫若廉."

12.12. 《설원》에 나온다.

"나라를 다스리는 일은 거문고를 타는 것과 같고, 집안을 다스리는 일은 고삐를 쥐는 것과 같다."

說苑云: "治國若彈琴, 治家若執轡也."

·彈(탄) : 두드리다　·轡(비) : 고삐

12.13. 효도할 때에는 있는 힘을 다하고, 참된 마음을 쓸 때에는 목숨을 다하라.

孝當竭力, 忠則盡命.

12.14. 여자는 곧은 절개와 깨끗한 마음을 우러러 받들고, 남자는 뛰어난 재주와 어진 마음을 본받아야 한다.

女慕貞潔, 男效才良.

12.15. 장사숙의 《좌우명》에 나온다.

"말이란 참되고 미더워야 하며, 행동은 도탑고 공경스러워야 한다. 마시거나 먹을 때에는 삼가고 절제하며, 글자를 쓸 때에는 곧고 반듯해야 한다. 몸가짐은 단정하고 엄정해야 하며, 옷차림은 삼가고 가지런해야 한다. 걸음걸이는 편안하면서도 분명하고, 머물 때에는 바르고 고요해야 한다. 일할 때에는 계획을 세워서 시작하고, 말을 할 때에는 행동을 돌아보아야 한다. 일상에서 한결같은 덕을 굳게 지니고, 승낙할 때에는 신중하게 대답하여야 한다. 남의 좋은 걸 보거든 나에게서 나온 것같이 좋아하고, 남의 나쁜 걸 보거든 자신의 병인 것처럼 여기라.

이 열네 가지는 모두 내가 아직 깊이 살피지 못한 것이다. 이것을 앉는 자리의 귀퉁이에 써 두고 아침저녁으로 보면서 경계로 삼으려 하노라.”

張思叔座右銘曰: 凡語必忠信, 凡行必篤敬. 飮食必愼節, 字畫必楷正. 容貌必端莊, 衣冠必肅整. 步履必安詳, 居處必正靜. 作事必謀始, 出言必顧行. 常德必固持, 然諾必重應. 見善如己出, 見惡如己病. 凡此十四者, 我皆未深省. 書此當座隅, 朝夕視爲警.

·畫(획) : 자획   ·楷(해) : 본뜨다, 곧다   ·履(리) : 신

역주 - 장사숙은 송나라 때 정이(程頤)의 문인(門人)인 장역(張繹)이다. 사숙은 그의 자다.

12.16. 범익겸의 《좌우명》에 나온다.

첫째, 조정에서 논의된 이익과 손해, 변방에서의 보고, 관직의 임명에 대해서는 말하지 말라.

둘째, 지방 관원들의 장점과 단점, 잘한 것과 못한 것에 대해서 말하지 말라.

셋째, 뭇사람이 지은 허물이나 잘못을 말하지 말라.

넷째, 벼슬자리에 나아가는 일이나, 세태를 좇아 권세에 아부하는 일에 대해 말하지 말라.

다섯째, 재물이나 이익이 많고 적은 것, 가난을 싫어하고 부유함을 구하는 데 대해 말하지 말라.

여섯째, 음란한 짓이나 장난질, 여색에 대한 논평을 일삼지 말라.

일곱째, 남의 물건을 탐내거나 술과 음식을 바라는 말은 하지 말라.

또 이런 것이 있다.

남이 편지를 맡기거든 열어보아서도 안 되고 지체해서도 안 된다.

남과 함께 있으면서 그의 사사로운 문서를 엿보아서는 안 된다.

남의 집에 들어가서는 그가 쓴 글을 자세히 보아서는 안 된다.

남의 물건을 빌렸을 때는 손상시키거나 돌려주지 않는 일이 있어서는 안 된다.

음식을 먹을 때에 가리면서 골라 먹어서는 안 된다.

남과 같이 있으면서 저 편하고 이로운 것만을 가려서는 안 된다.

남의 부귀를 감탄하며 부러워하거나 헐뜯어서는 안 된다.

이 가운데 몇 가지라도 어기는 일이 있다면, 마음 씀이 못났고 참된 마음을 지니고 몸을 닦는 데에 아주 방해되는 게 있음이 잘 드러나리라. 이리하여 이 글을 써서 스스로 경계하노라.

范益謙座右銘曰: 一, 不言朝廷利害邊報差除. 二, 不言州縣官員長短得失. 三, 不言衆人所作過惡. 四, 不言仕進官職趨時附勢. 五, 不言財利多少厭貧求富. 六, 不言淫媒戱慢評論女色. 七, 不言求覓人物干索酒食.

又曰: 人附書信, 不可開坼沈滯. 與人並坐, 不可窺人私書. 凡入人家, 不可看人文字. 凡借人物, 不可損壞不還. 凡喫飮食, 不可揀擇去取. 與人同處, 不可自擇便利. 凡人富貴, 不可歎羨詆毀. 凡此數事, 有犯之者, 足以見用意之不肖, 於存心修身, 大有所害. 因書以自警.

·差(차) : 사신 보내다   ·趨(추) : 쫓다   ·媒(설) : 깔보다, 무람없다
·覓(멱) : 구하다   ·坼(탁) : 터지다   ·滯(체) : 막히다   ·窺(규) : 엿보다
·羨(선) : 부러워하다   ·詆(저) : 욕하다

12.17. 무왕이 태공에게 다음과 같이 물었다.

"이 세상에 사는 사람들은 어찌하여 귀하거나 천하거나 가난하
거나 부유하거나 하여 고르지 않습니까? 말씀을 듣고 싶습니다.
이를 알고 싶습니다."

태공이 대답하였다.

"부유함과 귀함은 성인의 덕과 같아서 다 천명에서 말미암습니
다. 부유한 것은 쓸 때에 절도가 있기 때문이고, 부유하지 않은 것
은 집에 열 가지 도둑이 있기 때문입니다."

무왕이 말하였다.

"무엇을 열 가지 도둑이라 합니까?"

태공이 대답하였다.

"익은 곡식을 때맞게 거둬들이지 않는 것이 첫째 도둑이요, 거
두고서 모아 두지 않는 것이 둘째 도둑이요, 일 없이 등불을 켜놓
고 잠자는 것이 셋째 도둑이요, 게을러서 밭을 갈지 않는 것이 넷
째 도둑이요, 생각과 힘을 기울이지 않는 것이 다섯째 도둑이요,
아주 해로운 짓을 멋대로 일삼는 것이 여섯째 도둑이요, 딸을 너
무 많이 기르는 것이 일곱째 도둑이요, 늦게까지 자면서 일어나

기를 싫어하는 것이 여덟째 도둑이요, 술을 탐하고 즐기려는 욕
심이 아홉째 도둑이요, 심하게 질투하는 것이 열째 도둑입니다."

武王問太公曰: "人居世上, 何得貴賤貧富不等? 願聞說之.
欲知是矣."
太公曰: "富貴如聖人之德, 皆由天命. 富者用之有節, 不富者
家有十盜."
武王曰: "何爲十盜?"
太公曰: "時熟不收, 爲一盜; 收積不了, 爲二盜; 無事燃燈寢
睡, 爲三盜; 慵懶不耕, 四盜; 不施工力, 五盜; 專行切害, 六
盜; 養女太多, 七盜; 晝眠懶起, 八盜; 貪酒嗜慾, 九盜; 强行嫉
妬, 十盜."

·慵(용) : 게으르다 ·嗜(기) : 즐기다, 좋아하다

12.18. 무왕이 말하였다.

"집에 열 가지 도둑이 없는데도 부유하지 못한 것은 어째서입
니까?"

태공이 대답하였다.

"그런 집에는 반드시 세 가지 덜어냄이 있습니다."

무왕이 말하였다.

"무엇을 세 가지 덜어냄이라 합니까?"

태공이 대답하였다.

"창고에 비가 새서 흘러넘치는데도 덮지 않아 쥐와 새들이 함

부로 먹어대는 것이 첫째 덜어냄이요, 거두고 씨 뿌림에 때를 놓치는 것이 둘째 덜어냄이요, 곡식을 함부로 흩어서 더럽히거나 하찮게 여기는 것이 셋째 덜어냄입니다."

무왕이 물었다.

"세 가지 덜어냄이 없는데도 부유하지 못한 것은 어째서입니까?"

태공이 대답하였다.

"그런 집에는 반드시 첫째 어긋남, 둘째 잘못, 셋째 어리석음, 넷째 때 놓침, 다섯째 거스름, 여섯째 상서롭지 못함, 일곱째 종노릇, 여덟째 미천함, 아홉째 모자람, 열째 억지 부림 등이 있으니, 이는 스스로 화를 부른 것이지 하늘이 내린 재앙이 아닙니다."

武王曰: "家無十盜而不富者, 何如?"
太公曰: "人家必有三耗."
武王曰: "何名三耗?"
太公曰: "倉庫漏濫不蓋, 鼠雀亂食, 爲一耗; 收種失時, 二耗; 拋撒米穀穢賤, 三耗."
武王曰: "家無三耗而不富者, 何也?"
太公曰: "人家必有一錯·二誤·三癡·四失·五逆·六不祥·七奴·八賤·九愚·十强, 自招其禍, 非天降殃."

·耗(모) : 줄다   ·濫(람) : 넘치다   ·拋(포) : 내던지다   ·撒(살) : 뿌리다
·穢(예) : 더럽다

역주- '이불부자'(而不富者)의 '이'(而)가 원본에는 빠져 있는데, 채워 넣었다. '이오'(二誤)가 원본에는 '이오'(二悟)로 되어 있는데, 바로잡았다.

12.19. 무왕이 말하였다.

"자세하게 듣고 싶습니다."

태공이 대답하였다.

"사내를 기르면서 가르치지 않는 것이 첫째 어긋남이요, 어린 아이를 가르치지 않는 것이 둘째 잘못이요, 처음 며느리를 맞았을 때에 엄하게 가르치지 않는 것이 셋째 어리석음이요, 말하기도 전에 먼저 웃는 것은 넷째 때 놓침이요, 어버이를 봉양하지 않는 것이 다섯째 거스름이요, 밤에 알몸으로 일어나는 것이 여섯째 상서롭지 못함이요, 남의 활을 당기기 좋아하는 것이 일곱째 종노릇이요, 남의 말을 타기를 좋아하는 것이 여덟째 미천함이요, 남의 술을 얻어 마시면서 다른 사람에게 권하는 것이 아홉째 모자람이요, 남의 밥을 얻어먹으면서 벗에게 먹으라고 시키는 것이 열째 뻔뻔함입니다."

무왕이 말하였다.

"참으로 아름답고 성스러운 말씀이도다!"

> 武王曰: "願悉聞之."
> 太公曰: "養男不敎訓, 爲一錯; 嬰孩勿訓, 二誤; 初迎新婦不行嚴訓, 三癡; 未語先笑, 四失; 不養父母, 爲五逆; 夜起赤身, 六不祥; 好挽他弓, 爲七奴; 愛騎他馬, 爲八賤; 喫他酒勸他人, 爲九愚; 喫他飯命朋友, 爲十强."
> 武王曰: "甚美誠哉, 是言也!"

·嬰(영) : 갓난아이　·孩(해) : 어린아이　·挽(만) : 당기다　·騎(기) : 말을 타다

역주- '원실문지'(願悉聞之)가 원본에서는 '실원문지'(悉願聞之)로 되어 있는데, 바로잡았다. 여기서도 '이오'(二悟)로 되어 있는 것을 '이오'(二誤)로 바로잡았다.

13. 정치를 바르게 하라 ••• 治政篇

13.1. 명도 정호 선생이 말하였다.

  "처음 관직을 얻은 선비는 진실로 물건을 아끼는 데에 마음을 두어야 할 것이요, 사람에 대해서는 반드시 도와주려는 마음이 있어야 한다."

  明道先生曰: "一命之士, 苟存心於愛物, 於人必有所濟."

역주 정호(程顥 ; 1032~1085)는 송나라 때의 학자다. 자는 백순(伯淳)이고, 호는 명도다. 동생 정이와 함께 주렴계에게서 학문을 배웠다. 저서에 《명도문집》(明道文集) 등이 있다.

해설 처음 벼슬한 자가 자칫 사사로운 마음을 이기지 못하여 모든 물건이 나라와 백성의 것임을 잊고 마음대로 쓰게 되지 않을까 경계하였고, 또 자신이 백성 위에 있다는 착각을 하여 먼저 백성을 도와주려고 하지 않고 오히려 대접을 받으려고 해서는 안 된다는 점을 일깨운 것이다. 백성의 공복(公僕)임을 잊지 말고, 항상 공명정대한 마음을 지니라고 당부한 것이다.

13.2. 당 태종이 지은 글에 나온다.

"위에는 지시하는 이가 있고, 중간에는 그것을 행하는 이가 있고, 아래에는 그것을 따르는 이가 있어 귀한 비단으로 옷을 지어 입고 곳간에 있는 곡식을 먹으니, 너희의 녹봉은 백성들의 피와 땀이다. 이 땅의 백성을 모질게 다루기는 쉽지만, 저 위의 하늘은 속이기 어려우니라."

唐太宗御製: "上有麾之, 中有乘之, 下有附之. 幣帛衣之, 倉廩食之. 爾俸爾祿, 民膏民脂. 下民易虐, 上蒼難欺."

·麾(휘) : 지휘하다　·附(부) : 붙다, 따르다　·幣(폐) : 비단, 예물
·膏(고) : 살지다, 기름　·脂(지) : 기름, 기름기가 돌다　·蒼(창) : 푸른 빛, 하늘

해설　상(上)은 천자요, 중(中)은 높은 벼슬아치요, 하(下)는 실무를 맡은 관리다. 이들은 모두 백성이 바친 것으로 입고 먹으므로 당연히 백성을 위하여야 한다. 그럼에도 이를 망각하고 백성을 업신여기며 포악하게 구는 일이 허다하다. 그러나 벼슬아치가 어떤 마음으로 어떻게 백성을 대하는지 하늘은 다 안다. 하늘을 속일 수는 없다. 하늘을 속이지 못한다는 것은 곧 백성을 속이지 못한다는 말이다. 백성이 곧 하늘이요, 백성의 마음이 하늘의 마음이기 때문이다. 백성을 속이는 관리나 조정은 백성으로부터 버림을 받는다. 왕조는 그렇게 바뀐다. 당태종은 이를 누구보다 잘 알았던 인물이다. 그는 수(隋)나라를 뒤엎고 당(唐)나라를 세운 창업주나 다름이 없으므로.

13.3. 《동몽훈》에 나온다.

"벼슬길에 나아갔을 때 지켜야 할 법으로는 오직 세 가지가 있으니, 청렴·신중·근면이다. 이 셋을 알면 몸가짐을 어떻게 해야 할지를 알게 되리라."

童蒙訓曰: "當官之法, 唯有三事, 曰淸, 曰愼, 曰勤. 知此三者, 則知所以持身矣."

13.4. 《동몽훈》에 나온다.

"벼슬에 나아간 자는 반드시 사납게 성내지 않도록 경계하라. 일을 하다가 옳지 않은 게 있거든 자세하게 살펴서 처리해야 할 것이니, 그러면 반드시 알맞게 되리라. 먼저 사납게 성낸다면 자신을 해칠 뿐이니, 어찌 남을 해칠 수 있겠는가?"

童蒙訓曰: "當官者, 必以暴怒爲戒. 事有不可, 當詳處之, 必無不中. 若先暴怒, 只能自害, 豈能害人?"

13.5. 《동몽훈》에 나온다.

"임금 섬기기를 어버이 섬기듯이 하고, 윗사람 섬기기를 형님 섬기듯이 하며, 동료를 대할 때는 집안사람처럼 대하고, 아랫사람들을 대할 때에는 집안의 하인들을 대하듯 하며, 백성을 처자와 같이 아끼고, 공무를 처리할 때에는 집안일처럼 하라. 그렇게 한 뒤에야 내 마음을 다할 수 있다. 털끝만치라도 빈틈이 있다면, 그건 모두 내 마음에 다하지 않은 게 있기 때문이다."

童蒙訓曰: "事君, 如事親; 事官長, 如事兄; 與同僚, 如家人; 待群吏, 如奴僕; 愛百姓, 如妻子; 處官事, 如家事. 然後, 能盡吾之心. 如有毫末不至, 皆吾心有所未盡也."

·僚(료) : 동료, 벼슬아치   ·僕(복) : 종, 하인

13.6. 어떤 사람이 물었다.

"주부는 수령을 보좌하는 자입니다. 주부가 하고자 하는 것을 수령이 혹 따르지 않는다면, 어찌합니까?"

이천 정이(程頤) 선생이 대답하였다.

"성스러운 뜻으로써 그 마음을 움직여야 할 것이다. 이제 수령과 주부 사이가 좋지 못한 것은 다만 사사로운 뜻으로 다투기 때문이다. 수령은 고을의 어른이니, 만약 아버지나 형을 섬기는 도리로서 섬길 수 있다면, 잘못은 자기에게 돌리고, 잘한 일은 행여 수령에게 그 공이 돌아가지 않으면 어쩌나 하는 마음을 지니게 될 것이다. 이런 성스러운 뜻이 쌓인다면, 어찌 움직이지 못할 사람이 있겠는가?"

> 或問: "簿, 佐令者也. 簿所欲爲, 令或不從, 奈何?"
> 伊川先生曰: "當以誠意動之. 今令與簿不和, 只是爭私意. 令是邑之長, 若能以事父兄之道事之, 過則歸己, 善則唯恐不歸於令. 積此誠意, 豈有不動得人?"
>
> ·簿(부) : 장부, 맡다

13.7. 《동몽훈》에 나온다.

"무릇 낯빛이나 생김새가 다른 사람과는 만나서는 안 된다. 무당이나 비구니들은 더욱 가까이해서는 안 된다. 맑은 마음을 지니고 일에 잘 대처하는 것을 근본으로 삼아야 한다."

> 童蒙訓曰: "凡異色人, 皆不宜與之相接. 巫祝尼媼之類, 尤宜罷絶. 要以淸心省事爲本."

해설― 낯빛이나 생김새가 다른 사람, 무당이나 비구니 등은 모두 살아가는 방식이나 풍속이 다른 사람들이다. 그런 사람들을 만나고 대한다는 것은 무슨 다른 속셈이 있어서일 것이다. 딴마음을 품지 말고 맑은 마음을 지녀서 순리대로 일을 처리하는 것, 이것이 기본이요 근본이라는 말이다.

13.8. 유안례가 백성을 대하는 도리에 대해 묻자, 명도 선생이 말하였다.

"백성이 각자 자기 사정을 말할 수 있게 하는 것이오."

아전을 부리는 일에 대해 묻자, 이렇게 대답하였다.

"자기를 바르게 함으로써 만물을 바로잡는 법이라오."

> 劉安禮問臨民, 明道先生曰: "使民各得輸其情."
> 問御吏, 曰: "正己以格物."

·輸(수) : 보내다, 알리다

13.9. 위공 한기가 명도 선생에게 물으니, 명도 선생이 말하였다.

"조정에 섰을 때, 대체로 앞길이 트이면 그대는 너그러움을 따라야 할 것이나, 입지가 좁아지면 달리해야 하오."

> 韓魏公問明道先生, 說: "立朝, 大概前面路, 子放效寬, 若窄時異."

·放效(방효) : 본받다, 따르다   ·窄(착) : 좁다   ·異(이) : 달리하다

13.10. 집안을 화목하게 하면 흔들리는 일이 없으리라.

和自家, 無轉側處.

·轉側(전측) : 이리저리 옮기다, 동요하다

13.11. 공자가 말하였다.

"가르치지 않고 죽이는 것을 사납게 부린다고 하고, 일깨우지 않고 결과만 따지는 것을 모질게 군다고 하고, 명령을 느슨하게 해 놓고 기약을 맞추라고만 하는 것을 해친다고 한다."

子曰: "不敎而殺, 謂之虐; 不戒視成, 謂之暴; 慢令致期, 謂之賊."

·慢(만) : 느슨하다

13.12. 공자가 말하였다.

"곧은 것을 들어 굽은 것 위에 놓으면, 굽은 것을 곧게 할 수 있다."

子曰: "擧直錯諸枉, 能使枉者直."

·錯(조) : '조'(措)와 같다. 두다   ·枉(왕) : 굽다

13.13. 공자가 말하였다.

"곧은 것을 들어 굽은 것 위에 놓으면 백성들이 좇고, 굽은 것을 들어 곧은 것 위에 두면 백성들이 좇지 않는다."

子曰: "擧直錯諸枉則民服, 擧枉錯諸直則民不服."

 백성이나 아랫사람이 그저 윗사람의 말을 따르기만 한다고 여겨서는 안 된다. 힘이 없을 때에는 따르는 듯이 하지만, 힘이 생기거나 모이면 저항한다. 특히 백성의 저항은 하늘이 시킨 것임을 알아야 하리라.

13.14. 공자가 말하였다.

"자신이 바르면 명령을 내리지 않아도 백성들은 행하지만, 자신이 바르지 않으면 명령을 내려도 백성들은 따르지 않는다."

子曰: "其身正, 不令而行; 其身不正, 雖令不從."

13.15. 공자가 말하였다.

"말이 참되고 미쁨 있고 행동이 도탑고 공경스러우면 오랑캐 땅에서도 행할 수 있다. 허나 말이 참되지도 미쁘지도 않고 행동이 도탑지도 공경스럽지도 않다면, 큰 고을에서든 작은 마을에서든 행할 수 있겠는가?"

子曰: "言忠信, 行篤敬, 雖蠻貊之邦行矣. 言不忠信, 行不篤敬, 雖州里行乎哉?"

·蠻(만) : 남방 오랑캐   ·貊(맥) : 북방 오랑캐

 어울리되 같아져서는 안 된다[和而不同]. 참되고 미쁨 있고 도탑고 공경스러워야 할 것이니, 그리한다면 어디를 간들 어울리지 못할까?

13.16. 자공이 말하였다.

"지위가 높은 자는 그 덕이 엷어서는 안 되고, 벼슬이 높은 자는 정치에서 속임수를 써서는 안 된다."

子貢曰: "位尊者, 德不可薄; 官大者, 政不可欺."

13.17. 공자가 자산을 가리키며 말하였다.

"군자가 가야 할 길, 네 가지를 지녔지. 행동할 때에는 공손하였고, 윗사람을 섬길 때에는 공경스러웠으며, 백성을 다스릴 때에는 은혜로웠고, 백성을 부릴 때에는 올바르게 하였지."

子謂子産: "有君子之道四焉. 其行己也恭, 其事上也敬, 其養民也惠, 其使民也義."

역주_ 자산은 춘추시대 정(鄭)나라의 대부다. 내치와 외교에서 탁월한 역량을 발휘하여 명재상으로 일컬어졌다.

13.18. 자장이 공자에게 어짊에 대해 물으니, 공자가 말하였다.

"공손하면 모욕당하지 않고, 관대하면 뭇사람의 마음을 얻고, 미쁨 있으면 남들이 일을 맡기고, 민첩하면 일을 이루고, 은혜로우면 남을 부릴 수 있다."

子張問仁於孔子, 子曰: "恭則不侮, 寬則得衆, 信則人任焉, 敏則有功, 惠則足以使人."

13.19. 공자가 말하였다.

"군자는 은혜를 베풀면서도 낭비하지 않고, 수고하면서도 원망하지 않으며, 하고자 하면서도 탐내지 않고, 태연하면서도 교만하지 않으며, 위엄이 있으면서 사납지 않다."

子曰: "君子, 惠而不費, 勞而不怨, 欲而不貪, 泰而不驕, 威而不猛."

13.20. 맹자가 말하였다.

"임금에게 어려운 일을 하도록 다그치는 것을 공손이라 하고, 착한 것을 펴고 삿된 것을 막는 것을 공경이라 하며, 우리 임금은 할 수 없다고 말하는 것을 해친다고 한다."

孟子曰: "責難於君, 謂之恭; 陳善閉邪, 謂之敬; 吾君不能, 謂之賊."

 윗사람이든 아랫사람이든 늘 이치로써 말하고 행동하여야 한다. 상대의 눈치를 살피거나 이해(利害)를 따른다면, 반드시 재앙을 입을 것이다. 재앙을 입으면 반드시 상대를 원망하게 된다.

13.21. 《서경》에 나온다.

"나무는 먹줄로 곧게 할 수 있고, 임금은 간언으로 바르게 할 수 있다."

書云: "木以繩直, 君以諫正."

 《서경》〈설명〉(說命) 상에는 다음과 같이 나온다. "나무는 오직 먹줄을 따라야만 바르게 되고, 임금은 간언을 좇아야만 거룩해진다." (惟木從繩則正, 后從諫則聖)

13.22. 《포박자》에 나온다.

"도끼를 맞더라도 바로잡으려고 간언하고, 끓는 솥에 들어가더
라도 할 말을 다한다면, 이런 사람을 참된 신하라 하리라."

抱朴子云: "迎斧鉞而政諫, 據鼎鑊而盡言, 此謂忠臣也."

·斧鉞(부월) : 작은 도끼와 큰 도끼 ·據(거) : 의거하다, 여기서는 들어가다
·鼎(정) : 발 셋 달린 솥 ·鑊(확) : 가마

13.23. 참된 신하는 죽음을 두려워하지 않으니, 죽음을 두려워한
다면 참된 신하가 아니다.

忠臣不怕死, 怕死不忠臣.

14. 집안을 잘 다스려라 ... 治家篇

14.1. 사마온공이 말하였다.

"항렬이 낮거나 어린 사람들은 큰 일이든 작은 일이든 제멋대로 행하지 말고, 반드시 집안 어른에게 여쭈어야 한다."

司馬溫公曰: "凡諸卑幼, 事無大小, 毋得專行, 必咨稟於家長."

14.2. 부지런하고 검소하면 늘 넉넉하고, 늙어서도 곤궁해지지 않으리라.

勤儉常豊, 至老不窮.

14.3. 손님을 접대할 때에는 넉넉하게 하지 않을 수 없고, 집안을 다스릴 때에는 검소하지 않을 수 없다.

待客, 不得不豊; 治家, 不得不儉.

14.4. 돈이 있을 때에 늘 돈 없는 날을 대비하고, 편안하고 즐거울 때에 몸에 병이 나지 않도록 예방해야 한다.

有錢常備無錢日, 安樂須防官病時.

14.5. 건장한 노비는 예의를 모르고, 아양 떠는 아이에게는 효성이 없다.

健奴無禮, 嬌兒無孝.

14.6. 지어미는 처음 왔을 때 가르치고, 아이는 어렸을 때에 가르쳐라.

敎婦初來, 敎子嬰孩.

·嬰(영) : 아기   ·孩(해) : 어린아이

14.7. 태공이 말하였다.

"어리석은 사내는 지어미를 두려워하고, 어진 여자는 지아비를 공경한다."

太公曰: "痴人畏婦, 賢女敬夫."

14.8. 무릇 사내종을 부릴 때에는 먼저 그가 배고프고 추운지를 생각하라.

凡使奴僕, 先念飢寒.

 배고픔과 추위를 막아주는 것만으로도 원망을 듣는 일은 없다.

14.9. 불이 나지 않도록 시시때때로 예방하고, 도적이 들지 않도록 밤마다 대비하라.

時時防火發, 夜夜備賊來.

14.10. 자식이 효도하면 어버이가 즐겁고, 집안이 화목하면 모든 일이 이루어진다.

子孝雙親樂, 家和萬事成.

14.11. 《경행록》에 나온다.

"아침저녁의 문안 인사를 살펴보면, 그 집이 흥할지 쇠할지를 점칠 수 있다."

景行錄云: "觀朝夕之早晏, 可以卜人家之興替."

역주 - 조안(早晏)은 본래 이름과 늦음, 또는 아침과 저녁을 뜻하는 말인데, 여기서는 이른 시각과 늦은 시각에 하는 문안 인사를 의미한다. 조석(朝夕)을 아침밥과 저녁밥으로 보고 '아침밥과 저녁밥이 이른지 늦은지를 살펴보면'으로 풀이할 수도 있는데, 그래도 뜻은 통한다.

해설 - 아랫사람이 윗사람을 공경하는지는 아침저녁으로 하는 문안 인사로 알 수 있다. 이를 살펴보면, 그 집안이 흥하고 쇠하는지를 짐작할 수 있다. 무슨 일에서나 마찬가지인데, 아주 작고 사소해 보이는 일, 기본이 되는 것에서 성패가 결정된다. 한 자의 차이가 천 리, 만 리 멀어진다.

14.12. 사마온공이 말하였다.

"무릇 혼인을 의논할 때에는 사위 될 사람이나 지어미 될 사람의 성품과 행실, 그리고 그 집안의 법도가 어떠한지를 먼저 살필 일이지, 구차하게 그 부유함과 귀함에 끌려서는 안 된다. 사위가 진실로 어질다면, 지금 비록 가난하고 미천하다 한들 훗날에는 부유하고 귀하게 되지 않겠는가? 진실로 못난 자라면, 지금 비록 부유하게 잘산다 할지라도 훗날에는 가난하고 미천하게 되지 않겠는가? 지어미는 집안의 창성과 쇠퇴를 좌우한다. 진실로 한때의 부유함과 귀함에 끌려서 지어미를 취한다면, 그 지어미는 부유함과 귀함을 믿고 지아비를 가벼이 여기고 시부모를 업신여기며 교만하고 시기하는 성품을 기를 것이니, 훗날에 근심거리가 되매 어찌 끝이 있겠는가? 가령 지어미의 재물로써 부자가 되고, 지어미의 권세에 힘입어 귀하게 된다면, 참으로 대장부의 기개가 있는 자라면 부끄러워하지 않겠는가?"

司馬溫公曰: "凡議婚姻, 先當察其婿與婦之性行, 及家法如何, 勿苟慕其富貴. 婿苟賢矣, 今雖貧賤, 安知異時不富貴乎? 苟爲不肖, 今雖富盛, 安知異時不貧賤乎? 婦者家之所由盛衰也. 苟慕一時之富貴而娶之, 彼挾其富貴, 鮮有不輕其夫, 而傲其舅姑, 養成驕妬之性, 異日爲患, 庸有極乎? 借使因婦財以致富, 依婦勢以取貴, 苟有丈夫之志氣者, 能無愧乎?"

·婿(서) : 사위   ·安知~乎 : 어찌 알겠는가?   ·挾(협) : 믿고 뽐내다
·鮮(선) : 드물다   ·傲(오) : 업신여기다   ·舅(구) : 시아비
·姑(고) : 시어미   ·庸(용) : 어찌   ·愧(괴) : 부끄러워하다

14.13. 안정 호원 선생이 말하였다.

"딸을 시집 보내는 곳은 반드시 내 집안보다 나아야 한다. 내 집안보다 나으면, 딸이 어른을 섬길 때에 반드시 공경하고 삼갈 것이다. 지어미를 맞아들일 때에는 반드시 내 집안보다 못한 데서 맞아야 한다. 내 집안보다 못하면, 지어미가 시부모를 섬김에 반드시 지어미의 도리를 지킬 것이다."

安定胡先生曰: "嫁女必勝吾家者. 勝吾家, 則女之事人必欽必戒. 娶婦必須不若吾家者. 不若吾家, 則婦之事舅姑必執婦道."

·嫁(가) : 시집 가다   ·欽(흠) : 공경하다

역주- 호원(胡瑗)은 송나라 때 학자로, 자는 익지(翼之)다. 학문으로 높이 일컬어졌으며, 저서에 《주역구의》(周易口義), 《홍범구의》(洪範口義) 등이 있다.

14.14. 사내가 장성하여서도 혼인하지 않는 건 우둔한 말에 고삐가 없는 것과 같고, 여자가 성숙하여서도 시집 가지 않는 건 사사로이 소금을 만들어 파는 범죄자와 같다.

男大不婚, 如劣馬無韁; 女大不嫁, 如私鹽犯首.

·韁(강) : 고삐, 굴레   ·鹽(염) : 소금

역주- 중세에 중국에서는 소금을 사사로이 만들어 팔 수 없었다. 소금은 국가가 전매하였다.

해설- 사내가 혼자 잘 사는 것은 지극히 어렵다. 오죽하면 홀아비 3년이면 이가 서 말이라고 하겠는가? 그러니 사내는 혼인을 하여야 하고, 하더라도 슬기로운 여인을 만나야 한다. 사내들은 자신의 어리석음을 잘 인지하지 못하는데, 이를 여인이 잘 일깨워주어야 한다. 세상을 호령할 듯한 사내일수록 빈틈이 많은 법이고, 자신은 그것을 잘 알지 못한다. 이는 여인의 슬기로움으로 받쳐주어야 한다. 그러니 여인이 혼인을 하지 않는 것은 사내들을 구제해 주어야 할 본분을 어기는 것이니, 이는 죄를 짓는 것과 다를 바 없다. 고구려의 온달을 생각해보라.

14.15. 문중자가 말하였다.

"혼사에서 재물을 논하는 것은 오랑캐나 하는 짓이다."

文中子曰: "婚娶而論財, 夷虜之道也."

·虜(로) : 포로, 오랑캐

역주– 문중자는 수나라 학자인 왕통(王通)이다. 그의 자는 중엄(仲俺)이고, 문중자는 그가 죽은 뒤에 제자들이 사사로이 붙인 시호다. 본래는 문중자(文仲子)로 써야 한다. 이는 그의 책 이름이기도 하다.

14.16. 사마온공이 말하였다.

"집안의 어른이 되면 반드시 삼가 예법을 지키면서 뭇 자제들과 집안 사람들을 거느려야 할 것이요, 사람들을 맡은 일에 따라 나누고 그에 합당한 일을 주어서 그 일을 이루도록 권할 것이며, 재물을 절도 있게 쓰도록 바로잡고 수입을 헤아려서 지출해야 한다. 또 집에 있는 것과 없는 것을 저울질하여 윗사람과 아랫사람의 의복과 음식 및 길흉사에 쓸 비용을 대야 할 것이니, 모두 차등을 두면서도 한결같이 고르지 않으면 안 된다. 함부로 쓰는 일을 알맞게 줄이고, 사치와 호화는 말리고 못하게 해서, 늘 조금이나마 남겨 두어 뜻밖의 일에 대비하라."

司馬溫公曰: "凡爲家長, 必謹守禮法, 以御群子弟及家衆, 分之以職, 授之以事, 而責其成功, 制財用之節, 量入以爲出. 稱家之有無, 以給上下之衣食及吉凶之費, 皆有品節, 而莫不均一. 裁省冗費, 禁止奢華, 常須稍存贏餘, 以備不虞."

·御(어) : 다스리다 ·稱(칭) : 저울질하다 ·裁(재) : 마름질하다, 알맞게 줄이다
·冗(용) : 쓸데없다 ·稍(초) : 작다, 적다 ·贏(영) : 남다 ·虞(우) : 염려하다
·不虞(불우) : 미처 생각지도 못함, 뜻밖의 재난

15. 올바름을 좋아하라 ··· 安義篇

15.1. 《안씨가훈》에 나온다.

"백성이 있어야 지아비와 지어미가 있고, 지아비와 지어미가 있어야 아비와 자식이 있고, 아비와 자식이 있어야 형과 아우가 있나니, 한집안에서 가까운 피붙이로는 이 셋뿐이다. 이로부터 나아가 9족에 이르기까지 모두 이 셋에 뿌리를 둔다. 그러므로 사람과 사람의 관계에서는 중요한 것이니, 도탑지 않을 수 없다."

顔氏家訓曰: "夫有人民, 而後有夫婦; 有夫婦, 而後有父子; 有父子, 而後有兄弟, 一家之親, 此三者而已矣. 自玆以往, 至于九族, 皆本於三親焉. 故於人倫爲重者也, 不可不篤.

·玆(자) : 이, 이에　·以往(이왕) : '이래'(以來)와 같다. ~이후

역주_ 9족이란, 고조(高祖)로부터 증조(曾祖), 할아버지[祖], 아버지[父], 나[自己], 자(子), 손(孫), 증손(曾孫), 현손(玄孫)까지의 직계를 중심으로 하여, 방계로 고조의 4세손(四世孫) 되는 형제(兄弟), 종형제(從兄弟), 재종형제(再從兄弟), 삼종형제(三從兄弟)를 포함하는 동종(同宗) 친족을 일컫는다.

15.2. 조대고(曹大家) 반소(班昭)가 말하였다.

"지아비와 지어미는 올바름으로 가까이하였고 은혜로써 합하였다. 그러니 서로 매질하려 한다면, 올바르고자 한들 어찌 올바르게 되겠는가? 소리 치고 욕하고 꾸짖고 시끄럽게 군다면, 은혜롭고자 한들 어찌 은혜로워지겠는가? 은혜와 올바름이 끊어지고 난 뒤에 헤어지지 않는 경우는 드물다."

曹大家曰: "夫婦者, 以義爲親, 以恩爲合. 欲行楚撻, 義欲何義? 喝罵叱喧, 恩欲何恩? 恩義旣絶, 鮮不離矣."

·家(고) : 고(姑)와 통용. 계집   ·楚(초) : 매, 매질하다   ·撻(달) : 매질하다
·喝(갈) : 큰소리로 나무라다   ·罵(매) : 욕하다   ·叱(질) : 꾸짖다
·喧(훤) : 떠들썩하다   ·鮮(선) : 드물다

역주- 반소는 후한 사람으로, 자는 혜희(惠姬)다. 반고(班固)의 누이로, 함께 《한서》(漢書)를 완성하였다. 남편이 조수(曹壽)여서 그 성을 따서 조대고로 일컬어졌다.

해설 대체로 남녀가 만날 때에는 이유가 없다가도 헤어질 때에는 참 많은 이유를 늘어놓는다. 은혜와 올바름이 끊어진 것이 아님에도 헤어진다면, 어떤 이유로도 정당화하지 못할 것이다. 그저 자신의 어리석음을 탓해야 할 것이다. 사랑하는 이유는 많아도 좋다. 그러나 사랑하지 않는다면, 아무 말도 말아야 한다.

15.3. 장자가 말하였다.

"형과 아우는 손발과 같고 지아비와 지어미는 옷과 같다. 옷이 해졌을 때에는 새로 갈아입을 수 있으나, 손발이 잘렸을 때에는 잇기가 어렵다."

莊子云: "兄弟爲手足, 夫婦爲衣服. 衣服破時, 更得新; 手足斷時, 難可續."

15.4. 소동파가 말하였다.

"부유하다고 가까이하지 않고 가난해도 멀리하지 않으니, 이 사람이야말로 세상의 대장부요, 부유하면 다가가고 가난해지면 멀리하니, 이런 자는 세상의 진짜 소인배로다."

蘇東坡云: "富不親兮貧不疎, 此是人間大丈夫; 富則進兮貧則退, 此是人間眞小輩."

15.5. 태공이 말하였다.

"은혜를 알고 은혜를 갚으면 그 인품이 우아할 터인데, 은혜를 입고도 갚지 않으니 사람 되기 글렀도다."

太公曰: "知恩報恩, 風光如雅. 有恩不報, 非爲人也."

해설- 나에게 은혜를 베푼 사람에게 반드시 갚아야 하는 것은 아니다. 그런 것은 정해져 있지 않다. 은혜란 누구에게나 알맞은 때에 알맞게 베푸는 것이다. 내 삶 자체가 이미 은혜를 입은 것인데, 그 은혜를 어찌 다 헤아릴 수 있겠는가? 그저 힘닿는 대로 나 또한 은혜를 베풀 뿐이다. 은혜를 베푸는 것 자체가 은혜를 갚는 것이다. 그러고 보니, 우주의 법칙이란 끊임없이 오고 가는 것이로구나!

16. 예의를 따르라 ... 遵禮篇

16.1. 공자가 말하였다.

"집안에 예가 있으므로 어른과 아이가 분명히 나누어지고, 아녀자의 방에 예가 있으므로 부모·형제·처자가 화목하고, 조정에 예가 있으므로 벼슬의 차례가 잡히고, 사냥하는 데에 예가 있으므로 전쟁에 익숙해지고, 군대에 예가 있으므로 무공이 이루어진다."

> 子曰: "居家有禮, 故長幼辨; 閨門有禮, 故三族和; 朝廷有禮, 故官爵序; 田獵有禮, 故戎事閑; 軍旅有禮, 故武功成."

·田獵(전렵) : 사냥   ·戎(융) : 병장기, 싸움   ·戎事(융사) : 전쟁에 관한 일
·閑(한) : 익숙하다   ·旅(려) : 무리, 군사

해설_ 예법이란 위와 아래의 질서를 짓는 것이다. 예법이 없으면 질서가 없다. 그러나 예법만 있으면 각박해진다. 그래서 필요한 것이 음악이다. 음악은 서로 다른 것들을 하나로 어우러지게 하는 것이니, 조화를 이루기 위해서는 반드시 필요하다. 그렇다고 음악만 있으면 어지러워진다. 음악에는 반드시 예법이 있어야 한다. 공자가 예악(禮樂)을 함께 내세운 이유가 여기에 있다.

16.2. 안자가 말하였다.

"윗사람이 예를 따르지 않으면 아랫사람을 부릴 수 없고, 아랫사람이 예를 따르지 않으면 윗사람을 모실 수 없다."

晏子曰：“上無禮，無以使下；下無禮，無以侍上.”

 오늘날 예의가 있느니 없느니 말을 하지만, 올바른 예의를 말하는 사람은 드물다. 대개 아랫사람이 윗사람을 섬기는 것이 예의인 줄로 안다. 물이 위에서 아래로 흐르듯 예의도 위에서 아래로 흐른다. 윗사람이 아랫사람을 아껴주고 보살펴주는 것이 먼저다. 이것이 예의의 시작이다. 그렇게 되면, 아랫사람이 윗사람을 공경으로 섬기는 것은 저절로 이루어진다. 어찌 아랫사람더러 먼저 윗사람에게 예의를 갖추라 하는가? 윗사람이 올바르면 예의는 저절로 갖추어진다. "예의를 갖추라고 요구하는 자는 올바르지 못하고, 올바른 자는 예의를 갖추라고 요구하지 않는다."

16.3. 공자가 말하였다.

"공손하면서 예의가 없으면 수고롭고, 삼가면서 예의가 없으면 두려워하고, 용감하면서 예의가 없으면 어지럽히고, 곧으면서 예의가 없으면 갑갑하다."

子曰：“恭而無禮則勞，愼而無禮則蒽，勇而無禮則亂，直而無禮則絞.”

·絞(교) : 목매다, 엄하다

 예의란 절도다. 예의란 상황에 알맞게 행동하는 것이다. 예의는 곧 지혜로운 행동이다. 지혜롭지 못한 데 예의가 있을 수 없고, 예의가 있으면서 어리석을 수는 없다. 그러니 공손하면서 지혜롭지 못하면 힘들 수밖에 없고, 삼가면서 지혜롭지 못하면 막막해지고 두려워지고, 용감하면서 지혜가 없으면 혼란을 일으키기 십상이고, 곧으면서 지혜롭지 못하면 융통성 없고 자재하지 못하니 갑갑한 짓을 하게 된다.

16.4. 공자가 말하였다.

"군자가 용기만 있고 예의가 없으면 혼란을 일으키고, 소인이 용맹만 있고 예의가 없으면 도둑질을 일삼는다."

子曰: "君子有勇而無禮, 爲亂; 小人有勇而無禮, 爲盜."

16.5. 맹자가 말하였다.

"군자가 남들과 다른 까닭은 마음을 살피기 때문이다. 군자는 어짊으로써 마음을 살피고 예의로써 마음을 살핀다. 어진 자는 남을 아끼고, 예의를 지키는 자는 남을 공경한다. 남을 아끼면 남도 항상 그를 아끼고, 남을 공경하면 남도 항상 그를 공경한다."

孟子曰: "君子所以異於人者, 以其存心也. 君子以仁存心, 以禮存心. 仁者愛人, 有禮者敬人. 愛人者, 人恒愛之; 敬人者, 人恒敬之."

16.6. 유자가 말하였다.

"예의를 행할 때에는 어울림을 귀하게 여긴다."

有子曰: "禮之用, 和爲貴."

역주 유자는 공자의 제자인 유약(有若)을 가리킨다. 용모가 공자와 닮아서 공자 사후에 그를 추대하려는 움직임이 있었으나, 증자가 반대하였다.

해설 예의란 구별하여 질서 지우는 것이다. 그러나 그렇게만 하면 각박해진다. 그래서 음악이 추구하는 어울림을 귀하게 여겨야 한다. 음악을 소홀히 하는 예의는 예의가 아니다. 예의와 음악이 더불어 이야기되는 까닭이 여기에 있다.

16.7. 말은 온화하지 않더라도 그 모습은 공손하여야 한다.

言不和, 貌且恭.

·貌(모) : 얼굴, 모양 ·且(차) : 그렇지만

해설 말은 쉽게 바꿀 수 있으나, 몸짓은 쉽게 바꿀 수 없다. 말보다 몸짓이 더 진실하다.

16.8. 유자가 말하였다.

"공손이 예의에 가까우면 부끄러움과 욕됨을 멀리할 수 있다."

有子曰: "恭近於禮, 遠恥辱也."

해설 공손이 곧 예의다. 공손과 예의는 둘이 아니다. 공손이 겉으로 드러나면 예의가 되고, 예의가 행동으로 나타나지 않을 때에는 공손이다.

16.9. 정자가 말하였다.

“언제나 공경하여야 한다.”

程子曰: “無不敬.”

해설_ 꽃이 피고 새가 우는 것이 공경이다. 이 우주에 공경할 줄 모르는 것은 없다. 이를 안다면, 공경하지 않을 수 없다. 모른다면, 모르기 때문에 공경하여야 한다.

16.10. 증자가 말하였다.

“조정에서는 벼슬이 우선이고, 고을에서는 나이가 우선이며, 세상을 돕고 백성을 기르는 데에는 덕만한 것이 없다.”

曾子曰: “朝廷莫如爵, 鄕黨莫如齒, 輔世長民莫如德.”

·齒(치) : 나이   ·輔(보) : 돕다   ·長(장) : 기르다, 가르치다

해설_ 예의는 결코 형식에 맞추어 행동하는 것이 아니다. 때에 맞게 행동하는 것이 바로 예의다. 예의에 맞는 행동은 정해져 있지 않다. 자재하고 막힘이 없는 것, 그것이 예의다.

16.11. 맹자가 말하였다.

“천천히 어른 뒤에서 걷는 것을 공손하다고 하고, 빠르게 어른을 앞질러 걷는 것을 공손하지 못하다고 한다.”

孟子云: “徐行後長者, 爲之弟; 疾行先長者, 爲之不弟.”

·弟(제) : ‘제’(悌)와 같다. 공경하다

16.12. 문을 나서면 만나는 사람을 모두 귀한 손님처럼 대하고,

집에 들어서면 사람이 있는 듯이 하라.

出門如見大賓, 入室如有人.

 누구든 본성을 갖고 있다. 본성은 하늘이 준 것이다. 그러니 하늘처럼 귀하게 대하지 않아도 될 사람은 결코 없다. 집에 들어서면 다른 사람이 없더라도 삼가라. 하늘처럼 귀한 '나'가 있기 때문이다.

16.13. 《예기》(禮記) 〈소의〉편에 나온다.

"빈 그릇을 잡을 때도 가득 찬 그릇을 잡듯이 하고, 빈 방에 들어가더라도 사람이 있는 듯이 행동하라."

少儀曰: "執虛如執盈, 入虛如有人."

16.14. 공자는 마을에서는 늘 두려워하는 듯 공손하였으니, 마치 말을 잘 못하는 사람 같았다.

孔子於鄕黨, 恂恂如也, 似不能言者.

·恂恂如(순순여) : 두려워하는 모습, 정성을 다하는 모습

 마을에서는 나이가 많으냐 적으냐로 순서가 정해진다. 공자라도 마을에서는 그런 순서를 따라야 한다. 비록 공자의 덕이 높다고 하더라도 놓인 상황에 따라 자신을 낮추고 말을 삼가야 한다. "선지자는 제 고향에서 대접을 받지 못한다"고 했던가? 지혜 있는 자라면, 선지자가 더 이상 예전의 그 사람이 아님을 알아볼 것이지만, 지혜가 없고 그저 옛날 생각을 할 뿐인 고향 사람들은 예전 그 사람으로 여겨서 그리 대접하려고 할 것이다. 선지자라면 이를 잘 알 것이니, 굳이 대접 받으려 하지 않을 것이다. 다만 고향에 있는 동안에 고향 사람들과 어울릴 수 있도록 자신을 낮출 뿐이다.

16.15. 남이 나를 소중하게 대하도록 하려면, 내가 남을 소중하게
대하는 것밖에 없다.

若要人重我, 無過我重人.

16.16. 태공이 말하였다.

"손님에는 가깝고 멀고가 없으니, 찾아오는 자는 누구나 맞아
들여라."

太公曰: "客無親疎, 來者當受."

16.17. 아비는 아들의 덕을 말하지 않으며, 자식은 아비의 허물을
말하지 않는다.

父不言子之德, 子不談父之過.

16.18. 난공자가 말하였다.

"백성은 셋으로 살아가니, 한결같이 섬겨야 한다. 아비는 낳고,
스승은 가르치고, 임금은 먹이느니라. 아비가 없으면 나지 못하고,
먹이지 않으면 자라지 못하고, 가르치지 않으면 알지 못하니, 이
셋은 살아가게 하는 한 무리다."

欒共子曰: "民生於三, 事之如一. 父生之, 師教之, 君食之. 非
父不生, 非食不長, 非教不知, 生之族也."

16.19. 《예기》에 나온다.

"남자와 여자는 섞여 앉아서는 안 되고, 직접 건네주어서도 안
된다. 형수와 시동생은 쓸데없이 서로 물어서는 안 되고, 아비와
자식은 자리를 같이해서는 안 된다."

禮記曰: "男女不雜坐, 不親授. 嫂叔不通問, 父子不同席."

·嫂(수) : 형수   ·叔(숙) : 아재비

16.20. 《논어》에 나온다.

"제사 지낼 때에는 조상이 앞에 계신 듯이 하고, 신에게 제사
지낼 때에는 신이 앞에 있는 듯이 하라."

論語云: "祭如在, 祭神如神在."

16.21. 공자가 말하였다.

"돌아가신 분을 살아 계신 듯이 섬기고, 계시지 않은 분을 앞에
계신 듯이 섬기는 것, 이것이 지극한 효도다."

子曰: "事死如事生, 事亡如事存, 孝之至也."

17. 믿음 있게 하라 ... *存信篇*

17.1. 공자가 말하였다.

"사람이 되어 미쁨이 없으니 그가 무얼 할 수 있을지 모르겠군. 짐 싣는 수레에 멍에가 없고, 사람 타는 수레에 끌채가 없다면, 무엇으로 수레를 몰 수 있겠는가?"

子曰: "人而無信, 不知其可也. 大車無輗, 小車無軏, 其何以行之哉?"

·輗(예) : 끌채, 멍에   ·軏(월) : 끌채

17.2. 노자가 말하였다.

"사람에게 미쁨이 있다는 건, 수레에 바퀴가 있는 것과 같다."

老子曰: "人之有信, 如車有輪."

17.3. 군자의 한마디 말은 걸터앉은 말에 채찍질 한 번 하는 것과

같다.

君子一言, 跨馬一鞭.

17.4. 이미 내뱉은 한마디 말은 네 마리 말이 끄는 수레로도 쫓아 가기 어렵다.

一言旣出, 駟馬難追.

17.5. 자로는 하겠다고 한 일을 하루라도 미루는 법이 없었다.

子路無宿諾.

17.6. 사마온공이 말하였다.

"성스러운 길로는 참으로 들어서기 어렵다. 그렇지만 허망한 말을 하지 않는 데서 시작하여야 한다."

司馬溫公曰: "誠之道, 固難入. 然當自不妄語始."

17.7. 《익지서》에 나온다.

"임금과 신하가 서로 믿지 않으면 나라가 평안하지 못하고, 아
비와 자식이 서로 믿지 않으면 집안이 화목하지 못하고, 형과 아
우가 서로 믿지 못하면 마음으로 가까워지지 못하고, 벗끼리 서
로 믿지 못하면 그 사귐을 쉽게 그르치게 된다."

益智書云: "君臣不信, 國不安; 父子不信, 家不睦; 兄弟不信,
情不親; 朋友不信, 交易失."

18. 말을 삼가라 ... 言語篇

18.1. 공자가 말하였다.

"중간치 이상 되는 사람에게는 지고한 것을 말해 줄 수 있다. 허나 중간치도 안 되는 사람에게는 지고한 것을 말해 줄 수 없다."

子曰: "中人以上, 可以語上也. 中人以下, 不可以語上也."

18.2. 공자가 말하였다.

"함께 말할 수 있는데도 말하지 않으면 사람을 잃고, 함께 말할 수 없는데 말을 하면 말을 잃는다. 지혜로운 자는 사람을 잃지 않으며 또한 말도 잃지 않는다."

子曰: "可與言而不與之言, 失人; 不可與言而與之言, 失言. 知者不失人, 亦不失言."

18.3. 《의례》(儀禮) 〈사상견례〉에 나온다.

"임금과 말할 때에는 신하를 부리는 예법에 대해 말하고, 경대부와 말할 때에는 임금을 섬기는 예법에 대해 말하고, 노인과 말할 때에는 젊은이를 부리는 예법에 대해 말하고, 아이와 말할 때에는 어버이에게 효도하고 공경하는 예법에 대해 말하고, 사람들과 말할 때에는 참됨과 미쁨과 자애와 좋은 일에 대해 말하고, 하급 관리와 말할 때에는 참됨과 미쁨에 대해 말한다."

士相見禮曰: "與君言, 言使臣; 與大人言, 言事君; 與老者言, 言使弟子; 與幼者言, 言孝弟于父母; 與衆言, 言忠信慈祥; 與居官者言, 言忠信."

역주_ 《의례》는 중국 유교경전(儒敎經典)의 하나. 《주례》(周禮), 《예기》(禮記)와 함께 삼례(三禮)라고 한다. 전국시대·이전 고례(古禮)의 제목을 상세하게 기술했다. 책 이름은 옛날에는 《예》(禮)라 일컬어지다가 서진(西晉) 때부터 《의례》라고 하였다. 주공(周公)과 공자(孔子)의 저서로 알려졌으나, 실제로는 예의 실천을 중시하는 유가(儒家)에서 전국시대 말에 편찬한 것으로 여겨진다.

해설_ 말이란 알맞은 때에 알맞은 사람에게 하는 것이다.

18.4. 공자가 말하였다.

"그 사람은 함부로 말하지 않는데, 말을 하면 반드시 이치에 맞다."

子曰: "夫人不言, 言必有中."

해설_ 《논어》 〈선진〉편에는 다음과 같이 나온다. 노나라 사람들이 장부라는 창고를 새로 지으니, 민자건이 말하였다. "옛날대로 하면 어떻겠는가? 어찌 꼭 새로 지어야 하는가?" 공자가 이 말을 전해 듣고 말하였다. "그 사람은 함부로 말하지 않는데, 말을 하면 반드시 이치에

맞느니라."(魯人爲長府, 閔子騫曰: "仍舊貫, 如之何? 何必改作?" 子曰: "夫
人不言, 言必有中.")

18.5. 유회가 말하였다.

"말이 이치에 맞지 않으면, 말하지 않는 것만 못하다."

劉會曰: "言不中理, 不如不言."

역주 유회는 남제(南齊) 때의 사람인 유회(劉繪)인 듯하다. 그의 자는 사
장(士章)이다. 문장(文章) 담론에서 영수로 일컬어졌다.

해설 침묵할 줄 아는 것이 참으로 말할 줄 아는 것이다.

18.6. 한마디 말이라도 이치에 맞지 않으면, 천 마디 말이 다 쓸모
없다.

一言不中, 千語無用.

해설 성스러워지는 것[誠]이 어려운 이유는 바로 여기에 있다. 한순간도
지극하지 않으면 안 되고, 한마디 말도 어긋나서는 안 되기 때문이다.

18.7. 《경행록》에 나온다.

"많은 사람이 앉아 있는 데서 한마디라도 말을 잘못하거나 낯
빛이 도리에 어긋나면, 곧바로 뉘우치고 한탄하게 된다."

景行錄云: "稠人廣坐, 一言之失, 顔色之差, 便有悔吝."

·稠(조) : 빽빽하다   ·差(차) : 어긋나다   ·吝(린) : 한탄하다

해설 사람이 많은 곳에서는 한마디라도 말이 어긋나면 알아채는 사람

18.8. 공자가 말하였다.

"잗달게 따지는 말은 올바름을 해치고, 자질구레한 말은 도를 그르친다."

子曰: "小辨害義, 小言破道."

18.9. 군평이 말하였다.

"입과 혀는 재앙과 근심의 문이요, 몸을 망치는 도끼다."

君平曰: "口舌者, 禍患之門, 滅身之斧也."

18.10. 상산(商山)의 네 노인이 자방에게 말하였다.

"짐승에게 거문고를 연주해 주는 것은 그 소리를 헛되이 다 써 버리는 짓이리라! 말로써도 사람을 다치게 하는데, 그 고통은 칼이나 창으로 찌르는 것과 같으리라."

四皓謂子房曰: "向獸彈琴, 徒盡其音聲也哉! 以言傷人, 痛如刀戟."

·彈(탄) : 두드리다   ·徒(도) : 헛되이   ·戟(극) : 창

18.11. 순자가 말하였다.

"착한 사람과 말을 하면 비단옷처럼 따뜻함을 느낀다. 남을 다치게 하는 말은 창보다 깊은 상처를 준다."

荀子云: "與善人言, 煖如布帛. 傷人之言, 深於矛戟."

18.12. 《이소경》에 나온다.

"달콤한 말은 꿀과 같고, 모진 말은 칼과 같다. 말을 많이 한다고 해서 이로운 사람이 되는 건 아니며, 잘 짖는다고 훌륭한 개가 되는 건 아니다."

離騷經云: "甛言如蜜, 苦語如刀. 人不以多言爲益, 犬不以善吠爲良."

·甛(첨) : 달다 ·蜜(밀) : 꿀 ·吠(폐) : 짖다

18.13. 칼에 베인 상처는 쉽게 나을 수 있으나, 나쁜 말은 한번 내뱉으면 없애기 어렵다.

刀瘡易可, 惡語難消.

·瘡(창) : 부스럼, 종기

18.14. 남을 편하게 하는 말은 솜처럼 따뜻하고, 남의 속을 상하게 하는 말은 가시처럼 날카롭다. 일언반구가 천금의 값이 나가기도 하지만, 남의 속을 상하게 하는 한마디 말은 칼에 베이는 것처럼 아프다.

利人之言, 煖如綿絮; 傷人之語, 利如荊棘. 一言半句, 重值千金; 一語傷人, 痛如刀割.

·綿(면) : 솜 ·絮(서) : 솜 ·荊(형) : 가시나무 ·棘(극) : 가시나무 ·值(치) : 값하다

18.15. 입은 사람을 상하게 하는 도끼요, 말은 혀를 베는 칼이로다. 입을 닫고 혀를 깊이 감추어, 어디서나 굳게 지켜 몸을 편안하게 하라.

口是傷人斧, 言是割舌刀. 閉口深藏舌, 安身處處牢.

·牢(뢰) : 굳다, 옥, 우리

18.16. 자공이 말하였다.

"한마디 말로 지혜롭게 되기도 하고, 한마디 말로 지혜롭지 않게 되기도 한다. 그러니 말을 삼가지 않을 수 없다."

子貢曰: "一言以爲智, 一言以爲不智. 言不可不愼也."

18.17. 《논어》에 나온다.

"한마디 말로 나라를 일으킬 수도 있고, 한마디 말로 나라를 잃을 수도 있다."

 論語云: "一言可以興邦, 一言可以喪邦."

18.18. 불교 경전에 나온다.

"사람이 아주 급하여 엎어지고 자빠질 듯한 때에도 한마디 말을 잘하면, 위로는 조상의 도움을 받고 아래로는 자손을 보호하게 되리라."

 藏經云: "人於倉卒顚沛之際, 善用一言, 上資祖考, 下廕兒孫."

 ·倉卒(창졸) : 허둥지둥하다, 썩 급하다 ·顚沛(전패) : 엎어지고 자빠지다
 ·資(자) : 돕다, 도움 ·考(고) : 아버지 ·廕(음) : 덮다, 감싸다

18.19. 사람을 만나거든 우선 3할만 이야기해야지,
 한 조각 마음을 다 내보여서는 안 되느니라.
 호랑이가 세 번 으르릉거려도 두렵지 않으나,
 사람이 두 마음을 지니는 것이 두렵도다.

 逢人且說三分話, 未可全抛一片心.
 不怕虎生三個口, 只恐人情兩樣心.

 ·抛(포) : 던지다

18.20. 공자가 말하였다.

"교묘한 말과 꾸민 낯빛에는 어짊이 적도다."

子曰: "巧言令色, 鮮矣仁."

18.21. 술은 알아주는 이를 만나면 천 잔도 적고, 말은 때맞게 하지 않으면 한마디도 많다.

酒逢知己千鍾少, 話不投機一句多.

·종(鍾) : 술병, 술잔. 본래 금속으로 만든 무거운 술잔을 뜻하던 말
·投機(투기) : 때맞게 던지다

18.22. 말을 잘하고 말을 잘 알려면, 사람이 도량이 넓고 뱃심도 커야 한다.

能言能語解, 人胸寬腹大.

18.23. 순자가 말하였다.

"남에게 좋은 말을 해 주는 것은 금석이나 진주, 옥처럼 중하고, 남에게 좋은 말을 보여주는 것은 시나 부, 문장보다 아름답고, 남의 말을 잘 듣는 것은 종이나 북, 거문고 소리를 듣는 것보다 즐겁다."

荀子云: "贈人以言, 重如金石珠玉; 觀人以言, 美於詩賦文章; 聽人之言, 樂於鐘鼓琴瑟."

18.24. 공자가 말하였다.

"사악한 자와는 함께 이야기하기 어려우니, 은근하게 피하고 홀로 힘써라"

子曰: "惡人難與言, 遜避以自勉."

·遜(손) : 달아나다, 몸을 낮추다

18.25. 공자가 말하였다.

"길에서 듣고 바로 길에서 이야기하는 것은 덕을 버리는 짓이다."

子曰: "道聽而塗說, 德之棄也."

19. 벗을 잘 사귀어라 ... 交友篇

19.1. 공자가 말하였다.

"착한 사람과 함께 있는 것은 지초(芝草)나 난초(蘭草)가 있는 방에 들어간 것과 같아서, 오래 있으면 그 향기는 맡지 못해도 그대로 그 향기와 하나가 된다. 착하지 못한 사람과 함께 있는 것은 어물전에 들어간 것과 같아서, 오래 있으면 그 냄새를 맡지 못해도 또한 그 냄새와 하나가 된다. 붉은 단사(丹砂)를 지니면 붉어지고, 검은 옻칠을 지니면 검어진다. 그러므로 군자는 누구와 함께 할 것인가를 반드시 삼가야 할 것이다."

> 子曰: "與善人居, 如入芝蘭之室, 久而不聞其香, 卽與之化矣. 與不善人居, 如入鮑魚之肆, 久而不聞其臭, 亦與之化矣. 丹之所藏者, 赤; 漆之所藏者, 黑. 是以, 君子必愼其所與處者焉."

·鮑(포) : 절인 어물　·肆(사) : 가게　·臭(취) : 냄새

역주_ 단사(丹砂)는 주사(朱砂)라고도 하며, 짙은 홍색을 띤 수은과 유황의 화합물이다. 정제하여 물감으로 쓰거나 한방의 약재로도 쓴다.

해설_ 군자의 사귐은 의기투합(意氣投合), 소인의 사귐은 유유상종(類類相從)!

19.2. 공자가 말하였다.

"좋은 사람과 사귀는 것은 향기로운 난초와 같으니, 한 집에 심어도 두 집에서 모두 향기가 나도다. 나쁜 사람과 사귀는 것은 아이를 안고 담장에 오르는 것과 같으니, 한 사람이 발을 헛디디면 두 사람이 재앙을 만나느니라."

> 子曰: "與好人交者, 如蘭蕙之香, 一家種之, 兩家皆香. 與惡人交者, 如抱子上墻, 一人失脚, 兩人遭殃."

·蕙(혜) : 난초　·抱(포) : 안다, 품다　·脚(각) : 다리　·遭(조) : 만나다

19.3. 《공자가어》에 나온다.

"좋은 사람과 함께 가는 것은 안개 속을 걷는 것과 같아서, 비록 옷은 축축해지지 않더라도 때때로 젖어드는 것이 있다. 무식한 사람과 같이 가는 것은 뒷간에 앉아 있는 것과 같아서, 비록 옷은 더럽히지 않더라도 때때로 그 냄새를 맡게 된다. 나쁜 사람과 함께 가는 것은 칼 가운데에 있는 것과 같아서, 비록 사람을 해치지는 않더라도 때때로 놀라고 두려워한다."

> 家語云: "與好人同行, 如霧露中行, 雖不濕衣, 時時有潤. 與無識人同行, 如厠中坐, 雖不汚衣, 時時聞臭. 與惡人同行, 如刀劍中, 雖不傷人, 時時驚恐."

·霧(무) : 안개　·濕(습) : 축축하다　·潤(윤) : 젖다　·厠(측) : 뒷간

19.4. 태공이 말하였다.

"주사(朱砂)를 가까이하면 붉어지고, 먹을 가까이하면 검어지며,

현명한 이를 가까이하면 밝아지고, 재주 있는 자를 가까이하면
지혜로워지며, 미련한 자를 가까이하면 어리석어지고, 어진 자를
가까이하면 덕을 갖추게 되고, 지혜로운 자를 가까이 하면 현명
해지고, 어리석은 자를 가까이하면 깜깜해지고, 말재주만 있는 자
를 가까이하면 아첨하게 되고, 탐내는 자를 가까이하면 도둑이
된다."

太公曰: "近朱者赤, 近墨者黑; 近賢者明, 近才者智; 近癡者
愚, 近良者德; 近智者賢, 近愚者暗; 近佞者諂, 近偸者賊."

·佞(녕) : 아첨하다   ·偸(투) : 훔치다

19.5. 장횡거 선생이 말하였다.

"요즈음의 벗이란 유순하기만 한 자를 골라 함께 하면서, 어깨
를 두드리고 소매를 잡는 것으로 의기가 투합했다고 여기다가,
한마디 말이 맞지 않으면 서로 성낸다. 벗을 사귈 때에는 서로 자
신을 낮추려 하면서 이를 싫증내지 않아야 한다. 그러므로 벗과
벗 사이에서는 공경을 지극히 하여야만 날마다 서로 친하게 지내
고 (벗으로서) 효과를 얻는 것도 아주 빨라진다."

橫渠先生曰: "今之朋友, 擇其善柔以相與, 拍肩執袂, 以爲氣
合, 一言不合, 怒氣相加. 朋友之際, 欲其相下不倦. 故於朋友
之間, 至於敬者, 日相親與, 得效最速."

·拍(박) : 치다, 두드리다   ·肩(견) : 어깨   ·袂(메) : 소매

역주- 장횡거는 북송의 사상가로, 자는 자후(子厚)고, 호는 횡거다. 그는
기가 모이면 만물이 생기고 기가 흩어지면 태허(太虛)가 된다는 생각

과, 인간의 인식과는 관계없이 만물의 변화는 기에 말미암는다는 주장을 폈다. 그의 저서에 《정몽》(正蒙), 《서명》(西銘) 등이 있다.

 내 뜻에만 맞는 자는 벗이 아니다. 그런 자는 아첨꾼이다. 참된 벗은 이치에 맞게 사는 자다. 참된 벗을 사귀려면 나를 낮추고 내가 먼저 지극히 공경하여야 한다. 그리하면 참된 벗을 사귈 것이요, 참된 벗과 함께 하니 참된 길로 나아감이 어찌 빠르지 않겠는가? 이보다 더한 효과가 어디 있겠는가?

19.6. 공자가 말하였다.

"안평중은 사람과 잘 사귈 줄 아는구나! 오래되어도 공경하니."

子曰: "晏平仲, 善與人交! 久而敬之."

 처음 만나도 10년을 사귄 것처럼, 10년을 사귀어도 처음 만난 것처럼!

19.7. 혜강이 말하였다.

"못되고 비뚤어진 사람이라면 공경하되 멀리하고, 현명하고 덕 있는 사람이라면 사랑하며 가까이하라. 그가 나쁜 마음으로 왔더라도 나는 착한 마음으로 대하고, 그가 굽은 마음으로 왔더라도 나는 곧은 마음으로 대한다면, 어찌 원망하는 일이 있겠는가?"

嵇康曰: "凶險之人, 敬而遠之; 賢德之人, 親而近之. 彼以惡來, 我以善應; 彼以曲來, 我以直應, 豈有怨之哉?"

 혜강(嵇康 ; 223~262)은 중국 삼국시대 위(魏)나라 문인으로, 자는 숙야(叔夜)다. 중산대부(中散大夫)에 올랐으며, 혜중산으로도 불렸다. 노장사상을 숭상하였고, 죽림칠현(竹林七賢)의 중심인물로 완적(玩籍)

과 함께 이름을 떨쳤다. 저서에 《성무애락론》(聲無哀樂論) 등이 있다.

19.8. 맹자가 말하였다.

“자신을 해치는 자와는 함께 말할 수가 없고, 자신을 버리는 자와는 함께 일할 수 없다.”

孟子曰: “自暴者, 不可與有言; 自棄者, 不可與有爲也.”

·暴(포)·: 모질게 굴다   ·棄(기) : 버리다

해설 자신을 해치는 자가 어찌 남을 아껴 줄 것이며, 자신을 버리는 자가 어찌 남을 지켜 줄 것인가? 자연(自然)을 보라! 거기에 어디 자신을 해치고 자신을 버리는 것이 있던가? 어떤 새가 자신을 해치고, 어떤 나무가 자신을 버리는가? 어짊이란 다른 것이 아니다. 자신을 바로 세우는 것, 자신의 삶을 건강하게 꾸려 가는 것이다.

19.9. 태공이 말하였다.

“여인에게 밝은 거울이 없으면 얼굴이 고운지 추한지 알 수 없고, 선비에게 어진 벗이 없으면 그의 말과 행동에 어긋나거나 지나친 게 있는지 알 수 없다.”

太公曰: “女無明鏡, 不知面上精麤; 士無良友, 不知行步虧踰.”

·麤(추) : 거칠다   ·踰(유) : 넘다

해설 거울은 외면을 비추는 벗이요, 어진 벗은 내면을 비추는 거울이다.

19.10. 공자가 말하였다.

“착해지도록 꾸짖고 권하는 것이 벗끼리 행해야 할 도리다.”

子曰: "責善, 朋友之道也."

19.11. 나보다 나은 이를 사귀어야 할 것이니, 나와 비슷하다면 없느니만 못하다.

結朋須勝己, 似我不如無.

19.12. 얼굴을 아는 사람은 온 세상에 가득하지만, 마음을 알아주는 이는 몇이나 되겠는가?

相識滿天下, 知心能幾人?

19.13. 나무를 심을 때에는 수양버들을 심지 말고, 친교를 맺을 때에는 경박한 자와 맺지 말라.

種樹莫種垂楊枝, 結交莫結輕薄兒.

19.14. 옛사람은 친교를 맺을 때에 오직 참된 마음으로 맺었으나, 요즘 사람이 친교를 맺을 때에는 생각으로 맺을 뿐이다.

古人結交惟結心, 今人結交惟結意.

 여기서 심(心)은 '참된 마음'을, 의(意)는 '사사로운 생각'을 뜻한다.

 생각이란 이익을 따지고 헤아리는 마음이다. 소인이 사람을 사귈 때에는 생각으로 사귄다.

19.15. 송굉이 말하였다.

"술지게미와 겨를 함께 먹었던 아내는 내쳐서는 안 되고, 가난하고 미천했을 때의 사귐은 잊어서는 안 된다."

宋宏曰: "糟糠之妻, 不下堂; 貧賤之交, 不可忘."

·糟(조) : 지게미   ·糠(겨) : 쌀겨

 《후한서》(後漢書) 권 26, 《송홍열전》에 출전이 있는데, 약간 다르다. 송홍이 말하였다. "신이 듣기로는, 가난하고 미천했을 때의 벗은 잊어서는 안 되고, 술지게미와 겨를 함께 먹었던 아내는 내쳐서는 안 된다고 하였습니다."(宋弘曰: "臣聞, 貧賤之知, 不可忘, 糟糠之妻, 不下堂.")

19.16. 그를 만나기 전에 먼저 은혜를 베풀고, 그가 가난하고 미천할 때에 친교를 맺어라.

施恩於未遇之先, 結交於貧寒之際.

19.17. 벗을 대하는 마음이 늘 처음 만났을 때와 같다면, 늙을 때까지 결코 원망이나 유감이 없으리라.

人情常似初相識, 到老終無怨恨心.

19.18. 함께 술 마시고 밥 먹으며 형 아우 하는 자가 천 명이어도, 위급하고 어려울 때 도와줄 벗은 하나도 없도다.

酒食弟兄千箇有, 急難之朋一箇無.

19.19. 열매를 맺지 못하는 꽃은 심지 말고, 의리가 없는 벗과는 사귀지 말라.

不結子花休要種, 無義之朋不可交.

19.20. 군자의 사귐은 물처럼 담박하고, 소인의 사귐은 단술처럼 달다.

君子之交淡如水, 小人之交甘若醴.

·醴(례) : 단술

해설　물은 아무리 마셔도 물리지 않지만, 단술은 그러한가? 쉬이 싫증 나는 사귐은 참된 사귐이 아니다.

19.21. 사람은 재물로 사귀어 보고, 금은 불로 시험해 보라.

人用財交, 金用火試.

·用(용) : '이'(以)와 같다. ~로써

해설　평소에는 그 사람의 속내를 알기 어렵다. 어려움에 부딪혔을 때 에야 사람은 저도 모르게 속내를 드러낸다. 특히 재물이나 이익이 걸

렸을 때에 그의 속내는 가장 잘 드러난다. 재물이나 이익보다 의리와
사람을 소중하게 여기는지를 보고, 사람을 사귀라는 말이다.

19.22. 물은 장대로 더듬어 보면 깊은지 얕은지 알 수 있고, 사람
은 재물로 사귀어 보면 그 마음을 바로 알리라.

水持杖探知深淺, 人與財交便見心.

19.23. 어질고 올바른 사람을 재물로 사귀지 말 것이니, 재물로
사귀면 어질고 올바른 사람과는 끊어진다.

仁義莫交財, 交財仁義絶.

19.24. 먼 길을 가 봐야 말의 힘을 알고, 오래 사귀어야 사람의
마음을 알지.

路遙知馬力, 日久見人心.

20. 지어미의 행실 ... 婦行篇

20.1. 공자가 말하였다.

"지어미는 남에게 엎드려야 한다. 이런 까닭에 마음대로 처리할 본분은 없고 세 가지 따라야 할 길이 있다. 집에서는 아비를 따르고, 시집 가서는 지아비를 따르고, 지아비가 죽으면 자식을 따르니, 감히 제 마음대로 해서는 안 된다. 가르쳐서 규방을 나서게 해서는 안 되니, 지어미의 일은 때마다 음식을 올리는 사이에 있을 뿐이다. 이런 까닭에 여인은 해가 뜨면 집안에 있고 100리 밖으로 나가서는 안 되며, 상을 당하면 마음대로 일을 처리해서는 안 되고 혼자 끝내서도 안 되며, 물어서 안 뒤에 행동하고 경험한 뒤에 말을 하며, 낮에는 뜰에서 놀지 않고 밤에는 불을 밝히고 다녀야 할 것이니, 이리하여야 지어미의 덕을 바르게 지닐 수 있다."

子曰: "婦人伏於人也. 是故, 無專制之義, 有三從之道. 在家從父, 適人從夫, 夫死從子, 無所敢自遂也. 敎令不出閨門, 事在饋食之間而已矣. 是故, 女及日乎閨門之內, 不百里而犇, 喪事無專爲行, 無獨成, 參知而後動, 可驗而後言, 晝不遊庭,夜行以火, 所以正婦德也."

·專(전) : 멋대로 하다 ·適(적) : 가다, 시집 가다 ·閨(규) : 규방
·饋(궤) : 음식을 보내다 ·犇(분) : 달아나다
·參(참) : 여기서는 '참문'(參問)의 뜻으로 쓰였다. 헤아려서 묻다

20.2. 《익지서》에 나온다.

"여인에게는 기릴 만한 덕이 네 가지 있으니, 첫째는 지어미로서의 마음씨요, 둘째는 지어미로서의 몸가짐이요, 셋째는 지어미로서의 말씨요, 넷째는 지어미로서의 솜씨이다.

지어미로서의 마음씨란, 반드시 재주와 이름이 남보다 뛰어난 것을 이르는 것이 아니요, 지어미로서의 몸가짐이란 반드시 얼굴이 아름답고 고운 것을 이르는 것이 아니며, 지어미로서의 말씨란 반드시 말 잘하고 날카롭게 말하는 것을 이르는 것이 아니고, 지어미로서의 솜씨란 반드시 교묘한 기술이 남보다 뛰어난 것을 이르는 것이 아니다.

그 지어미로서의 마음씨란, 맑고 바르고 곧고 절개가 있어 분수를 지키고, 몸가짐이 바르며 행동함에 부끄러워할 줄을 알고, 움직이거나 가만있거나 법도가 있는 것이니, 이것을 지어미로서의 마음씨라 한다. 지어미로서의 말씨란 말을 가려서 하고 그릇된 말은 하지 않으며, 알맞은 때에 말하여 남들이 그 말을 싫어하지 않는 것이니, 이것을 지어미로서의 말씨라 한다. 지어미로서의 몸가짐이란 먼지나 때를 말끔하게 씻어내고 옷차림이 곱고 깨끗하며, 목욕을 제때에 하여 몸에 더러움이 없는 것이니, 이것을 지어미로서의 몸가짐이라 한다. 지어미로서의 솜씨란 오로지 길쌈

에 힘쓰고 술을 어지럽도록 마시지 않으며 맛있는 음식을 갖추어 손님께 올리는 것이니, 이것을 지어미로서의 솜씨라 한다. 이 네 가지 덕은 지어미의 크나큰 덕이다. 행하기 쉬우니 바르게 하는 데에 힘쓰고, 이것에 의거하여 행할 것이니, 이를 지어미의 절개라 한다."

益智書云: "女有四德之譽, 一曰婦德, 二曰婦容, 三曰婦言, 四曰婦工也. 婦德者, 不必才名絶異; 婦容者, 不必顏色美麗; 婦言者, 不必辯口利詞; 婦工者, 不必伎巧過人也. 其婦德者, 清貞廉節, 守分整齊, 行止有恥, 動靜有法, 此爲婦德也. 婦言者, 擇辭而說, 不談非語, 時然後言, 人不厭其言, 此爲婦言也. 婦容者, 洗浣塵垢, 衣服鮮潔, 沐浴及時, 一身無穢, 此爲婦容也. 婦工者, 專勤紡織, 勿好暈酒, 供其甘旨, 以奉賓客, 此爲婦工也. 此四德者, 是婦人之大德也. 爲之其易, 務在於正, 依此而行, 是爲婦節也."

·伎(기) : 재주, 기술 ·洗(세) : 씻다 ·浣(완) : 빨다 ·鮮(선) : 깨끗하다, 곱다
·穢(예) : 더럽다 ·沐浴(목욕) : 머리를 감는 것이 목(沐), 몸을 씻는 것이 욕(浴)
·紡(방) : 잣다, 실을 뽑다 ·暈(훈) : 현기증 나다

역주_ '재명'(才名)이 원본에서는 '재명'(才明)으로 되어 있는데, 뜻이 통하도록 바로잡았다.

20.3. 태공이 말하였다.

"지어미가 갖추어야 할 예의에서, 말은 반드시 나지막하게 해야 한다."

太公曰: "婦人之禮, 語必細."

20.4. (지어미는) 다닐 때에는 반드시 천천히 걷고, 멈추어서는 몸을 잘 추스르고, 움직일 때에는 머뭇거리는 듯해야 한다. 귀로는 쓸데없는 말을 듣지 말고, 눈으로는 쓸데없는 걸 보지 말며, 나가서는 아첨하는 태가 없어야 한다. 치마와 겹옷을 치장해서는 안 되고, 들창을 엿보거나 지게문 안을 살펴서는 안 된다. 아침에 일찍 일어나고 밤늦게 자면서 수고를 꺼리지 말라. 두려워하는 듯 조심하면서 늘 옥의 티처럼 욕되지 않도록 근심하라.

行必緩步, 止則斂容, 動則蹉跙. 耳無餘聽, 目無餘視, 出無諂容. 廢飾裙褶, 不窺不覵牖戶. 早起夜眠, 莫憚勞苦. 戰戰兢兢, 常憂玷辱.

·緩(완) : 느리다　·斂(렴) : 거두다　·蹉(차) : 넘어지다, 어긋나다
·跙(저) : 머뭇거리다　·裙(군) : 치마　·褶(습) : 겹옷　·窺(규) : 엿보다
·牖(유) : 들창　·憚(탄) : 꺼리다　·戰(전) : 두려워하다
·兢(긍) : 삼가다, 두려워하다　·玷(점) : 이지러지다, 흠

역주　'불규'(不窺)가 원본에서는 '불규'(不規)로 되어 있는데, 뜻이 통하도록 바로잡았다.

20.5. 슬기로운 지어미는 지아비를 귀하게 만들고, 바르지 못한 지어미는 지아비를 천하게 만든다.

賢婦令夫貴, 佞婦令夫賤.

·佞(녕) : 사특하다

20.6. 집에 슬기로운 아내가 있으면 지아비가 뜻밖의 화를 만나지 않는다.

家有賢妻, 夫不遭橫禍.

20.7. 슬기로운 지어미는 부모·형제·처자가 잘 어울리도록 하고,
바르지 못한 지어미는 부모·형제·처자의 화목을 깨뜨린다.

賢婦和六親, 佞婦破六親.

20.8. 누군가가 물었다.

"홀어미는 이치로 볼 때 아내로 취할 수 없을 것 같은데, 어떻
습니까?"

이천 선생이 말하였다.

"무릇 아내를 취함은 자신의 짝을 얻는 일이오. 만약 절개를 잃
은 사람을 취한다면, 자신도 절개를 잃게 되는 것이오."

또 물었다.

"혹시 홀어미로서 가난하고 곤궁하여 의탁할 곳이 없는 사람이
라면, 다시 시집 가도 됩니까?"

"그저 후세 사람들이 추위나 굶주림으로 죽는 걸 두려워하였기
때문에 이런 말이 나오게 된 것이오. 그러하나 굶어 죽는 건 지극
히 작은 일이지만, 절개를 잃는 건 지극히 큰 일이오."

或問: "嫠婦於理, 似不可取, 如何?"
伊川先生曰: "凡取以配身也. 若取失節者, 是己失節也."
又問: "或有嫠婦, 貧窮無托者, 可再嫁否?"
曰: "只是後世怕寒餓死, 故有是說. 然餓死事極小, 失節事極大."

·嫠(상) : 홀어미

20.9. 《열녀전》〈모의전〉(母儀傳)에 나온다.

"옛날에는 지어미가 아이를 배면, 잠잘 때에는 옆으로 눕지 않고, 앉을 때에는 가장자리에 앉지 않고, 설 때에는 한쪽 발을 들고 서지 않고, 잡된 맛을 내는 음식을 먹지 않고, 바르게 썰지 않은 것을 먹지 않고, 자리가 바르지 않으면 앉지 않고, 눈으로는 삿된 색깔을 보지 않고, 귀로는 음란한 음악을 듣지 않고, 밤이면 맹인에게 시를 낭송하게 하거나 바른 일을 이야기하게 하였으니, 이렇게 하여 아기를 낳으면 얼굴과 모습이 단정하고 재주도 남보다 뛰어날 것이다."

烈女傳曰: "古者, 婦人姙子, 寢不側, 坐不邊, 立不蹕, 不食邪味, 割不正不食, 席不正不坐, 目不視邪色, 耳不聽淫聲, 夜則令瞽誦詩道正事, 如此則生子, 形容端正, 才過人矣."

·姙(임) : 아이를 배다 ·蹕(비) : 외발로 서다 ·瞽(고) : 눈 먼 사람
·誦(송) : 외다

새로 교정을 보아 큰 글자로 찍어 낸 《명심보감》 끝.

(新刊校正大字明心寶鑑卷終)

명심보감 발문

　'보배로운 거울'이라는 이 책은 경전을 널리 참고하여 긴요한 말들을 가려내고 모아 스무 편으로 나누어 묶은 것이니, 이 모두 사람이 일상에서 꼭 지켜야 할 도리로서, 그 요체는 마음을 먼저 밝히는 것에 지나지 않는다. 이 보배로운 거울을 항상 눈으로 들여다보고, 그때마다 마음을 일깨워서 착한 것을 본받고 나쁜 것을 경계할 수 있다면, 하늘의 도움이 어찌 책에 씌어진 것에서 그치겠는가?

　이 책은 중국본만 있었는데, 감사 민상국(閔相國)이 널리 보급하려는 생각에서 공인들을 모아 판각하여, 한 달도 채 안 되어 일을 끝마쳤다. 사람들이 쉽게 찍어내어 누구나 좋은 가르침을 배울 수 있게 한다면, 백성들이 마음을 일으키고 풍속이 순박해지고 후세에도 전해져서 끝이 없을 것이다. 그러니 어찌 조그마한 보탬이라고만 말할 수 있겠는가?

　경태(景泰) 5년(1454) 갑술년 11월 초하루에,
봉직랑 청주유학 교수관 유득화(庾得和)가 삼가 발문을 쓰다.

明心寶鑑跋

寶鑑之爲書, 博考經傳, 采摭要語, 分爲二十篇, 是皆切於人倫日用, 而其要不過先明諸心而已. 若將此鑑, 常接乎目, 每警于心, 善可法, 惡可戒, 則天之所佑, 奚可罄紀?
此書, 但有唐本, 監司閔相國思欲廣布, 鳩工鋟梓, 不月而功訖. 人人易印, 無人不學善敎, 興民風淳, 傳之後世而無窮矣.
豈曰小補之哉?

景泰五年甲戌十一月初吉, 奉直郞淸州儒學敎授官, 庾得和謹跋.

해제: 명심보감 개관

1. 들어가는 말

《명심보감》[1]은 한문에 입문하는 초학자들이 읽는 한문 교재이면서 수신이나 수양을 위한 지침서이기도 하다. 《명심보감》은 창작한 것이 아니라 유가와 도가, 불가의 경전이나 고전들 가운데서 경구가 될 만한 글들을 뽑아서 엮은 것이다. 이 《명심보감》은 명(明)나라 초기인 1393년에 범립본(范立本)이 편찬한 것으로, 편찬 직후 조선에 전래되었고 이어 일본과 월남 등에도 전해졌다.

중세 동아시아는 유교와 불교를 보편문화로 하는 한문문명권이었다. 따라서 유교나 불교를 비롯한 보편적인 사유나 인식을 잘 보여주면서 한문을 익히는 데 유익한 책이 문명권 중심부인 중국에서 출간되면, 아주 빠르게 주변국으로 전해졌다. 《명심보감》도 그런 서책 가운데 하나였다. 그러나 동아시아 각국에서 대등하게 인식되거나 지

---

1) 아래에서 특정한 판본을 밝히지 않는 한,《명심보감》은 모두 '완본' 즉 《청주판 명심보감》 (아세아문화사, 1990)을 가리킨다.

속적으로 읽혔는지에 대해서는 단언하기 어렵다.

조선에서는 일찌감치 완본을 목판으로 찍어냈지만, 이어 초략본이 나오면서 완본보다는 초략본이 널리 읽혔다. 오늘날에도 완본보다는 초략본이 더 널리 읽히고 있을 뿐 아니라, 완본의 존재조차 모르는 이들도 많다. 1970년대 초에 성균관대 이우성 교수가 동해안의 어느 고가(古家)에서 《청주판(淸州版) 명심보감》을 발견하면서 《명심보감》의 완본과 저자가 명확하게 밝혀졌음에도 여전히 초략본이 《명심보감》의 원본인 줄로, 또 추적이 저자인 줄로 잘못 알고 있는 이들이 많다.

《명심보감》에 대한 연구는 다른 고전에 견주면 그다지 많은 편이 아니다. 여기서는 이미 발표된 논문들을 바탕으로 하여 판본과 편자, 편찬 의도, 체제와 내용, 사상적 특성 등에 대해 정리한다. 이로써 독자들이 《명심보감》을 이해하는 데 도움이 되었으면 하는 바람이다.

2. 《명심보감》의 판본

《명심보감》의 판본에 대해서는 김동환이 서지적(書誌的) 연구를 하면서 먼저 다루었다.[2] 김동환이 조사하여 설명한 판본은 크게 일곱 가지다.[3]

　　① 《신간교정대자명심보감》(新刊校正大字明心寶鑑)
　　② 신축년간(辛丑年刊) 《명심보감초략》(明心寶鑑抄略)

---

2) 김동환, 〈명심보감의 서지적 연구〉, 《서지학연구》 10집, 서지학회, 1994.
3) 송희준, 〈《명심보감》의 제문제〉, 《한문학연구》 14집, 계명한문학회, 1999에서는 청주본류, 초략본류, 증보본류 등 셋으로 나누어서 고찰하고 있는데, 대체적인 내용은 김동환의 논문과 다르지 않다.

③ 정축년간(丁丑年刊)《명심보감초》(明心寶鑑抄) 전사본(傳寫本)

④ 태인(泰仁) 손기조판(孫基祖版)《명심보감초》

⑤ 완판(完版)《명심보감초》

⑥ 무교판(武橋版)《명심보감초》

⑦ 인흥재사판(仁興齋舍版)《명심보감》

이 밖에 일제 때 간행된 판본들도 소개하고 있지만,[4] 모두 위의 판본들을 바탕으로 한 것이므로 여기서는 다루지 않겠다.

위의 일곱 가지 판본을 보면, 흥미로운 사실 하나가 눈에 띈다. 그것은 ①을 제외하고는 모두 초략본이라는 사실이다. ①은 이우성 교수가 발견하여 소개한 판본으로, 홍무(洪武) 26년(1393)에 편찬된 것을 조선 단종 2년(1454)에 청주에서 목판으로 간행한 것이다. 이우성 교수는 이것을 '청주판 명심보감'이라 명명하였다. 그러나 불행하게도 이 완본은 소실되었고, 이후 일본의 츠쿠바(筑波) 대학에 소장되어 있는 것을 다시 찾아냈다. 그렇게 다시 찾아낸 것을 이우성 교수는 자신의 '서벽외사해외수일본'(栖碧外史海外蒐佚本) 제31집(아세아문화사, 1990)으로 간행하였다.[5] 이것이 현재 널리 알려져 있는 완본이다. 상·하 두 권에 20개 편목으로 이루어져 있으며, 모두 774개의 조목이 나온다.[6] 이 책 또한 '청주판 명심보감'을 번역하고 풀이한 것이다.

②는 한국정신문화연구원(현재 한국학중앙연구원)이 소장하고 있는 목판본이다. 서명(書名)에 '초략'이라 표기되어 있고, 완본과 동일한 판심제(版心題)를 쓰고 있다. 조목 수는 248개로, 완본의 3분의 1이다.

---

4) 김동환, 앞의 글, 647~649쪽.
5) '청주판 명심보감'과 함께 ③과 ④의 초략본도 함께 영인하여 실었다.
6) 목록에서 밝히고 있는 조목 수는 774개인데, 김동환은 766개라고 하였다. 필자가 번역하면서 붙인 숫자로는 777개다. 이는 원본의 조문들 가운데 명확하게 나누어져 있지 않은 것들이 있어 구분하는 데서 연구자들마다 차이를 보인 것이다.

판본의 정확한 연대는 확인할 길이 없고, ③보다는 앞선 것이 아닌가 여기고 있을 뿐이다.

③은 "숭덕(崇德) 2년(1637) 정축년"이라는 간기가 있는 판본을 필사한 것이다. 필사연대는 알려져 있지 않으나, 필체는 바르고 깔끔하다. 완본에 견주었을 때, 비교적 오자나 탈자가 적다.

④는 서울대 규장각과 한국정신문화연구원에 소장되어 있는 방각본(坊刻本)이다. "숭덕후갑진춘"(崇德後甲辰春)이라는 간기가 있어서 현종 5년(1664)으로 보는 경우가 많으나, 반드시 그렇다고 하기는 어렵다. 지질(紙質)이나 묵색(墨色) 등으로 판단하면, 그보다 나중의 것일 가능성도 있다.

⑤는 지금의 전주(全州)인 완산(完山)에서 간행된 방각본으로, 한국정신문화연구원에 두 종이 소장되어 있다. "병오계춘완산"(丙午季春完山)이라는 간기가 있어, 1846년 또는 1905년에 간행된 것으로 추정하고 있다.

⑥은 1868년 서울 무교동에서 간행된 방각본이다. 수록된 편장(篇章)은 ④·⑤와 동일하다.

⑦은 고종 6년(1869) 대구의 인흥재사에서 목판으로 간행한 것이다. 이 판본에는 율곡 이이(李珥, 1536~1584)를 비롯한 여러 유자들의 서문과 율곡의 발문이 붙어 있는데, 다른 판본에는 없던 것들이다.

일제 때 이후로는 주로 초략본에 현토(懸吐)를 달거나 번역을 한 것들, 또 증보한 것들이 나왔고, 이우성 교수가 완본을 발견할 때까지는 초략본이 주류를 이루었다.《명심보감》은 명나라에서 편찬되었으므로 주변 여러 나라에 전해졌으리라 추정할 수 있다. 아래에서는 여러 나라에 있는 판본들에 대해 소개하겠다.

최형욱은《명심보감》이 중국과 일본, 스페인에 유전(流傳)된 경위에 대해서 간략하게 논한 바 있는데,7) 성해준이 그보다 더 자세하게 논의하였으므로8) 여기서는 성해준의 논문을 참조한다.

① 명간본(明刊本) 《명심보감》
② 청간본(淸刊本) 《명심보감》
③ 화각본(和刻本) 《명심보감》
④ 청주본(淸州本) 《명심보감》
⑤ 초략본(抄略本) 《명심보감》
⑥ 스페인어 번역본 《명심보감》
⑦ 대만본(臺灣本) 《명심보감》
⑧ 베트남본[越南本] 《명심보감》

①은 명대에 간행된 판본으로, 두 가지가 있다. 하나는 일본 나이카쿠문고(內閣文庫) 소장의 《명심보감》으로, 왕형(王衡)이라는 이가 교정하였다. '청주본'과 구성은 같으나 '청주본'보다 각 편의 조문 수가 적고, 또 '청주본'에는 없는 것이 포함되어 있기도 하다. 또 하나는 손케이카쿠문고(尊經閣文庫)의 《명심보감정본》(明心寶鑑定本)이다. 이는 장문계(張文啓)가 거듭 교정한 것으로, 왕형의 교정본이나 청주본보다 내용의 양이 훨씬 많다.

②는 일본 시마바라도서관(島原圖書館) 소장의 '관판'(官版) 《명심보감》이다. 출판 연월일이나 서문·발문 등이 없다. 내용은 왕형 교정의 '명간본'과 같고, 조문의 구분은 '청주본'과 비슷하다.

③은 일본에서 간행된 《명심보감》이다.9) 1626년에 '화각본'이 있었

---

7) 최형욱, 〈명심보감의 유전·판본 및 편자에 대한 고찰〉, 《중어중문학》 26집, 한국중어중문학회, 2000.
8) 성해준, 〈각국 명심보감의 판본 연구〉, 《동북아문화연구》 13집, 동북아시아문화학회, 2007.
9) '화각본'에 대한 자세한 논의는 성해준, 〈일본 《명심보감》 전파와 수용 양상에 관한 연구〉,

336

다는 기록이 있으나, 그 판본은 전하지 않는다. 1631년에 '화각본'이 거듭 간행되어서 지금도 남아 있다. 1631년에 간행된 것은 왕형이 교정한 '명간본'을 화각(和刻)한 것이다. 화각본은 1631년부터 1715년까지 교토·오사카·에도 등지에서 지속적으로 간행되었다.

④와 ⑤는 조선에서 간행된 것으로, 이미 언급한 바 있으므로 생략한다. 특히 초략본은 다른 나라에서는 찾아볼 수 없는 것이어서 특이하다고 할 만하다.

⑥은 세 가지가 남아 전한다. 첫째는 스페인의 마드리드도서관에 소장되어 있는 '스페인어본 명심보감'이다. 이는 선교사 코보(Cobo)가 1592년에 스페인어로 번역한 것이다. 둘째는 코보가 번역한 것의 복제본으로, 일본 조치대학(上智大學) 크리스탄 문고에 소장되어 있다. 셋째는 1676년에 선교사 나바레떼(Navarette)가 발췌하여 번역한 것으로, 1702년에 영어판으로 출판된 것이 일본의 도요문고(東洋文庫)에 소장되어 있다.

스페인어본은 최초의 서양어 번역본이라는 점, 중세에서 근대로 넘어가는 시기에 동양과 서양의 교류가 어떻게 이루어졌는지를 보여준다는 의의를 갖는다.10) 그러나 서양에서 《명심보감》은 한때의 호기심에서 눈길을 끌었을 뿐, 지속적으로 주목받은 것은 아니다. 다른 서구어로 번역된 판본을 찾을 수 없다는 것이 그 단적인 예다. 20세기 중반이 지나서야 서구 학자들이 《명심보감》에 관심을 기울이고 있는데, 이 또한 중국학이 서구 학계에서 큰 비중을 차지하게 되면서

《일본문화연구》 9집, 동아시아일본학회, 2003, 157~170쪽 참조. '화각본'(和刻本)의 '화'는 일본을 지칭한다.

10) 성해준, 〈《명심보감》 스페인어 번역의 정신문화적인 의의〉, 《동북아문화연구》 9집, 동북아시아문화학회, 2005에서 이러한 의의에 대해서 언급하였다. 그러나 정신문화적인 의의에 대해서는 심도 있는 논의가 이루어지지 못했는데, 이는 스페인어본이 서구의 정신사나 문화사에 그다지 영향을 주지 못했음을 반증한다.

가능해졌던 것이 아닌가 한다.

⑦은 도교나 불교의 서적으로 활용되는 판본이다. 완본으로 볼 수 있는 것은 아직 발견되지 않았고, 위선(爲善)·효행(孝行)·제가(齊家)·교우(交友)·정치(政治) 다섯 편에 《태상감응편》(太上感應篇)과 《관성제군각세진경》(關聖帝君覺世眞經)이 덧붙어 있는 것이 널리 읽히고 있다. 이는 조선의 초략본과 비슷하게 특정한 목적에 맞게 재편집된 것이다.

⑧에는 1888년에 간행되어 프랑스 국립도서관에 소장되어 있는 《명심보감석의》(明心寶鑑釋義), 1957년에 베트남 공학회(孔學會)에서 개편한 《명심보감》, 대만 국립중앙도서관에 소장되어 있는 베트남 판본 《명심보감》(揚孟徵 譯) 등 세 가지가 알려져 있다.

중국에 남아 있는 판본에 대해서는 알려진 것이 없다. 또 '청간본' 이후로는 《명심보감》을 찾아볼 수가 없다. 이는 《명심보감》이 중국에서는 이미 오래 전에 잊혀졌음을 의미한다. 오늘날에는 《명심보감》과 비슷하면서도 훨씬 짜임새가 있는 《석시현문》(昔時賢文)과 《유학경림》(幼學瓊林)이 널리 읽히고 있다.[11] '대만본' 가운데 온전한 것이 없는 까닭은 역사와 문화 등에서 본토와 사뭇 다른 풍토에 있었고, 20세기에 들어서야 독자적인 정치와 문화를 형성하였기 때문이다. 게다가 《석시현문》이나 《유학경림》이 중시되고 널리 유행하였던 탓도 있다.

중국의 '명간본'과 '청간본'이 주로 일본에 남아 있다는 것도 특기할 만한 일이다. 게다가 조선의 '청주본'과 '초략본'까지 일본에 두루 남아 있다. 이는 일본이 동아시아 문명권에서 가장 주변에 있었기 때

---

11) 근래에 임동석이 《현문》(김영사, 2004)과 《유학경림》(고즈윈, 2005)을 번역하였다.

문에 중심부와 중간부의 전적들이 모두 흘러들어갔기 때문이라 생각
한다.

근대 이후로 중국과 일본에서는 《명심보감》이 거의 잊혀졌음에도
한국에서는 여전히 주요한 고전으로서 널리 읽히고 있다는 점, 조선
에만 '초략본'이 있고 여러 차례 간행되면서 완본보다 '초략본'이 더
널리 읽힌 사실 등은 특징이라 할 만하다.12) '대만본'의 경우에도 '초
략본'과 유사하지만, 《명심보감》 본래의 편목이 상당 부분 없어져서
그 차이가 매우 크다.

3. 편자에 대한 오해

《명심보감》은 유교·불교·도교 등의 서적에서 경구가 될 만한 글들
을 뽑아서 엮은 책이므로 저자라기보다는 편자라고 일컫는 것이 타
당한데, 오랫동안 혼동되어 쓰였다. 《명심보감》의 편자가 누군지에
대해서는 여러 판본들 가운데서 '청주본 명심보감'을 제외하고는 초
략본들에는 전혀 언급되고 있지 않다. 그럼에도 추적이 저자라는 설
이 널리 퍼져 있어, 살피지 않을 수 없다.13)

조선에서는 완본인 '청주판'이 나오고 난 지 거의 200여 년이 지나
서야 '초략본'이 나타났다. 그리고는 완본은 잊혀지고 '초략본'이 널
리 읽히고 전해졌다. 그러다가 1869년에 간행된 인흥재사판 '초략본'

---

12) 왜 '초략본'이 간행되었으며 어떤 내용이 주를 이루게 되었는지에 대해서는, 김동환, 〈초
   략본 명심보감의 간행 경위와 그 내용〉, 《서지학연구》 18집, 서지학회, 1999에서 자세하게
   살폈다.
13) 저자에 대해서는 김동환, 〈명심보감의 저자 문제〉, 《서지학연구》 21집, 서지학회, 2001에
   서 논한 적이 있다.

에서 갑자기 율곡 이이의 서문과 발문이 덧붙고, 또 함께 실려 있는 허전(許傳)의 서문에서 추적(秋適, 1246~1317)이 거론되면서 '초략본'의 편자가 추적는 설이 등장하였다. 그러나 추적이 편자임을 밝힌 글은 어디에도 없다. 인흥재사판을 간행한 인흥서원이 추적을 비롯하여 추계 추씨 집안의 현조(顯祖) 네 사람이 봉안되어 있던 서원이고, 그 후손인 추세문이 이 판본을 출간하면서 '인흥재사판'《명심보감》이 널리 유행하게 된 것이 추적을 편자로 보는 근거였다고 할 수 있다.

그러나 1970년대 초에 '청주판'이 발견되면서 원래의 편자가 명대의 범립본이었음이 밝혀졌다. '청주판'에는 범립본의 서문이 있고, 그 서문에 "홍무 26년 계유년 2월 16일, 무림의 후학 범립본이 서문을 쓰다"14)라는 글이 나오고 있기 때문이다. 홍무 26년은 1393년이다. 명 왕조를 일으킨 태조 주원장(朱元璋, 1328~1398)이 쓴 연호다. 무림은 항주(杭州)의 별칭이다. 이로써 보면, 범립본은 원나라가 망하고 명나라가 일어나던 변혁기에 강남의 번화한 도시에서 살았던 학인이었음을 알 수 있다.

이렇게 '청주판'의 발견으로 범립본이 편자임이 밝혀졌음에도 추적을 편자라고 밝힌 번역본들은 계속해서 나왔다. 특히 1995년에 출판된 성균관대출판부의 《명심보감》은 '추적 편저'라고 밝히고 있고, 지금도 수정되지 않고 있다. 추적을 편자라고 밝힌 것은 모두 초략본이다. 이는 완본이 범립본의 편찬이라면, 초략본은 추적이 편집했다는 견해에서 비롯된 것으로 보인다.

그러나 추적은 고려 충렬왕 때의 문신으로, 범립본보다 거의 백여 년이나 앞서 살았던 인물이다. 그런 그가 완본이 나오기도 전에 초략

---

14) "洪武二十六年, 歲在癸酉二月旣望, 武林後學, 范立本序."

본을 내놓았다는 것은 어불성설이다. 무릇 '초략'이란 이미 존재하는 텍스트를 토대로 간략하게 베끼거나 가려 뽑는 것이기 때문이다. 존재하지도 않는 책을 상정(想定)해서 초략본을 만든다는 것은 있을 수 없는 일이다.

그렇다면, 범립본은 과연 어떤 사람인가? 그에 대한 생몰연대나 활동 등에 대해서는 알려진 바가 거의 없다. 범립본은 《명심보감》 외에도 《치가절요》(治家節要)도 편찬하였다고 한다.15) 《치가절요》는 1406년에 주민(朱敏)이 교정하여 간행한 것인데, 그 후서(後序)에 "무림의 범씨 종도는 곧 《명심보감》을 편집하려고 갖가지 서책과 전기들에서 두루 가리고 골라서 모았다"16)라고 적고 있다. 이로써 그가 《명심보감》을 편찬한 것이 더욱 분명해지며, 또 그의 자가 '종도'(從道)임을 알 수 있다. 그러나 그의 출신이나 행적에 대해서는 더 이상 알 수가 없다. 다만, 그가 남긴 서문과 《명심보감》의 내용을 통해서 그의 학문이나 면모를 추론해볼 수 있을 뿐이다.

4. 편찬 의도

범립본이 《명심보감》을 편찬한 의도에 대해서는 서문에서 잘 알 수 있다. 범립본이 《명심보감》을 편찬한 때는 1393년이다. 바로 주원장이 원나라를 무너뜨리고 명 왕조를 세운 때다. 명 왕조는 한인(漢人)이 이민족을 몰아내고 세운 왕조다. 원나라 때 몽고인은 남방의

---

15) 김동환, 〈명심보감의 서지적 연구〉, 604~605쪽; 김동환, 〈명심보감의 저자 문제〉, 72~75쪽; 송희준, 앞의 글, 24~25쪽에서 밝히고 논하였다.
16) "武林范氏從道, 乃編明心寶鑑, 集其間廣采群書傳記."(송희준, 앞의 글, 24쪽 재인용)

한인을 색목인(色目人)은 물론이고 북방의 한인보다 더 낮은 신분으로 취급하며 차별대우를 하였는데, 명나라는 바로 강남을 기반으로 하여 세운 왕조다. 그리고 범립본은 바로 그 강남 가운데서도 무림(武林) 곧 항주에 살았다. 따라서 범립본은 명 왕조의 창건을 누구보다도 기뻐하였을 것이다.

> 대개 경서에는 훌륭한 말과 착한 행실이 아주 많이 실려 있으나, 요즘 사람들은 게으르기 때문에 잘 살펴서 익히고 따르는 자들이 적다. 하물며 지금 학자들은 기껏해야 문장이나 학문을 우선할 뿐, 먼저 덕행을 배우기를 근본으로 여기는 자가 없다.[17]

원나라 지배기에 강남의 한인들은 억압받고 소외되었다. 특히 한인들 가운데서 학인들은 학문을 해도 앞날을 보장받을 수가 없었으므로 게으름을 피우면서 자신을 되돌아보는 수행을 하지 않았다. 위에서 문장이란 글을 꾸미는 일을 가리킨다. 학문을 우선한다고 한 것은 지식만 습득하고 관념적으로 이해하는 데 그치는 일을 이른다. 경서를 읽어도 그 훌륭한 말과 착한 행실을 이어받으려 하지 않고 글재주나 익히는 데에 그쳤다는 말이다. 그래서 "덕행 배우기를 근본으로 여기는 자가 없다"고 범립본은 탄식한 것이다.

실제로 원대에는 원곡(元曲)이 발달하여 원대 후반에는 항주에서 많은 작가들이 배출되었다. 그 작가들의 작품이 강남의 발달한 출판문화에 힘입어 대거 출판되어서 널리 읽혔는데, 이것이 꾸미는 글을 유행하게 만들었을 것이다.[18] 그러나 새로운 왕조가 들어선 시기에

---

17) 〈명심보감서〉. "盖爲經書, 嘉言善行甚多, 所以今人懶, 觀習行者少. 況今學者, 不過學其文藝爲先, 未有先學德行爲本."
18) 송나라 이후로 출판문화가 급성장하면서 상업화가 되었는데, 특히 사대부까지도 영리를

그러한 글들은 오히려 새로운 기풍을 진작시키는 데 장애가 될 수 있었다.

근래에 이르러서는 세상 사람들에게, 속세 밖의 좋은 것을 닦으라고 많이 권하고, 속세 안에서 마땅히 해야 할 것은 적게 권하는 까닭에, 옛날 현인들이 남긴 글이나 책 따위나 받들면서 세상에 널리 전하고 있을 따름이다. 요즈음 착한 말을 듣기 좋아하는 군자도 그런 글이나 책을 살펴보고는 기이하게 여길 뿐, 옛날과 지금의 종요로운 말에 대해서는 어둡다. 이런 까닭에 사람들의 마음을 미혹하게 하여 성현들이 일상에서 늘 행하였던 종요로운 길에 대해 듣는 데에는 썩 내켜 하지 않게 만들었으므로, 사람들은 마음을 잘 지니고 분수 지키는 일을 옳게 여기지 않고, 억지로 어지럽고 허튼 짓을 일삼기에 이르렀다.[19]

세상이 어지러우면 세상을 벗어나려는 생각을 하거나 그런 바람을 갖는 경우가 흔하다. 원 지배기에 지식인들 가운데는 속세를 떠나거나 남들에게 떠나라고 가르치는 이들이 적지 않았을 것이다. 그러나 범립본은 속세를 떠나려 하지 말고 속세 안에서 해야 할 것을 권하여야 한다고 여겼다. "옛날 현인들이 남긴 글이나 책 따위를 받드는 일," "그런 글이나 책을 살펴보고 기이하게 여기는 일"은 모두 그 참뜻을 알고 실천하려고 하지 않아서 생긴 문제다. 참뜻을 알지 못하면

목적으로 출판하는 일이 많아졌다. 특히 항주는 당시 인쇄에 으뜸이라 일컬어졌던 곳이다 (오오키 야스시 지음, 노경희 옮김, 《명말 강남의 출판문화》, 소명출판, 2007, 48~49쪽). 이러한 시대적 풍토는 《명심보감》을 편찬할 수밖에 없는 요인이기도 했지만, 동시에 범립본이 《명심보감》을 개인적으로 간행할 수 있는 배경이기도 했다.

19) 〈명심보감서〉. "及近勸世, 多勸修物外之善. 因少勸爲當行之善, 事其昔賢文等書, 亦迺於世流傳. 今之好聽善言君子, 觀以爲奇, 罔之古今之要語. 是以使人迷惑其心, 少欲聞聖賢日用常行之要道, 以致不肯存心守分, 强爲亂作胡行."

무조건 받들기만 하고, 실천하지 않는 자는 그저 기이하게 여길 뿐이다. 범립본은 이를 경계하였다.

참뜻을 모르니 "성현들이 일상에서 늘 행하였던 종요로운 길"에 대해 듣는 것을 사람들은 마뜩찮게 여긴다. 이는 그대로 헛된 탐욕에 사로잡혀서 억지로 어지럽히는 짓을 하게 만들고 또 사사로운 이익을 좇느라고 허튼 짓을 일삼게 만든다. 마음을 잘 지니고 분수를 지키는 일이야말로 이치대로 사는 소박한 삶인 줄을 사람들은 모르고 있었던 것이다. 범립본의 눈에 비친 세태는 그러했다.

왕조가 바뀌었고, 더구나 그 왕조의 기반이 강남이었으므로 강남의 항주에서 살던 지식인 범립본은 새로운 세상에 걸맞은 풍속이 필요하리라 여겼다. 그래서 옛 전적들에서 본받을 만한 글들을 가려 뽑아 《명심보감》이라는 지침서 또는 권선서를 편찬하였던 것이다.

5. 체제와 내용

《명심보감》의 체제와 내용에 대해 자세하게 논의한 경우는 필자의 논문이 있을 뿐이다.[20] 〈초략본〉에 대해서는 몇몇 논문에서 다루었으나,[21] 그 또한 체제와 내용에 대해 자세하게 논의했다고 하기는 어렵다. 여기서는 필자의 논문을 바탕으로 체제와 내용에 대해 간략하게 서술하겠다.

---

20) 정천구, 〈《명심보감》의 사상적 특성 연구〉, 《동양한문학연구》 29집, 동양한문학회, 2009, 372~378쪽.
21) 김동환, 〈초략본 명심보감의 간행 경위와 그 내용〉, 《서지학연구》 18집, 서지학회, 1999; 송희준, 앞의 글; 성해준, 〈증보편 명심보감의 내용 및 사상 고찰〉, 《일어일문학》 40집, 대한일어일문학회, 2008.

범립본은 서문에서 "선인들이 이미 알고 있던 속세의 갖가지 책에서 요긴한 말을 모으고, 자애로운 어른들이 가르치고 일깨워 주신 좋은 말을 모아서 하나의 계통을 세웠으니, 이를 일러 '명심보감'이라 하였다"[22]고 하여 책명을 '명심보감'이라 한 까닭을 밝혔다. 그리고 "하나의 계통을 세웠다"고 하여 체제나 내용 면에서도 소홀히 하지 않았음을 분명히 하였다. 그러나 실제로 그러한지는 의문이다.

《명심보감》은 모두 20편으로 이루어져 있다. 〈계선〉(繼善), 〈천명〉(天命), 〈순명〉(順命), 〈효행〉(孝行), 〈정기〉(正己), 〈안분〉(安分), 〈존심〉(存心), 〈계성〉(戒性), 〈근학〉(勤學), 〈훈자〉(訓子), 〈성심〉(省心), 〈입교〉(立教), 〈치정〉(治政), 〈치가〉(治家), 〈안의〉(安義), 〈준례〉(遵禮), 〈존신〉(存信), 〈언어〉(言語), 〈교우〉(交友), 〈부행〉(婦行) 등이 그것이다. 그런데 각 편의 명칭에서 서로 중복되거나 애매한 것이 적지 않다.

〈천명〉과 〈순명〉은 그 명칭에서 이미 구분이 모호하고, 〈존심〉과 〈계성〉, 〈성심〉도 마찬가지다. 이들은 명칭에서뿐만 아니라, 그 내용의 성격에서도 구분을 짓기가 어렵다. 또 〈존심〉과 〈계성〉, 〈성심〉 등이 〈정기〉와 어떻게 다른지도 확실하지 않다. 모두 "마음을 바르게 하는 일"이고 "자신을 바로 세우는 일"이라는 점에서 서로 통하기 때문이다.

〈존신〉과 〈교우〉 또한 모호하기는 마찬가지다. 본래 유가에서 믿음[信]은 모든 인간관계에서 중시되지만, 일차적으로 벗과의 관계에서 긴요한 덕목으로 간주된다. 게다가 믿음은 일차적으로 언어의 문제와 연관되고, 그 다음에 행위를 포괄한다. 그렇다면 〈언어〉 또한 〈존신〉, 〈교우〉 등과 겹친다고 할 수 있다. 이렇게 보면, 과연 '하나의

---

22) 〈명심보감서〉. "所謂言善者, 可以感發人之善心; 言惡者, 可以懲創人之逸志. 是故, 集其先輩已知通俗諸書之要語, 慈尊訓誨之善言, 以爲一譜, 謂之明心寶鑑."

계통'을 세웠는지 의문이 든다. 각 편의 내용을 살펴보면 문제는 더욱 심각하다.

〈천명〉의 처음에는 "하늘의 뜻을 따르는 자는 살 것이나, 하늘의 뜻을 거스르는 자는 망하리라"는 맹자의 말이 나오고, 〈순명〉의 처음에는 "죽고 사는 것은 운수에 달렸고, 부유함과 귀함은 하늘에 달려 있다"는 공자의 제자 자하의 말이 나온다. 과연 이 둘에는 무슨 차이가 있는가? 오히려 〈천명〉편의 글에 "운명을 따르라"는 순명의 의미가 더 강하게 드러나 있다. 〈천명〉과 〈순명〉은 조문의 수가 각각 19개, 16개다. 의미상 겹치는 것이 많을 뿐 아니라, 명확하게 구분을 짓기도 어렵다. 왜 이 둘을 굳이 따로 두었는지 납득하기 어렵다. 이런 경향은 〈존심〉과 〈계성〉, 〈성심〉 사이에서도, 〈안의〉와 〈준례〉 사이에서도, 〈존신〉과 〈언어〉 사이에서도 나타난다. 이는 범립본이 하나의 계통을 세우고자 했으나, 적절하고 합당한 기준을 마련하지 못해서 오히려 체제와 내용이 잡박하게 되었음을 뜻한다.

《명심보감》의 각 조문들을 살펴보면, 유교적 내용이 압도적으로 많고 그 다음은 도교이며, 불교의 비중이 가장 낮다.23) 그러나 이는 출처에 따른 비중일 뿐이다. 내용을 분석하는 데에는 양적 비중이 그다지 중요하지 않다. 다양한 문헌에서 끌어온 《명심보감》의 글들이 본래의 문헌에서 의미하던 바와 같은지 다른지, 다르다면 어떻게 다른지를 살피는 것이 중요하고, 이로써 책의 성격을 더 잘 알 수 있다.

《명심보감》의 첫 편은 〈계선〉이다. "착한 일을 이어서 하라"는 뜻이다. 그런데 첫 조항은 "착한 일을 하는 사람에게는 하늘이 복으로

---

23) 김동환, 앞의 글, 1994, 608쪽에 《명심보감》에서 인용한 글들의 내용을 분류하였는데, 모두 766장 가운데서 유가가 483장(63.14%), 불가가 36장(4.71%), 도가가 102장(13.33%)이며, 유가인지 도가인지 불분명한 것이 122장(15.95%), 유가인지 불가인지 불분명한 것이 11장(1.44%)이라고 하였다.

갚고, 착하지 않은 일을 하는 사람에게는 하늘이 재앙을 내린다"[24]이다. 자왈(子曰)로 시작되니, 공자의 말이다. 전체의 구성으로 볼 때, 《명심보감》에서 《논어》의 비중이 가장 높다.[25] 그런데 이 말은 《논어》가 아니라, 《공자가어》(孔子家語) 제20 〈재액〉(在厄)에 나온다.

자로가 성을 내면서 못마땅한 낯빛으로 말하였다. "…… 예전에 저는 선생님께서, '착한 일을 하는 사람에게는 하늘이 복으로 갚고, 착하지 않은 일을 하는 사람에게는 하늘이 재앙을 내린다'고 말씀하신 것을 들었습니다. 이제 선생님께서는 덕을 쌓고 올바름을 품으신 지 오래되었습니다. 그런데 어찌 이런 막다른 곳에 떨어지셨습니까?"

스승께서 말씀하셨다. "유야, 너는 아직 모르는구나. 내 너에게 말하겠다. 어진 자는 반드시 남들이 믿는다고 너는 여기는데, 정말 그렇다면 백이와 숙제는 수양산에서 굶어 죽지 않았을 것이다. 지혜로운 자는 반드시 쓰인다고 너는 여기는데, 정말 그렇다면 왕자 비간은 심장을 가르게 되지는 않았을 것이다. 참된 자는 반드시 보답을 받을 것이라 너는 여기는데, 정말 그렇다면 관룡봉이 형벌을 받지 않았을 것이다. 직언하는 자의 말은 반드시 들어줄 것이라 너는 여기는데, 정말 그렇다면 오자서가 죽임을 당하지 않았을 것이다. 무릇 만나고 못 만나는 것은 때에 달렸다. 똑똑하냐 어리석으냐는 사람의 재주다. 군자로서 널리 배우고 깊이 헤아리는데도 때를 만나지 못하는 이는 많다. 어찌 나뿐이겠느냐?"[26]

---

24) 《명심보감》, 〈계선〉(繼善). "子曰: '爲善者, 天報之以福; 爲不善者, 天報之以禍.'"
25) 김동환, 앞의 글, 1994, 613쪽에서는 《논어》에서 인용한 것이 모두 76회라고 하였다.
26) 《공자가어》(孔子家語) 제20, 〈재액〉(在厄). "子路慍作色而對曰: '昔者聞諸夫子, 為善者天報之以福, 為不善者天報之以禍. 今夫子積德怀義, 行之久矣. 奚居之窮也?' 子曰: '由未之識也. 吾語汝. 汝以仁者為必信也, 則伯夷叔齊不餓死首陽. 汝以智者為必用也, 則王子比干不見剖心. 汝以忠者為必報也, 則關龍逢不見刑, 汝以諫者為必听也, 則伍子胥不見殺. 夫遇不遇者, 時也. 賢不肖者, 才也. 君子博學深謀而不遇時者, 衆矣. 何獨丘哉?'"

초(楚)나라 소왕(昭王)의 초청을 받아 가다가 진(陳)과 채(蔡) 사이에서 공자는 일행들과 함께 곤궁에 처하였다. 식량은 떨어지고 따르는 자들 가운데에는 병자가 생겼다. 이에 공자가 탄식을 하자, 자로가 못마땅하게 여기며 위에서처럼 말하였다. 자로가 스승에게서 들었다는 말은 지극히 단순하고 소박한 것이다. 착한 일과 복, 착하지 못한 짓과 재앙. 그런데 공자가 그 말을 한 속뜻은 달랐다.

공자는 착하다고 반드시 복을 받고 착하지 못하다고 반드시 재앙을 받는 것은 아니라고 했다. 그것은 때라는 게 있기 때문이다. 때는 사람의 몫이 아니라 하늘의 몫이다. 따라서 사람은 때를 알 수 있을 뿐, 제 맘대로 할 수는 없다. 바란다고 해서 좋은 때가 오는 것도 아니다. 사람은 오로지 어질게 되고 올바르게 하며 똑똑해지려 애쓸 뿐이지만, 때를 만나지 못하거나 때를 알지 못하면 곤경에 처할 수밖에 없다는 것이다. 그럼에도 "군자로서 널리 배우고 깊이 헤아려서" 성인이 되려고 애써야 한다는 것을 슬며시 강조하였다. 이것이 공자의 속뜻이요 참뜻이었다. 자로는 이를 미처 깨닫지 못했던 것이다.

그런데 《명심보감》에는 자로가 공자에게서 들었다고 한 말만 옮겨 실었다. 그것은 공자의 사상, 나아가 유교의 본령과 합치된다고 볼 수 없다. 착한 일을 하면 복을 받고 착하지 못한 짓을 하면 재앙이 온다는 말은 유가나 공자의 사상이라기보다는 소박한 삶의 지침이요 격언에 지나지 않는다. 《명심보감》이 편찬되던 때의 유·불·도 삼교에서는 한결같이 "착한 일 자체가 복이고, 착하지 않은 일 자체가 재앙이다"라고 가르치고 있었는데, 이에도 미치지 못한 것이다.

이러한 예는 매우 많다. 이를테면, 성리학에서 강조하는 '존심양성'(存心養性)이나 선종에서 말하는 '평상심시도'(平常心是道)에서 '마음'은 단순하지 않다. 그럼에도 《명심보감》에서는 그와 관련된 문장들을 인용하면서 본래의 의미를 약화시키거나 퇴색시켜버렸다. 《명심보감》과 같이 다양한 문헌에서 가려 뽑아서 엮은 책이 가질 수밖에 없는 한계라고도 할 수 있지만, 그렇더라도 본래의 글에 내재해 있던 사상이 두루뭉술하게 되는 것은 주의해야 할 일이다. 이는 편집과 재구성의 중심축이 없었기 때문이고, 곧 체제의 부실에서 비롯된 것으로 볼 수 있다.

유교와 도교, 불교 등의 문헌에서 다양한 글들을 끌어와서 엮은 《명심보감》은 겉으로는 유교적 내용이 가장 많다고 하더라도, 반드시 유교 사상이 중심이 되어 있다고는 말하기 어렵다. 또 체제와 구성의 잡박함은 독창적인 사상을 보여주기보다는 그저 평범하고 소박한 삶의 지침 정도를 제시하는 것에서 그칠 수밖에 없었다. 그렇더라도 사상적 성격에 대해서는 한번쯤 면밀하게 검토할 필요가 있다.

6. 사상적 특성

《명심보감》의 사상적 특성에 대해 성해준은 천(天)의 관념, 지족안분(知足安分), 오륜(五倫)의 도덕 등이 핵심이라고 하였다.[27] 그러나 이는 대부분의 권선서에서 강조하는 것들이어서 《명심보감》만의 고유하고 독특한 사상이라고 보기는 어렵다. 게다가 사상의 문제를 본격적으로 다룬 것이 아니라, 내용상의 특징을 그렇게 추출한 것에 지나지 않는다.[28]

---

27) 성해준, 〈《명심보감》 본문 각 편의 내용 고찰─天人思想을 중심으로〉, 《남명학연구》 23집, 경상대남명학연구소, 2007.
28) 성해준은 〈증보편 《명심보감》의 내용 및 사상 고찰〉에서 《초략본》에 덧붙은 '증보편'을 분석하면서 '증보편'이 유교 사상을 강조하기 위해 원문에는 없던 내용을 심화 또는 보충

《명심보감》의 사상적 특성에 대해서는 필자가 그 역사적·사상적 배경과 더불어 자세하게 논의한 바가 있다.[29] 여기서는 그 핵심을 간략하게 제시하는 것으로 대신하겠다.

《명심보감》에는 유교적 내용이 가장 많다. 범립본은 《논어》와 《맹자》를 비롯해서 《예기》, 《서경》, 《대학》, 《근사록》 등에서 경구가 될 말들이나 글들을 발췌하였다. 그러나 이런 문헌들은 반드시 유가의 지식인들만이 전유한 것이 아니고, 학인이라면 누구나 쉽게 접하고 또 흔히 읽는 것들이었다. 따라서 그런 내용이 많다고 해서 유교가 《명심보감》의 주된 사상이라고 말할 수는 없다. 또 불교철학의 영향으로 새롭게 전개되어 나온 성리학은 이전의 유교와는 또 다른 성격의 사상이므로 명확하게 구분해서 논할 필요가 있다.

이미 내용 분석에서 언급한 바 있듯이, 유교적 내용을 끌어왔더라도 유교의 요체에서는 멀어지고 오히려 세속적인 삶의 지침이 될 정도로 의미의 수준이 떨어지는 경우가 대부분이었다. 이는 성리학자들의 글을 인용한 데서도 드러난다. 성리학은 불교의 영향을 받아서 본성론이나 인성론, 우주론 등을 전개하였는데, 《명심보감》에서 인용한 글들에서는 그런 사상적 특성을 찾아볼 수가 없다. 단순히 경계나 권계 수준에서 머물고 있다. 이는 도교나 불교의 문헌에서 끌어온 글들에서도 마찬가지다.

물론 세속적인 욕망을 무조건 부정하면서 도덕적인 면만을 강조하다가 '관념적인 도학'이 된 성리학에 견주면, 《명심보감》은 내용이나

하였다고 하였으며, 이는 《초략본》을 조선사회의 유교서적으로 정착시키려는 의도에서 비롯된 것이라 하였다. 이러한 견해는 타당하지만, 심화 보충한 내용이 과연 유교사상에서 어느 수준의 것인지, 또 과연 《명심보감》에만 특징적인 것인지에 대해서는 논하지 않았다. 말하자면 내용의 성격을 논하였을 뿐, 사상에 대한 본격적인 논의는 하지 못했다.

29) 정천구, 앞의 글에서 사상적 특성을 논하기 전에 사회 문화적 배경과 사상적 배경에 대해 서술하였다. 그런 배경을 바탕으로 《명심보감》의 사상적 특성과 한계에 대해 논의하였다.

형식에서 오히려 소박하고 인간적인 면이 두드러진다고 할 수 있다. 그러나 편찬자 스스로 서문에서 "먼저 덕행을 배우기를 근본으로 여기는 자가 없다"고 탄식하였고, 또 "사람들은 성현들이 일상에서 늘 행하였던 종요로운 길에 대해 듣는 것에는 썩 내켜하지 않는다"고 비판한 것을 감안하면, 그런 탄식과 비판에 걸맞은 사상의 깊이를 보여주었어야 함에도 그러지 못했다고 할 수 있다.

대체로 《명심보감》은 명대 이후에 쏟아져 나온 권선서들에서 공통적으로 볼 수 있는 특징을 보여주고 있고, 또 유교와 불교, 도교 등 삼교의 글들을 두루 담고 있으면서도 삼교 각각의 본래 사상을 그대로 살리지는 못하고 있다. 이는 사상 면에서 세속화의 경향을 보여주는 것이기도 하다. 이 세속화로 말미암아 중심 사상이 불명확해졌다. 《명심보감》의 사상적 기반에 대해서 유가적이다 도가적이다 하는 논란이 있는 것도 이 때문이라 할 수 있다.30)

《명심보감》은 명 왕조의 건국과 함께 강남에 흐르는 새로운 기풍을 윤리적이고 도덕적인 삶으로 이끌려는 의도에서 편찬되었고, 원말 명초의 사회·문화적인 상황과 도교의 삼교합일이라는 사상이 그 편찬 배경이 되었다. 문제는 사상 면에서 독창성이 발견되지 않고, 오히려 유·불·도 삼교의 본래 사상이 세속화된 경향을 보여주었다는 데 있다. 이것이 《명심보감》이 사상사에서 크게 주목받지 못한 이유다.31)

---

30) 김동환, 앞의 글에서는 유가에서 주장하는 내용이 많으므로 유가류의 글로 보았으나, 김윤수, 〈《명심보감》에 인용된 《경행록》에 대하여〉, 《도가사상의 한국적 전개》, 아세아문화사, 1989에서는 도가류의 글로 보았다.

31) 사실 명대에는 중국 역대 왕조 가운데서 가장 많은 권계서들이 편찬되었는데, 공경귀인(公卿貴人)의 자제들을 일깨우기 위한 《공자서》(公子書), 민간의 농공상고(農工商賈)의 자제들을 권계하기 위한 《무농기예상고서》(務農技藝商賈書), 《존심록》(存心錄), 《여계》(女戒), 《소감록》(昭鑑錄), 《효자록》(孝慈錄), 《자세통훈》(資世通訓) 등 홍무연간(1368~1398)에 편찬된 것만도 무려 34종이다. 이들은 모두 새로운 왕조가 교화 정책의 필요에서 편찬하였고 또

《명심보감》이 편찬된 때는 역사적으로 큰 전환이 이루어지고 있었다. 사상과 표현에서 혁신이 이루어져야 하는 시기였다. 그러나 《명심보감》은 체제와 내용, 즉 표현과 사상 양면에서 어떠한 혁신도 이룩하지 못하였다. 비록 불교와 유교가 쇠퇴하고는 있었지만 적어도 도교의 삼교합일 사상이 그 정점에 이르고 있었다는 점을 감안하면, 《명심보감》은 《태상감응편》이나 《음즐문》 등 도가에서 편찬된 권선서의 수준을 넘어섰다고 하기도 어렵다. 오히려 잡다하다.

7. 나오는 말

《명심보감》은 1393년에 범립본에 의해 편찬되었다. 그로부터 얼마 지나지 않아 조선에 전해졌고, 청주에서 1454년에 판각되어 나왔다. 이로써 보건대, 조선의 지식인들도 이 책에 많은 관심을 가졌던 것이 사실이다. 그러나 초략본이 나오면서 완본은 잊혀지고 초략본이 주로 전승되었는데, 그 까닭은 《명심보감》이 체제나 내용에서 잡박하였고 또 유교의 사상을 제대로 살려내지 못했기 때문이라 여겨진다. 이는 초략본이 좀더 유교적 내용 중심으로 편집되어 있다는 사실에서도 입증된다.

조선에서 초략본이 나오고 완본이 잊혀진 것과 비슷하게 중국에서도 《명심보감》은 차츰차츰 잊혀졌다. 명대와 청대에 다시 판각되기는 했지만, 과연 큰 영향을 끼쳤는지는 의문이다.[32] 가령 1587년에

칙찬이기 때문에 그 구성이 엄밀하고 체계적임은 말할 것도 없다. 그러니 개인적으로 편찬된 《명심보감》이 구성이나 사상 면에서 칙찬보다 우위에 있지 않고서는 널리 읽히는 데에는 한계가 있을 수밖에 없었다. 이에 대해서는 酒井忠夫, 《中國善書の硏究》, 國書刊行會, 1972, 8~30쪽 참조.

사교(邪敎)에 대항할 수 있는 교화서로서 주목을 받았다는 기록이 《명신종실록》(明神宗實錄)에 나오기는 하지만, 이 또한 《명심보감》이 널리 읽혔다는 근거가 되기보다는 오히려 잊혀져가고 있었음을 반증한다.

《명심보감》이 중국에서 잊혀진 이유를 밝히려면 오늘날 중국과 대만에서 유행하는 《석시현문》이나 《유학경림》과 비교 고찰할 필요가 있다.33) 또 《명심보감》의 완본과 초략본을 더욱 정밀하게 비교 검토하는 작업도 뒤따라야 한다. 나아가 일본에서는 왜 《태상감응편》이 《명심보감》보다 더 널리 읽히게 되었는지에 대해서도 정밀한 논의가 있어야 한다.34) 이는 동아시아 각국의 문화적·사상적 동질성과 이질성 및 사상사적 흐름을 이해하는 데 중요한 작업들이 될 것이다.

---

32) 성해준, 〈각국 명심보감의 판본 연구〉, 424~427쪽.
33) 임동석, 〈명대 삼종 격언집의 비교 연구〉, 《중국어문학논집》 32호, 중국어문학연구회, 2005에서 《명심보감》과 《채근담》, 《석시현문》을 비교한 바 있다. 그러나 서지적 사항을 비교 검토하는 데 그쳤고, 내용 및 사상에 대해서는 미처 논하지 못하였다.
34) 성해준, 〈일본에서의 《明心寶鑑》과 《太上感應篇》의 思想上의 比較檢討〉, 《한국의철학》 28집, 2000에서 한 차례 하였으나, 일본의 사상사적 측면에서는 논의하지 못하고 두 책의 내용상 특징에 대해서만 비교하는 데 그쳤다.

옮기고 나서

《명심보감》은 어린이나 청소년의 수신서로 여겨져 왔습니다. 그러나 이는 말이 되지 않습니다. 실제로 읽어 보면, 어린이나 청소년이 이해하기 어렵거나, 굳이 알 필요가 없는 내용이 대부분입니다. 오히려 어른들, 세속의 명리를 좇다가 어린 시절의 소박하고 순박한 마음을 잃어버린 어른들이 읽어야 할 내용들로 가득합니다.

문제 아이는 없습니다. 문제 어른이 있을 뿐입니다. 어른들이 그르친 세상에 태어나, 이제 겨우 눈을 뜨기 시작한 아이들에게는 어른들의 비뚤어진 말과 행동이 그대로 비칩니다. 어른들은 솔직하게 자신들의 잘못을 인정하고 바로잡아야 합니다. 솔직함으로 아이들을 대하고, 또 우리가 걸어온 것보다 더 나은 길을 걸어가도록 하기 위해서는 우리 어른들이 참된 공부를 해야 합니다.

이 책에서 저는 간단한 의견을 덧붙였습니다. 그것은 저 자신을 포함한 어른들에게 해 주고 싶은 말들입니다. 어른이 된 제가 아이들을 만나고 이야기를 주고받으면서 끊임없이 경험하는 경이로움을 어른의 말투로 옮긴 것일 뿐입니다. 제 말이 의심스럽다면, 잠시 하던 일을 멈추고 느긋하게 주위의 아이들에게 눈길을 주어 보십시오. 아, 그 기뻐하고 즐거워하는 천진한 모습! 거기 어디에 때가 묻어 있습니까? 그들에게 이런 책이 왜 필요하겠습니까?

이 책은 참된 나를 잊어버린, 아이였을 때에 가졌던 그 맑은 마음에 대한 기억이 사라진 어른들을 위한 거울입니다. 거울이 거울답게 쓰였으면 합니다.

서문에 씌어진 날에 처음 번역을 시작하여 어느덧 두 해가 지났습니다. 시중에 이미 《명심보감》이라는 이름으로 된 번역서가 숱하게 나와 있습니다. 그럼에도 거기에 또 하나를 보태는 것은 《명심보감》의 원래 모습을 있는 그대로 아름다운 우리말로써 보여주고자 해서입니다. 그런 뜻을 기꺼이 받아주신 지식산업사 김경희 사장님과 편집부 여러분들께 깊은 감사를 드립니다.

2005. 12. 29

옮긴이 정천구